문화인류학의 역사

문화인류학의 역사

사회사상에서 문화의 과학에 이르기까지

머윈 S. 가바리노 지음 | 한경구·임봉길 옮김

일조각

개정판을 내며

이 책을 출간한 이후 여러 선배와 동학同學으로부터 많은 격려와 축하의 말씀과 함께 여러 가지 비판과 조언을 들었다. 과연 책이 나온 후에 교재로 사용하면서 다시 천천히 읽어 보니 실수도 있고 또 표현이 적절하지 못한 부분도 눈에 띄었다. 이에 개정판에서는 이러한 점을 바로잡았다. 예를 들어 초판에서는 '야만'과 '미개'가 혼용되었는데, 이 개념들은 사실상 유사하지만 대부분의 기존 서적들이 savagery를 야만단계로, barbarism을 미개단계로 번역하고 있어 이를 따랐다. 그 외에 약간의 오자와 탈자, 표현을 바로잡았으나 근본적으로 고친 것은 없다.

개정판을 준비하는 데에 특히 서울대학교 인류학과 한상복 선생님의 도움이 매우 컸다. 한상복 선생님께서는 초판이 출간되자 바쁘신 가운데도 이를 꼼꼼히 읽어 주셨으며 번역 용어에 관하여 많은 조언을 해주셨다. 이에 깊이 감사드린다.

한경구 · 임봉길

옮긴이의 글

이 책은 머윈 S. 가바리노^{Merwin S. Garbarino}의 *Sociocultural Theory in Anthropology: A Short History*(Holt, Rinehart and Winston, 1977)를 번역한 것이다. 스탠퍼드 대학의 스핀들러^{Spindler} 교수 부부가 책임 편집을 맡고 있는 '인류학의 기본 분과 시리즈^{Basic Anthropology Units}' 중 하나인 이 책은 학생들에게 인류학의 중요한 사상적·이론적 흐름을 간략하고 알기 쉽게 소개하는 것을 목적으로 집필되었다. 특히 이 책은 미국의 유수한 대학들은 물론 국내에서도 서울대학교와 강원대학교 인류학과를 비롯한 여러 대학에서 다년간 '인류학사人類學史' 강의의 교재로 사용되어 온 인기 있는 책이다. 또한 지은이가 머리말에서도 밝히고 있듯이 이 책은 서양의 지성사知性史에 대한 확고한 기초가 없는 독자들을 위하여 인류학 이론과 개념들을 소개하면서 특히 그 역사적 배경과 사상사적 의미를 설명하는 데 세심하게 배려하고 있다. 그리하여 이 책은 인류학사와 인류학개론을 수강하는 학생들뿐만 아니라 "인간이란 도대체 무엇인가?"라는 질문에 관심을 가진 모든 사람에게 적지 않은 도움이 될 것으로 믿는다.

이 책을 번역하기로 결심한 것은 옮긴이들 중 한경구 교수가 유학을 마치고 귀국하여 강원대학교 인류학과에 부임한 직후 3학년에 재학 중이던 한 학생의 "우리도 남들처럼 책으로 공부해 보았으면 좋겠다. 원서 복사한 것 몇 페이지와 노트만 있으니 도무지 무엇을 배웠는지 혼자 돌이켜보

려 해도 뒤죽박죽이다"라는 매우 충격적인 푸념을 듣고 크게 느낀 바가
있었기 때문이었다. 옮긴이 역시 대학 시절에 우리말로 된 책이 거의 없었
기 때문에 원서 강독과 노트 필기로 2년 반을 보냈는데(당시는 계열별 모집
이 시작되던 해라 2학년 2학기에 학과를 정하였다.) 그 괴로움과 짜증스러움
과 헤맴(흥미를 쉽게 잃어버리곤 하였음)은 이루 말할 수 없었다.

　좀 구태의연한 이야기지만 학문을 전공하는 학생의 입장에서는, 개론으
로 입문하고 나면 가장 중요한 기초과목은 결국 학사學史(어떻게 해왔는가?)
와 방법론方法論(어떻게 할 것인가?)인데, 이러한 충격적인 이야기를 듣고 서
점에 가보니 『(문화)인류학개론』이라는 제목의 책은 거의 20여 종(저서, 번
역서, 편저서를 포함)에 가깝지만 각론은 '가족과 친족', '문화와 인성'이
고작이고 '법인류학'이 최근에 번역되어 있을 뿐이었다. 한국문화인류학
회가 결성된 지 40년을 바라보고 서울대학교에 인류학과가 설치된 지는
약 30년이 되며 전국에 인류학과가 거의 10개교에 달하는 가운데 수십 개
대학에서 교양과목으로 인류학 강의가 행해지고 있으나, 인류학사에 대한
책은 단 한 권도 없었다. 그래서 정치인류학이나 경제인류학, 종교인류학
등의 각론도 필요하지만 전공학생의 충실한 수업과 또한 인류학에 관심을
가진 비전공자를 위해서는 인류학사와 방법론이 무엇보다도 시급하다고
생각되었다. 그래서 강원대 인류학과의 임봉길, 한경구, 김용환 교수가 의
논한 끝에 우선 학부 수준에서 교재로 사용할 수 있는 인류학사에 관한 책
을 힘을 합하여 펴내기로 하고, 기초적인 방법론 역시 같은 과의 한경구와
김성례 교수가 힘을 합하여 만들기로 하였다.

　그래서 구체적으로 여러 가지 방안을 검토한 결과 천학비재淺學非才인 옮
긴이들이 최단시일 내에 확실히 책을 낼 수 있는 방법은 적절한 원서를 골
라서 충실히 번역하거나 혹은 몇몇 인류학의 거장들을 중심으로 간단한 전

기와 학문적인 업적, 학사적 의의 등을 여러 책에서 취사선택하여 소개하는, 즉 편역하는 것이라는 결론을 내렸다. 그러던 중 서울대학교 인류학과의 이문웅 교수님과 김광억 교수님 등을 중심으로 인류학사 책을 만들어 보자는 움직임이 있어서 원래의 인류학사 만들기 팀을 '발전적으로 해체하고' 세 사람 모두가 여기에 직접·간접으로 참여하게 되었으나, 전국에서 여러 선생님들이 모이고 보니 계획의 규모가 점점 커진 것은 물론 "기왕이면 좀더 잘하자"는 욕심도 생겨서 작업을 마치기까지 앞으로도 상당한 시일이 걸릴 것이 예상되었다. 무슨 일이든 제일 급한 사람이 나서기 마련인지라, 우리말로 된 교재를 절실히 필요로 하는 옮긴이들이 만사 제쳐 놓고 무리해서 시간을 내어 이 책의 번역 작업에 매달리게 되었다.

한편 이 책의 번역 작업이 마무리되어 갈 무렵에 전남대의 최협 교수님께서도 캐플런D. Kaplan과 매너스R. Manners가 지은 *Culture Theory*의 번역 작업을 추진 중이라는 반가운 소식을 듣게 되었다. 왜냐하면 이 두 권의 책은 상호 보완적이라 할 수 있기 때문이다. 가바리노의 이 책이 지리상의 발견과 계몽시대부터 비롯되는 근대적인 인류학의 출발 배경에 대한 상세한 언급과 각 이론의 사회적·정치적 배경에 대한 폭 넓은 설명을 장점으로 하고 있다면, 캐플런의 책은 이 책보다 조금 수준이 높은 것으로 주로 1950년대와 1960년대의 이론적 발전을 중점적으로 다루고 있다. 교양과정과 전공의 입문단계, 흥미를 갖기 시작한 일반인들은 이 책을, 그리고 보다 더 상세하고 수준 높은 내용을 원하는 사람들은 캐플런의 책을 참조하면 될 것이다.

이 책의 번역 작업은 다음과 같이 이루어졌다. 우선 한경구 교수가 원서를 직역하고 이를 수정한 원고를 임봉길 교수가 복사하여 학생들에게 나누어준 다음, 한 학기에 걸쳐 인류학사 과목의 교재로 사용하면서 오류를 바로잡고 생경한 표현들을 다듬었다. 굳이 처음에 직역을 하고 이를 자연스러운 우리말로 고친다는 번거로운 방식을 택한 이유는, 이 책이 기본적으로 학술서적에 속하기 때문에 부드럽게 읽히는 것보다는 정확하게 의미가 전달되는 것이 무엇보다도 중요하다고 판단되었기 때문이다. 그리하여 어느 정도는 고의적으로 어색한 영어적 표현을 사용하여 직역한 원고를 먼저 강원대 인류학과의 황익주 교수가 읽으면서 여러 가지 잘못들을 꼼꼼하게 지적해 주셨다. 다음에는 한경구 교수의 가형家兄인 서울대학교 의과대학의 한성구 교수가 바쁜 시간에도 불구하고 '관심을 가진 비전문가의 시각에서' 원고를 읽으면서 옮긴이 주를 붙일 곳과 영어식 표현을 쓰면 오히려 뜻이 잘 안 통하는 곳 등을 일일이 지적하여 부드러운 우리말로 다듬어 주셨다. 이 책에는 유난히도 옮긴이 주가 많이 들어가 있는데, 이는 "나 같은 문외한이라도 쉽게 읽을 수 있는 책을 만들어야 한다"는 한성구 교수의 강력한 권고가 반영된 결과이다. 이에 두 분께 심심한 사의를 표한다.

외국어는 원래 '해도 해도 끝이 없는' 어려운 것이므로 성실하게 번역하는 도중에도 간혹 본의 아니게 오류가 발생할 수 있어 옮긴이들 역시 모르는 가운데 오류를 범하지 않으려고 나름대로 최선을 다하였다. 또한 이 책은 문학작품이 아니므로 번역이 제2의 창작이라는 말은 어울리지 않지만 전문용어와 몇몇 표현을 선택하는 데 있어서는 상당히 고심하였다. 이 과정에서 특히 이광규 교수의 『문화인류학 개론』(일조각), 한상복·이문웅·김광억 교수가 함께 지은 『문화인류학 개론』(서울대 출판부), 전경수 교수가 번역한 『현대문화인류학』(로저 키징, 현음사)의 용어 사용례를 참고하였다. 또한 이 책의 일본어판인 기야마 히데아키木山英明와 오히라 히로시大平裕司의 『文化人類學の歷史』(東京: 新泉社)도 참고하였다. 그리고 번역하면서도 옮긴이들의 마음에 꺼림칙한 경우 또는 원어를 아는 것이 중요하다고 생각되는 경우에는 옮긴이 주를 달거나 원서의 표현을 명기하였으며, 부록의 「주요 용어 해설」부분은 설명을 대폭 강화하였다. 이 책의 번역 작업에 도움을 주신 여러분들의 성의와 노력에도 불구하고 혹시 남아 있을지도 모르는 오류와 생경한 표현들은 전적으로 옮긴이들의 능력부족 탓임을 미리 고백하여 두는 바이며, 이는 여러분의 질정叱正을 받아 가능한 한 신속히 고쳐 나갈 것을 약속드린다.

이 책의 번역 작업이 단시일 내에 가능할 수 있었던 것은 인류학과의 김성례, 김용환, 그리고 황익주 교수 등 학내외의 여러 선생님들께서 따뜻하게 감싸주고 또 한결같이 성원해 주셨기 때문이다. 소도 언덕이 있어야 비빌 곳이 있는 법인데, 학과장을 맡으면서 지난 2년간 다른 교수들로 하여금 오로지 각자의 일에 전념할 수 있게 해준, 즉 바로 그 든든한 언덕 역할을 해주신 김용환 교수께 특히 감사드린다. 김용환 교수는 원래 '인류학사 만들기 팀'의 구성원이기도 하였으므로 각별한 관심을 가지고 이 작업을 지켜보아 주셨다. 또한 초고를 작성한 이래 몇 번에 걸쳐 수정하는 짜증스러운 작업을 늘 밝은 얼굴로 경쾌하게 키보드를 두드리며 도와준 강원대 인류학과 제1회 졸업생인 박수진 양, 학과 사무를 항상 깔끔히 처리함은 물론 개인적인 일들까지 성심껏 도와준 이미선 전 조교와 김광희 조교, 그리고 교정과 색인작업을 도와준 4학년 유은영 양과 이연옥 양, 이창호 군에게도 이 자리를 빌려 고마움을 표하는 바이다.

이 책이 학생들의 교양강의와 전공수업에 어느 정도 참고가 되고, 나아가 많은 분들이 이 책을 통하여 인류학에 흥미를 갖게 되거나 또는 이미 인류학에 흥미를 가진 분들이 이 책의 출판을 계기로 더욱 깊은 관심을 갖게 된다면 옮긴이들로서는 더 이상 큰 즐거움이 없겠다. 끝으로 어려운 여건 속에서도 이 책의 출판을 흔쾌히 맡아 아담하고 예쁜 책으로 꾸며 주신 일조각의 여러분께 감사드린다.

1994년 1월 6일
눈부시게 아름다운 춘천의 호반에서
한경구 · 임봉길 씀

머리말

이 책은 대학에서의 인류학입문 강좌를 위하여 사회와 문화에 대한 이론을 역사적으로 개괄한 것이다. 이 책은 개괄서로서 씌어졌으며, 원전연구를 대체한다거나 강의를 담당하는 교수들의 학사에 대한 고유의 해석을 불필요한 것으로 만들려는 의도는 없다. 필자는 다양한 이론적 관점들을 공정하면서도 간결하고 쉽게 알리려고 시도하였으며, 필자 자신의 이론적 입장을 강조하려고 하지는 않았다. 어떠한 책이든 이렇게 지면이 제한된 경우에는 어느 정도의 피상적 기술을 피할 수 없기 마련이다. 보다 자세하고 심층적인 부분에 관심이 있는 독자들은 각각의 이론가들에 대하여 집중적으로 연구해야 할 것이다.

 필자는 인류학에 대한 다른 학문들의 영향을 간략히 서술하였으며, 행동과학behavioral science의 발전에 있어 특히 중요하다고 생각되는 역사적 사건과 태도에 대해서는 일반적인 역사적 배경을 설명하면서 각각의 이론들이 발전한 시기의 사회적·경제적·정치적 요인들을 언급하였다. 한 세기世紀는 물론 단 1년의 경우에도 그동안 사건들과 전체적인 역사적 맥락을 한 문단 정도로 설명할 수는 없는 노릇이지만, 아무튼 일부나마 배경을 이해하는 데 필요한 정보를 제공하려고 노력하였다. 필자는 비록 이렇게 피상적인 역사적 개괄이라도 학생들의 부족한 역사적 지식을 메우는 데 도움이 될 것이라고 믿는다. 지면이 제한된 관계로 필자는 이 책에서 다루기로 한 학자들의 실제적인 연구 업적을 전부 망라하려고 시도하지는 않았으며, 저명한 인류학자라 하더라도 그 이론적 입장이 다른 학자들의 영향을 많이 받은 경우에는 부득이 제외하였다.

이 책은 입문강의에서 이론을 가르치는 필자 자신의 경험에서 탄생하게 되었다. 필자는 강의 중 사회철학에 대하여 언급할 경우 학생들이 거의 반응을 보이지 않는다는 사실에 주목하였고, 그 이유가 오늘날 대학에 입학한 학생들이 유럽의 사상사 및 지성사에 대한 배경 지식이 거의 없기 때문이라는 점을 발견하였다. 이 책은 과거의 사회사상을 현재와 연결시킴으로써 이러한 지적 공백을 메우는 데 도움이 될 것이다. 이 책의 특징은 그 간결함에 있다. 필자는 누구나 쉽게 접근하고 사용할 수 있는 지침서—우리 인류학의 주요 인물들을 연대순으로 배열하여 그 상호 관련을 일목요연하게 보여 주는 학설의 발전사—의 출현을 수년간 고대하여 왔으나 결국 그러한 지침서를 직접 쓰기로 결심하게 되었다.

필자는 여기에서 '지침서'라는 용어를 의도적으로 사용하고 있다. 이 책은 무엇보다도 하나의 지침서로서 씌어졌으며, 이론적 입장들을 정리한 학설의 지도라고 할 수 있다. 필자는 인류학의 거장들을 살펴볼 경우 우리가 당대의 지적·역사적인 배경에 대한 지식을 가지고 있다면 그들의 이론을 보다 쉽게 이해하고 기억할 수 있으리라 확신한다. 지침서라는 것은 간결할수록 원전에 대한 보충물로서의 가치가 높아지는 것이다. 따라서 이 책이 인류학사 강좌의 시험이나 보고서를 준비한다든가 원전을 읽거나 조사연구 작업에 도움이 됨은 물론, 관련된 정보들과 참고문헌들을 찾는 데 걸리는 시간을 상당히 절약해줄 것이라고 믿는다.

독자들은 현대를 다루는 제6장에서 인류학의 많은 전문분야가 생략되었다는 점에 관하여 이의를 제기할 수도 있다. 현대 부분은 의도적으로 생

략하였는데, 왜냐하면 이러한 분야들은 실질적으로 또 주제 면에서 새로
울 수는 있지만 대부분의 현대적 관심사는 보다 오래된 이론적 입장 중 어
느 하나에 해당하기 때문이다. 예를 들어 의료인류학medical anthropology은
기능주의, 구조주의, 생태인류학 혹은 인지인류학적 접근법으로써 연구할
수 있는 분과이다. 비록 일부 인류학자들은 이에 동의하지 않겠지만, 필자
는 정치인류학이나 의료인류학, 또는 응용인류학이나 도시인류학 등의 주
제들은 학설상의 혁신이라기보다는 오히려 기존의 분야가 실질적으로 확
대된 결과라고 보고 있다.

머윈 S. 가바리노

차례

제6장 현대의 인류학: 1960년대 이후

제7장 과거와 미래

제1장 인류학의 본질과 이론의 연원

1. 서론

현대의 서양 철학—세계 어느 곳에 뿌리를 내린 철학이든지 유럽인의 철학적 전통을 의미함—은 그 앞의 시대로부터 내려온 지적知的 유산에 뿌리를 두고 있으며, 다른 사회과학들과 마찬가지로 서양의 철학적 전통의 일부인 인류학은 시간의 흐름에 따라 발전하여 모자이크와도 같이 많은 소재들로 구성되어 있다. 현대의 인류학을 이해하기 위해서 우선 우리는 인류학이 성장하게 된 배경을 알아야 한다. 우리는 또한 기존의 신념과 전통들에 대하여 사람들이 의문을 제기하고 이를 검증함에 따라 어떻게 지식과 사고가 발전하였는가를 알 필요가 있다. 이것이야말로 이 책이 연대순으로 기술된 이유이다.

대학의 입문강좌를 수강하는 학생들을 위하여 써진 이 책은 사회문화인류학이라는 관점[1]에서 행동과학 전반의 이론을 개관한 것이다. 생물학, 고고학, 친족론, 혹은 언어학의 여러 이론들은 이들이 민족학의 보편적 발전

---

1 우리는 '사회문화sociocultural'라는 용어로써 인간의 문화와 인간 사회의 상호 관계를 표현한다. 즉 인간은 사회적인 존재로서 독특한 문화적(학습된) 특징들, 역사, 그리고 환경에 대한 반응을 가진 집단으로 조직화되어 있다. 따라서 '사회문화'란 '사회' 혹은 '문화'라는 용어와는 달리 여러 종류의 상호작용과 프로세스들을 모두 포함할 수 있는 우산과도 같은 포괄적 용어이다.

에 기여한 경우에만 이 책에서 취급되고 있다. 이러한 주제들을 더욱 깊이 탐구하고자 하는 사람들은 보다 광범위하고 상세한 고급의 학설사 서적이나 이 책에서 인용된 저자들의 논문집과 기타 연구 업적들이 수록된 참고문헌을 보아야 할 것이다. 이 외에도 원전을 읽고자 하는 사람들은 밥스-메릴 재록 시리즈Bobbs-Merrill Reprint Series를 이용할 수 있다.

인류학자들은 엄청난 물량의 정보들—이는 너무도 방대하여 다루기 힘들 정도이다.—을 축적하여 왔다. 이 책과 같은 간결한 학설사는 그러한 정보들을 체계화하여 이를 더욱 유용하게 만들 것이다. 또한 이러한 책은 인류학자들이 지나온 과거의 긴 여정을 돌이켜 보고 인류학이라는 학문의 현재의 여러 개념들이 어떻게 발전하여 왔는가를 살핌에 따라 그러한 정보를 보다 흥미롭게 만들 것이다. 우리는 역사적인 고찰을 통하여 우리 인류가 그동안 얼마나 조금밖에 진보하지 못했던가를 깨닫고는 자기도취에서 깨어나게 될 것이다. 다른 한편으로 그러한 역사적 고찰은 우리가 일부분야에서는 중요한 진전을 이룩하였다는 사실을 가르쳐줄 것이다. 더욱이 우리 '조상들'의 삶과 사고 과정에 대하여 얼핏 훑어본다는 것은 흥미로운 일이다. 이 책은 짧기 때문에 여러 인류학자들과 그들의 이론에 관한 필수적인 정보들을 신속히 찾아낼 수 있다는 부차적인 이점이 있으며, 또한 인류학에 바야흐로 발을 들여놓으려는 학생들에게는 원저자의 연구업적에 덧붙여 유용한 보충교재가 될 것이다.

이 책은 미국의 대학에 재학 중인 학생들을 위하여 집필되었기 때문에 특별한 언급이 없는 한 미국식의 용어 사용례를 따르고 있다. [역주 한국의 독자를 위하여 이 책에서는 국내에서의 용어 사용례를 비교 검토하여 번역하였다.] 필자는 학생들이 원전인 이론 서적들을 읽으면서, 다른 한편으로는 다양한 이론가들, 그들이 살았던 시대, 그리고 그들이 속했던 '학파'들을 정리하는 하나의 아우트라인으로 이 책을 이용하기를 바란다.

2. 인류학의 본질

인류학anthropology이란 그 명칭의 고대 그리스어 어원〔역주 anthropos는 인간, logos는 이성, 학學〕이 의미하듯이 인간의 연구〔역주 철학계에서는 anthropology를 '인간학人間學'으로 번역하고 있으며, 인류학계에서도 강신표 교수는 '인학人學'이라고 번역할 것을 주장하고 있다.〕이다. 그러나 모든 사회과학 혹은 행동과학들이 어떠한 방식으로든 인간을 연구하고 있기 때문에 인류학이 사회학, 사회심리학, 생물학, 혹은 기타 사회과학과 다른 점이 무엇인가라는 질문은 타당한 것이다. 정치학은 의사결정 및 권력관계라는 면에서 인간을 연구한다. 경제학은 재화와 용역의 생산, 분배, 그리고 소비를 연구한다. 심리학은 특정한 문화적 토양cultural matrix 〔역주 matrix는 수학에서는 행렬行列이라고 번역하는데, 여기에서는 토양, 모태母胎, 기반 등의 의미이다.〕 속에서 개인의 행동에 초점을 둔다. 인류학은 이러한 모든 카테고리들과 관심들을 종합하며, 또한 보다 많은 것을 포함한다. 인류학이란 인간과 동물의 포괄적인 연구이며 또한 시간과 공간을 초월하여 사회적 존재로서의 인간을 연구한다. 그리하여 인류학은 **총체적 사회과학**holistic social science이라고 불리어 왔다.

　미국의 대학에서는 인류학이라는 학문은 통상 세 개의 범주로 나누어지는데 첫째, 형질 혹은 생물인류학physical or biological anthropology, 다음으로 고고학 혹은 선사학archaeology or prehistory, 마지막으로 사회문화인류학sociocultural anthropology이다. 인류학을 전공하는 학부 학생들은 이 분과들의 강좌를 모두 수강하지만 대학원에서는 전문화가 시작되며, 인류학의 이상 세 가지 범주에 통달한 전문가들이란 거의 존재하지 않는다. (이 책은 미국 독자들을 위하여 써졌기 때문에 유럽의 인류학 교육과 연구 방식의 상이점은 본문의 적절한 곳에서 언급될 것이다.)

인류학의 주요 분과

형질인류학이란 화석화된 영장류 유물의 연구와 해석, 현생의 인간을 제외한 영장류에 대한 연구, 집단유전학, 그리고 하나의 종種으로서의 **호모 사피엔스**Homo sapiens의 진화 등을 다룬다. 일부 형질인류학자들은 인간 선조의 유물을 찾아서 야외조사를 행한다. 다른 학자들은 야생상태에서의 인간 이외의 영장류의 삶을 연구하는데—이를 **동물행태학**ethology이라고 한다.—그 목적은 생물학적으로 인간과 가장 가까운 이런 존재들의 사회 조직과 행동을 더욱 상세히 알기 위해서이다. 다른 인류학자들은 대부분의 조사연구 시간을 실험실에서 보낸다. 그러나 이들은 모두 인류학의 분과들이다. 고고학자들은 소멸해 버린 문화를 재현하기 위하여 혹은 문화 변동의 과정을 연구하기 위하여 과거 사회의 유물과 유적을 연구한다. 고고학자들과 선사학자들은 다른 행동과학에서는 거의 찾아보기 어려운 시간의 차원을 인류학에 더해 준다.

사회문화인류학이란 인간의 문화 혹은 생활양식에 대한 연구이며, **민족지**民族誌, ethnography〔역주 ethnography는 '**민족지학**民族誌學' 외에도 '**민속지**民俗誌' (전경수 교수), 혹은 '**문화기술학**文化記述學'(이희봉 교수)이라 번역하기도 한다.〕 와 **민족학**ethnology이라는 두 개의 분야로 나뉜다. 세계 각지의 사회들에 대한 기술은 민족지의 영역에 속한다. 다양한 사람들의 문화를 기록하는 것은 민족지학자의 일이며, 이들은 민족지라고 불리는 책 혹은 논문의 형태로 그 결과를 출판한다. 인류학이 사회학과 다른 점을 크게 두 가지만 든 다면 바로 **통문화적**通文化的, cross-cultural [역주 cross-cultural이란 흔히 '비교문화 적'이라고도 번역된다. 단 이 책에서는 원저자가 '비교문화적 방법comparative method'을 19세기 진화론자들의 연구방법론에 국한하여 좁은 의미로 사용하였 기 때문에 이와 구별하기 위하여 '문화를 횡단하여', '관통하여'라는 의미에서 '통문화적'이라 번역하였다. 넓은 의미의 '비교문화적'과 같은 의미이다.] 관점 과 민족지학자들의 현지조사fieldwork라는 테크닉이다. 민족지학자는 참여 관찰participant observation이라고 알려진 방법을 통하여 현지에서 현지인들 의 행동을 관찰하면서 그 사회의 문화에 참여하려고 노력한다. 참여관찰 이란 인류학자들이 반드시 '현지민이 된다go native'는 의미는 아니지만 인 류학의 중요한 교훈 중 하나인 '(단순한) 관찰만으로는 다른 사람을 진정으로 이해할 수 없다'라는 주장에 담긴 의미를 달리 표현하는 것이다. 사회문화 인류학자는 적극적인 참여자로서 다른 방식의 삶에 몰입하는 것이 중요하 다는 점을 항상 인식하여 왔다. 이러한 참여자들이 '타他사회'의 진정한 일부가 된다거나 자신의 문화화文化化, enculturation 경험으로부터 자유로워 진다는 것이 불가능함은 말할 필요도 없다. 그러나 인류학자들은 적극적 참여를 통하여 단순한 관찰이나 인터뷰를 통해서는 기대할 수 없는 통찰 력과 인상들을 얻을 수 있었다.

전통적으로 민족지학은 비서구 그리고 비산업 사회의 주민들을 대상으 로 삼아 왔다. 사실상 문화인류학이란 결국 '원주민native people'에 대한 연 구라고 간주된 적도 있었다. 그러한 사람들은 미개인primitive people [역주 primitive는 본래 '원시적原始的'이라는 의미인데, 경우에 따라 '원시' 혹은 '미개' 라 번역하였다. 미개未開란 문명화되지 않았다는 의미이므로 이 역시 가치판단이 개입된 용어이지만 현대를 살고 있는 사람들을 아득한 옛날에 살고 있던 사람들과 동일시하여 '원시인'이라고 부르는 것보다는 그래도 낫다고 판단되었기 때문이다.], 부족민部族民, tribal people [역주 부족tribe이란 사회조직의 진화에서 군단群團, band과 추방사회酋邦社會, chiefdom의 중간에 해당하는 단계를 의미하기도 하지만 제국주의 시대의 아프리카에서는 원주민들의 집단을 지칭하기도 하는 등 인류학에서 가장 심하게 남용되어 온 용어이며, 끊임없는 논쟁거리가 되었다. 일반적으로는 '미개인'을 지칭한다.], 무문자인無文字人, nonliterate people, 단순한 사람들simple people, 비산업 사회의 사람들nonindustrial people 등의 여러 다양한 용어로 불리어 왔으며, 이러한 용어들은 때때로 의도한 바는 아니었지만 이 사람들을 모욕하고 얕잡아 보는 것처럼 보였다. 제2차 세계대전 후 비로소 모든 문화들이—미국의 도시문화와 산업화된 유럽의 문화를 포함하여—민족지학의 영역 내에 들어오게 되었으며 복잡한 사회들이 인류학적 조사연구의 중요한 대상이 되었다.

문화인류학의 두 번째 구성요소는 **민족학**民族學, ethnology이다. 민족학이란 인간의 행동 및 행동과 문화 간의 상호관계에 대한 이론을 수립하는 학문이다. (그런데 영국에서는 민족학이란 통상 문자기록을 갖지 않은 사람들의 역사를 의미한다.) 시간이 **지나면서** 인류학의 주요 분과들과 다른 사회과학들 간의 상호작용에 의해서 이해의 폭이 넓어지고 정보가 끊임없이 축적됨에 따라 인류의 생활양식에 관한 지식은 더욱더 확대되고 있다. 다른 학문에서와 마찬가지로 인류학에서도 이론들의 유행의 주기가 있었다. 어떤 이론들은 어떤 시기에는 받아들일 수 없다고 포기되었으며 어떤 이론들은 살아남았고 반면에 다른 이론들은 새로운 또는 더욱 나은 자료를 기반으로 하여 되살아나거나 혹은 현대화되었다.

언어학은 종종 독자적인 영역으로 분류되지만 문화인류학의 하위분과에 포함되기도 한다. 과거에 대부분의 민족지학자들은 문자를 갖지 않은 사람들에 대하여 기술할 경우 그때까지 단 한 번도 문자로 기록되지 않은 언어들도 기록해야만 하였다. 그 결과 기록되지 않은 언어들에 대한 연구는 당연히 인류학의 필수적인 부분이 되었다. (반면, 고전 언어학과 역사 언어학자들은 대개의 경우 인류학자로 분류되지 않는다.) 오늘날 언어인류학자들은 순수한 언어학적 쟁점뿐만 아니라 언어와 문화의 여러 측면들 간의 상호관계 및 통문화적인 인지認知라는 문제 등을 연구하고 있다.

인류학이라는 학문은 위에서 언급한 것과 같이 포괄적인 연구인 동시에 비교라는 중요한 특징을 갖는다. 대부분의 인류학자들은 자신들의 연구를 몇 개의 사회들에 국한시키는 것에 만족하지 않았다. 그들은 인간의 행동 전반을 연구대상으로 추구하였다. 여러 문화에 걸쳐 나타나는 행동의 다양성은 인류학자들에게 인류가 가진 선택의 폭에 관한 정보를 제공해 주었으며, 자기 자신들의 사회, 삶의 양식, 그리고 가치를 새로운 면에서 평가하는 시각을 제공해 주었다. 이러한 비교연구들은 민족지학자들의 연구의 결실인 통문화적通文化的 관점(소위 공시적共時的 연구)뿐만 아니라 시간이라는 축軸상의 변인, 즉 문화변동도 포함하고 있다.

인류학이라는 분야는 많은 사람들에게는 잡다하게 여러 가지로 이루어진 '비빔밥very mixed bag'처럼 보인다. 그러나 인류학자 자신들은 인류학이라는 학문의 종합성과 폭넓은 시야를 소중히 여기고 있으며, 이러한 범위를 제한하려는 그 어떠한 노력에도 결연하게 저항하고 있다. 인류학이라는 학문은 문화라는 중요한 개념을 통하여 통일성을 유지하고 있다. 문화의 개념은 학자에 따라 다양하게 정의되어 왔는데, 이러한 정의들 중 일부는 후에 소개될 것이다. 본능적 혹은 생물학적으로 결정된 행동과 대비하여 문화란 학습된 행동 그리고 그러한 행동의 산물이라고 해두는 것으로 당분간 충분하다. 그리하여 문화라는 개념은 적어도 미국의 인류학에서는 여러 다양한 하위분과들을 통합하고 있다. 고고학이나 형질인류학이 학문 분류상 사회집단의 연구인 사회인류학과 통상 분리되어 있는 영국과 프랑스의 인류학은 약간 사정이 다르다. (이러한 차이점에 관하여는 뒤에서 서술할 것이다.)

학문적으로 분리되어 있거나 그렇지 않거나 간에 형질인류학, 고고학, 사회문화인류학, 언어학은 모두 인류학 이론의 발전에 기여하였으며, 이 책은 인류학의 실체적 내용에 대한 기술이 아니라 그 학설사적 발전을 다루는 것을 목적으로 하고 있다.

3. 이론의 연원

민족학의 발전에는 많은 요인들이 기여하여 왔지만 민족학이란 기본적으로 서양의 철학과 서양의 역사적 사건들의 산물이라고 할 수 있다. 인간의 행동에 관한 현재의 인류학적 사고들은 아주 오래전에 인간의 본성과 기원에 대하여 제기되었던 질문들에서 비롯되었다. 인간의 본질에 관한 유럽인의 초기 사고는 단편적이며 오류에 가득 찬 정보만으로 제한되었고 또한 유대-그리스도교의 전통적 신앙에 맞추어져 있었다. 그러나 인간의 다양성에 대한 유럽인의 인식은 콜럼버스의 항해에 뒤이어 탐험이 행해지고 그 결과 비유럽 문화에 대한 기술記述이 축적됨에 따라 점차 확대되었다. 또한 그 후 19세기 말의 과학적인 민족지학의 발전은 비교라는 목적을 위하여 보다 정확한 통문화적인 정보를 제공해 주었다. 이것은 단일한 사회 내부에서 바라본 좁은 시각보다 훨씬 더 넓은 지평을 열어 주었으며, 문화와 인간의 본질에 관한 가설들을 보다 일반적으로 검증할 수 있게 해

주었다.

모든 학문의 이론적 기반은 항상 다른 학문의 발전에 의하여 영향을 받으며 또한 변화한다. 그리하여 인류학과 다른 학문들 간의 상호작용은 정보와 자극의 제공이라는 면에서 인류학의 이론적 발전에 공헌하였으며, 한 영역에서 변화와 진전이 이루어짐에 따라 다른 영역에서도 일종의 연쇄반응 같은 것이 있었다. 두 가지만 예를 들자면 프로이트와 여러 심리학적인 접근법들은 인류학의 연구와 문제영역에 새로운 길을 열었으며, 또한 지구의 연령에 관한 새로운 지질학적 정보는 인간의 기원에 관한 새로운 가설들을 낳게 하였다.

사회과학자들은 목적을 가지고 질문을 제기하는데, 이러한 목적이란 통상 자신들이 살고 있는 시대의 사회적 쟁점과 관련된 것이다. 그 결과 정치적·경제적 사건과 상황들은 인류학 이론의 발전에 큰 영향을 미쳤다. 마찬가지로 서구의 제국주의의 동향 역시 민족지학의 방향과 목표에 영향을 미쳤다. (이에 관하여는 상세히 후술하겠다.)

전체적으로 사회과학은 자연과학의 방법을 도입하여 도움을 얻었다. 통제된 상황에서 가설을 검증하는 실험이라는 방법을 우리가 사고하는 데 사용하게 된 것은 계몽시대라고 부르는 시대에서 비롯되었다. 계몽시대에 들어오면 인간을 대상으로 하는 학문은 단순한 사변이나 추측이 아니라 경험을 통하여, 또는 통제된 실험을 사용하여, 즉 과학적 방법을 적용하여 증명하거나 혹은 반증하도록 요구되었다. 그리하여 사회과학은 점차 연역적인 방법에서 탈피하여 보다 귀납적이 되었다.

이렇게 다양하고 상이한 영향력들은 과거의 생각들이 더욱 세련되고 또한 새로운 자료의 출현에 의해서 새롭게 해석됨에 따라 민족학의 발전에 기여하였다. 전통은 새로운 발전을 종종 억압하기도 하였으나 어떤 경우에는 더욱 진전된 사고의 기초가 되기도 하였다. 이러한 역사를 훑어보는 가운데 학생들은 오늘날의 인류학에서 비록 새로운 이름으로 불리는 학설이라 하더라도 전적으로 새로운 학설이란 거의 없다는 사실을 알게 될 것이다. 대부분의 학설들이란 인간이라는 동물의 본질에 관한 오래된 생각들을 재조합한 것이거나 또는 재해석한 것들이다. 그 결과 지식은 누적되고 또한 확대되었으며, 이는 필연적으로 인류의 삶의 방식에 관한 새로운 질문들을 제기하기에 이르렀다.

인류학의 이론은 기본적으로 **"왜 인간들은 그러한 방식으로 행동하는가?"**, **"무엇이 인류의 다양성을 야기하는가"** 등의 질문에 초점을 두고 있다. 우리는 과거로부터 이론들의 연원을 살펴보고 이론들 간의 역사적인 관계와 변화를 검토하고 또한 유럽 대륙과 영국과 미국의 사고방식을 비교할 것이다. 이 책의 전반적인 목표는 과거의 이론들과 새로운 이론들 간에, 또한 새로운 정보 및 시대의 일반적인 정치적·사회적 분위기 간에 어떠한 관계가 있는가를 파악하려는 것이다. 이 책은 연대순으로 정리되어 있어 이론의 발전에 있어서의 전후관계를 보여 주고 있다. 이 책은 비서구사회의 여러 민족에 대한 유럽의 관심이 고조되기 시작한 대탐험의 시대부터 시작하며, 세계 구석구석의 새로운 사회들의 발견뿐만 아니라 지질학, 생물학, 심리학, 경제학 등의 여러 분야에서의 발명과 발전 그리고 전통적인 여러 가정假定들이 인류학에 어떠한 영향을 끼쳤는가를 보여 주고 있다.

학생들은 인간의 문제들에 대한 유일한 해결책을 찾거나 혹은 사회문제들에 대한 하나의 정답을 찾고자 기대해서는 안 된다. 정당正當하다right거나 혹은 옳다correct는 것들은 절대적 가치로서가 아니라 그 다양한 문화적 배경에 따라 상이한 구체적인 맥락 속에서 판단해야만 한다. 어떤 시대에는 그럴듯한 설명이 되고 또한 진리를 설명해 주는 듯하던 것들이 다른 시대에는 불충분하고 또한 너무나도 낡아 빠진 웃음거리로 평가될 수도 있다. 사실을 바라보는 데에는 여러 가지 방법이 있으며, 그 어떤 방법도 과학적인 성역聖域을 갖고 있지 않다.

4. 몇 가지 개념 규정

인류학 이론의 발전을 살펴보기 이전에 우리가 사용할 몇몇 용어에 관하여 간단히 정의해 두는 것이 바람직하다. 첫째는 이론理論, theory이라는 개념 자체이다. **이론**이란 관찰된 현상을 지배하고 있다고 생각되는 원리들에 대한 진술, 혹은 현상들 간의 인과적 또는 기타의 관계들을 설명하는 진술이다. **가설**假說, hypothesis이란 잠정적인 추측 혹은 개연성의 예측으로서 요소들 간의 그럴듯한 관계들에 대한 〔검증되지 않은〕 진술이다. 검증 가능한 가설들을 만들어 내는 것이 이론의 제1차적 기능이다. 그 검증 결과가 완전할 때—즉 가설 혹은 이론이 100퍼센트 지지될 때—이를 통상 법칙法則, law이라고 간주한다. (일상적인 대화에서 가설과 이론은 종종 구분되지 않고 쓰인다.)

일반화一般化, generalization란 일정한 범위의 사물에 관하여 어떤 것이 참이거나 혹은 전형적이라는 진술이다. 즉 이는 둘 혹은 그 이상의 사물이나 사건들을 그 공통된 속성에 따라 연결시키는 진술이다. 가설과 이론은 모두 일반화(일반론)의 한 유형이다.

최근에 들어와 사회과학에서 **모델**이라는 용어를 더욱더 빈번히 사용하게 되었다. 모델이란 연구조사자의 관찰을 일반화한 그림(像像, picture), 유추類推, 혹은 설명이다. 이것은 이론이라기보다는 관찰된 현상들 간의 관계에 대한 보다 제한된 진술들로서 현실에 보다 가까운 이미지이다. 많은 사람들은 모델과 이론 간에 아무런 차이를 두지 않고 이 용어들을 사용하고 있으며, 모델이라는 용어가 누리고 있는 인기는 일종의 유행이라고 간주하고 있다.

행동과학에서 종종 사용되는 다른 두 용어는 **접근법**接近法, approach, 그리고 **지향**指向, orientation이다. 이 책에서도 그러하지만 이들 둘은 사실상 동의어이며, 학자들이 각기 그 이데올로기적 성향 혹은 이론이나 방법에 있어 상대적으로 강조하는 뚜렷한 특색이나 범주를 의미한다. 그리하여 우리는 역사적인 접근법 혹은 역사적 지향이라는 말을 할 수가 있다. 그리고 학파學派, school라는 용어는, 예를 들어 마르크스학파처럼 특정한 학자 혹은 그의 이론을 지향하는 제자들이나 추종자들을 의미한다.

여기에서 사용된, 또한 인류학 일반에서 사용되는 **결정론**決定論, determinism 및 **결정적**決定的, deterministic이란 단순한 설명을 지칭한다.[2] 결정론은 피상적이며 불완전할 뿐만 아니라, 편협하고 일방적인 설명을 의미하며 많은 경우 진정한 설명이 되지는 않는다. "이 사람들은 탐욕스럽다. 탐욕은 이들의 핏속에 들어 있다"(이들이 타고난 것이다)는 것은 생물학적 결정론의 한 예이다. 또한 "열대지방 사람들은 게으르며, 정신적으로 유치하다"라는 진술은 환경결정론의 사례이다.

과학적 방법 혹은 경험적 방법의 요체는 관찰, 분석, 실험, 그리고 일반화이다. 동일한 조건하에서 동일한 기구 혹은 요소들을 가지고 연구를 수행한다면 그 어떠한 조사자도 항상 다른 조사자의 실험결과를 검증하고

---

2 결정론이라는 용례는 모든 사건의 발생은 그에 선행하는 조건들에 의하여 규정된다는 이론적 입장인 철학의 결정론과는 상이하다. 철학에서의 결정론은 '자유의지' 철학과는 반대가 되는, 인과관계에 관한 이론적 입장이다.

반복할 수 있어야만 한다. 또한 동일한 자료가 주어졌을 경우 동일한 결론을 이끌어낼 수 있어야 한다. 그러나 우리가 앞으로 살펴볼 바와 같이 이러한 이상적인 상황은 인간 행동의 연구에서는 거의 일어나지 않는다.

5. 행동과학에서 설명이란 무엇인가?

인간행동에 대한 과학에서는 과학적이고 통제된 실험이라는 이상적인 조건은 있을 수 없다. 인간은 분자가 아니며 실험실에서의 검증이라는 조건의 대상이 될 수 없다는 것은 너무나 명백하다. 이상적인 과학적 실험에서는 다른 모든 요인들이 일정한 상태로 유지되며 단 하나의 요인만이 변화하도록 허용되어 있다. 이렇게 통제된 상황이란 행동과학에서는 너무나도 드물기 때문에 우리는 이러한 것은 존재하지 않는다고 분명히 말할 수 있다. 그러나 백 보를 양보해서 이러한 통제가 가능하다고 잠정적으로 가정할 경우에도 우리는 객관성이라는 문제에 봉착하게 된다. 우리들은 글자 그대로 우리 자신들을 연구하고 있으며 우리들의 결론은 우리 자신의 주관적인 가치라는 스크린을 통하여 항상 걸러지게 마련이다. 이것은 아마도 우리들이 절대적인 증명이라는 목표에는 결코 도달할 수 없다는 것을 의미할 수도 있다. 아마도 우리가 합리적으로 기대할 수 있는 최선의 이론적 입장이란, 우리로 하여금 스스로 수집한 자료에 관하여 가장 적합한 질문을 제기하게 해주는 입장일 것이다.

우리들은 '설명'에 대해 이야기할 때 종종 **종속변수**從屬變數, dependent variable나 **독립변수**獨立變數, independent variable라는 용어를 사용한다. 독립변수란 다른 **변수**(요인)들에 선행하여 이들에게 변화를 일으키는 요인을 일컫는다. 종속변수란 독립변수에 의하여 변화되거나 혹은 통제를 받는 요인들이다. 인간의 과학에 있어 가장 위대한 도전은 인과적 관계를 증명하는 것이다. 인과라는 개념은 시간적 관계도 함축하고 있다. 즉 어떤 것은 먼저 발생(선행)하고 다른 것은 나중에 발생(후행)한다는 것이다. 이보다 증명하기 쉬운 것은 **상관관계**相關關係, correlation이다. 즉 한 요인의 발생은 흔히 다른 요인의 발생과 관련되어 나타난다. 결국 사회적 상관관계란 '통상', '흔히', '종종' 등의 모호한 용어를 사용하여 기술되어야 한다. 만일 자료가 계량화되어 있으면 상관관계를 퍼센트로 표현할 수 있다. 예컨대 "X라는 요인이 존재하면 Y가 존재할 확률은 80퍼센트이다"라고 표현할 수 있다. '다수 변인에 의한 인과관계(다변인분석多變因分析, multicausation)'와 공변관계共變關係, concomitant variation를 사용하는 설명이 현재로서는 가장 정확한 설명으로 생각되는데, 이 개념은 다수의 변인들 혹은 요인들이 특정한 결과를 야기한다는 것이다. 예를 들어 고고학자들은 농업생산, 인구밀도, 직업의 분화 등의 요인이 결합하여 도시사회가 출현하게 되었다고 한다. 그러나 인류학에서는 "A라는 요인이 B라는 결과를 낳았다"라고 하는 단순한 인과적 설명은 들어본 일이 없을 정도로 성립되기 힘들다.

인과적 설명 외에도 사회과학자들은 자료를 해석하기 위하여 기능적 분석機能的 分析, functional analysis을 사용하였다. 하나의 요소가 또 다른 요소를 이끌어낸다, 혹은 야기한다는 점을 밝히는 대신에, 기능적 분석은 어떤 특정한 시점에서 관찰했을 때 모든 요소들이 전체로서의 구조를 지지하고 체계적인 여러 관계의 연속성을 유지하기 위하여 어떻게 상호작용을 하고 있는가를 보여 준다. 따라서 기능적 설명이란 인과적 설명과는 달리 시간적 선후관계를 필요로 하지 않는 **공시적**共時的, synchronic인 설명이다. (기능적 설명에 대해서는 후술하겠다.)

제2장 인류학의 프롤로그

확립된 학문으로서의 사회문화인류학은 젊은 학문이다. 인류학 최초의 대학 교수직은 1884년 에드워드 타일러 경Sir Edward Burnett Tylor이 취임한 옥스퍼드 대학의 '리더University Reader'〔역주 영국 대학 제도의 특유한 직위로서, 학사 행정에 대한 책임이 있는 교수professor와는 달리 강의와 연구에만 전념한다.〕였다. 그러나 인간의 다양한 삶의 방식에 대한 관심과 추측은 문자 이전의 시대로까지 거슬러 올라가는 기나긴 역사를 가졌다. 비록 고대의 몇몇 사람들이(예를 들어 헤로도토스Herodotos와 스트라보 Strabo 〔역주 BC 64?∼AD 23? 고대 그리스의 역사학자이며 지리학자, 아우구스투스 황제 시대의 그리스, 로마 세계에 알려진 모든 민족과 국가들을 망라한 방대한 저작인 『지리학』을 남겼다.〕) 타민족들의 관습에 커다란 흥미를 보였다. 아마도 시저Caesar야말로 고古갈리아 지방을 세 부분으로 나눔으로써 문화영역culture area이라는 개념을 최초로 사용한 사람〔역주 시저는 유명한 갈리아 원정 후 『갈리아 전기戰記』를 남겼는데, 이 책에는 고대 갈리아인들의 풍속이 상세히 기술되어 있다.〕이겠지만, 지리상 대발견의 시대야말로 이 책의 목적이기도 한 간결한 학사學史에 보다 합당한 출발점일 것이다.

1. 대탐험의 시대

15세기 포르투갈의 항해왕 헨리〔역주 포르투갈의 왕자(1394~1460)로서 대탐험 시대의 수많은 항해와 모험을 후원하였으며, 특히 서아프리카 대륙 탐험에 대한 공로가 유명하다. 선박의 건조, 해도의 제작, 항해기술의 발전뿐만 아니라 서구의 세계 제패를 가져온 해양전략의 구상에도 기여하였다. 단, 본인은 직접 항해에 나선 바가 없기 때문에 '항해왕'이라는 칭호는 잘못된 것이라는 주장도 있다.〕는 탕지에Tangier까지의 항해원정을 후원하고 항해술의 발전을 장려함으로써 아프리카 대륙에 대한 후세 유럽인들의 탐험의 길을 열었다. 다음 시대의 탐험가들은 그의 뒤를 이어 다른 지역—근동, 남미, 북미, 그리고 태평양의 여러 섬들—을 조사하였다. 그보다 더 이전에 베네치아의 상인 마르코 폴로Marco Polo는 1275년경 그 시대 북경의 쿠빌라이 칸Khubilai Khan의 궁정에 관하여 상당히 훌륭한 민족지를 작성하였다. 1800년대에 이르러 유럽인들은 인간의 사회에 관하여 지구 전체에 걸쳐 추측할 만큼 충분한 정보를 갖게 되었다.

민족지와 인류학이 일반적으로 제국주의의 영향을 받아 발전하였다는 데에는 의심의 여지가 없다. 유럽의 함대들은 천연자원과 향료와 황금에 대한 권리를 주장하였을 뿐만 아니라 대포의 힘으로 새로이 발견된 땅의 주민들에 대한 권위를 확립하였다. 포르투갈, 스페인, 영국, 네덜란드, 프랑스가 서로 뒤를 이어 바다의 지배자가 되었으며 식민지 제국을 건설하였다. 19세기에 이르러 새로이 정복된 원주민들과의 무역과 통제에 대한 문제에 직면한 유럽의 정부와 상업적인 이해당사자들은 실질적인 필요에서 민족지적 자료의 수집을 장려하였다. 원주민의 정치 및 경제적 체계에 대한 보다 광범한 지식이 축적되면 정복자들에 의한 지배는 더욱 손쉬워

지기 마련이었다. 그러나 제국주의적인 관심이 항상 민족지적 조사 연구를 촉진하지는 않았으며 식민열강 모두가 인류학이라는 학문을 발전시키지도 않았다. 예를 들어 포르투갈과 스페인은 그렇지 않았다. 제국주의란 아마도 필요조건이긴 하였으나 사회문화인류학의 창조를 위한 충분조건은 확실히 아니었다.

교회의 이해관계 역시 비기독교 지역의 주민들에 관한 정보를 수집하는 데 일조하였다. 원주민들을 개종시키려 바다 건너 먼 곳으로 떠난 선교사들은 개종시키고자 하는 사람들의 언어를 말할 줄 알아야 한다는 사실을 곧 깨닫게 되었다. 종교 분야의 번역만큼이나 커뮤니케이션이라는 문제를 명백하고도 절실히 느끼게 하는 영역은 없었다. 문자로 기록되지 않은 언어에 대한 연구는 다양한 종파의 선교사들로부터 상당한 지원을 받아서 발전하였으며, 오늘날 이미 쓰이지 않게 된 상당수 언어들이 기록의 형태로 보존되었다. 더욱이 개종시키려던 원주민들과 개별적으로 상당히 친숙해지는 데 오랜 시간을 보내야 했던 선교사들은 자신들이 변화시키고자 하였던 이들의 삶의 방식과 철학과 가치들을 충실히 기록해 두었다. 이들은 종종 원주민들을 더욱 잘 이해하고자 하는 목적도 있었으나 또 한편으로는 이단異端의 공포를 드러내 보여 줌으로써 모국의 사람들로 하여금 기부금을 더 많이 내도록 하려는 목적도 있었다. 비서구사회의 철학과 이상에 대한 지식이 서서히 확산됨에 따라 소수의 유럽인들은 가치와 믿음의 상대성을 인식하게 되었다.

(1) 대탐험에 대한 사회 일반의 반응

유럽인들이 세계의 나머지 부분들을 탐험하고 정복하고 식민지로 만들었던 3세기 동안 이들은 기술상의 우위를 확보하고 있었다. 유럽의 함선들은 중포重砲의 반동을 견디어낼 만큼 튼튼한 재목과 가로들보〔역주 선박을 건조할 때 내부를 가로지르는 버팀목으로 선박의 양현이 함몰되지 않도록 든든히 받쳐 주는 기능을 한다.〕로 건조되어 있었다. 그 결과 유럽인들은 해양에서는 무적이었다. 땅 위에서도 유럽의 총포는 우세하였으며, 이는 자신들에게 가해지는 피해보다 더욱 큰 피해를 상대에게 입힐 수 있는 힘을 주었다. 유럽인들이 정치적으로 지배하지 못한 곳에서도 이들은 종종 경제적 지배와 무역상의 우세를 확보하고 있었다. 이러한 기술상의 우세는 유럽인들 자신에 대한 그리고 다른 사람에 대한 유럽인들의 생각에 상당한 영향을 주었으며, **이는 오늘날에 이르기까지도 많은 사람들의 마음속에서 가치 척도가 되고 있다.** 유럽인들은 자신들의 무기가 더 우수하므로 자기 자신들도 다른 인간들보다 더 우수하다고 생각하기 시작하였다. 이러한 우수성은 단지 지정학적 관점뿐만 아니라 나아가 점차적으로 인종적 의미도 함축하게 되었다. 19세기에는 '백인의 의무white man's burden'〔역주 문명단계에 일찍 도달한 백인종은 아직 미개단계에 있는 다른 인종들을 지도하고 계몽할 의무를 가지고 있다는 생각〕와 같은 슬로건들이 인종주의적 견해를 표현하였으며, 유럽인들은 자신들이 정복한 '열등한 민족들'에게 물질적으로 그리고 또한—유럽인들의 생각에는—도덕적으로도 더욱 나은 삶의 방식을 제공함으로써 이들에게 이익을 주었다고 생각할 정도로 심한 착각을 하기에 이르렀다. 유럽인의 목표는 정복과 토지의 지배와 기독교로의 개종, 그리고 유럽인의 기준에 따른 원주민 교육 등을 포함하기에 이르렀다.

당대의 유럽인 일반의 사고에 미친 대탐험의 결과는 광범한 것이었다. 당시까지 알려지지 않았던 동물들과 식물들 그리고 야릇한 모습과 관습을 가진 사람들은 유럽인의 상상력을 자극하였다. 여행기와 여행 안내서는 이루 말할 수 없이 인기가 있었으며, 유럽인들은 아프리카인과 동방인, 미국 인디언에 관한 서적을 굶주린 듯이 읽었다. 이들이 읽은 문헌들의 내용은 대부분 부정확했으며 또한 자신과 다른 삶의 방식을 인류의 다양성의 정당한 표현으로 이해하기보다는 이상하고도 흥미로운 것들에 집중된, 다소 한계를 지닌 것들이었다. 민족지적인 상세한 정보는 이런 사회 전반의 맥락과는 별개로 분리되어 보고되었으며, 그나마 시도한 자료수집도 체계적이거나 완벽한 것은 거의 없었다. 때로 이방인의 삶의 방식을 기술한 문헌을 읽은 유럽인들은 '그게 인간의 본성이라는 것이다'라고 반응하였다. 또 한편으로 많은 독자들은 문헌 속의 이방인들과 자신들 사이에 아무런 공통점을 지각할 수 없었다. 스스로 깨닫지는 못하고 있었지만 이 사람들은 인류학이 후에 가르치는 바로 그 요점—**즉 모든 인간은 어떤 면에서는 동일하고 어떤 면에서는 서로 다른데, 그 다른 점이란 대부분이 문화적인 것이다.**—을 생각하고 있었던 것이다.

(2) 탐험에 대한 학문적 반응

탐험과 정복은 유럽 사회에도 폭넓은 지적·철학적 영향을 끼쳤다. 새로이 알게 된 또 다른 인류의 삶의 방식에 대한 설명이 다양하게 시도되었다. 정통 기독교의 전통적인 이론인 **단일기원설**單一起源說, monogenesis과 양립이 가능한 **퇴행설**退行說, degeneration은 모든 인간은 최초의 남녀 한 쌍의 자손이며 또한 이들은 원래의 은총의 상태에서 타락한 것이라고 주장하였다. 단일기원론자들은 당시 여러 민족들 간의 명백하고 다양한 차이는 환경에 대한 대응과 획득형질의 유전 탓이라고 설명하였다. 단일기원설을 믿었던 유럽인들은 자신들과 비유럽인과의 관계를 우월과 열등이라는 관계로 파악하였다. 그럼에도 불구하고 이들은 인류가 공통된 기원을 가지고 있다는 사실은 모든 인간들이 동일한 가능성을 가지고 있으며, 또한 그 어느 누구도 개선의 가능성을 배제할 만큼 미개하거나 저급한 상태가 아니라는 사실을 의미한다고 해석하였다. 이것은 인종주의적인 견해는 아니었다. 즉 모든 인간들은 평등하게 창조되었으며 인간들 간의 차이점은 불평등을 물려받은 결과가 아니라 창조 이후의 조건들의 탓이라고 믿었다. 그러나 이것은 **자민족중심주의적**自民族中心主義的, ethnocentric인 견해였으니, 왜냐하면 모든 종족집단을 유럽인의 가치와 기준을 근거로 판단하였기 때문이다.

그러나 **복수기원론**複數起源論, polygenesis을 주장하는 사람들은 인종주의적인 해석을 택하였다. 이러한 믿음은 최초에 다수의 개별적인 창조가 있었으며, 그 결과 처음부터 능력에 차이가 나는 몇 개의 인종이 있었다고 주장하였다. 이들 중 궁극적으로 유럽인의 조상이 된 계통이 우월하였다는 것이다.

인간의 본성에 대해 새로운 관심을 가진 몇몇 사상가들은 유대-그리스도교의 철학에서 전해 내려온 전통적인 지혜와 세계관에 의문을 제기하였다. 이들은 더 이상 교부敎父들과 희랍의 철학자들에게 오류가 없었다고 믿지 않았다. 사실상 일부 사상가들은 고대인의 세계는 다소 제한되어 있었다고 결론을 내렸으며, 당대의 유럽인을 고대의 유럽인뿐만 아니라 동시대의 비유럽인과 비교한 결과, 역사적으로 전반적인 진보가 이루어졌다는 이론, 즉 사회적 진화 혹은 문화적 진화의 이론에 도달하게 되었다. 일부 사람들은 인류의 역사에서는 퇴행이 아니라 진보가 일어났으며, 또한 현재 생존하고 있는 많은 민족들이 유럽인을 정점頂點으로 하는 발전의 여러 단계를 조명하는 데 사용될 수 있다는 사실을 명백한 것으로 받아들였다. (어떤 이론이든지 간에 항상 유럽인들이 정상頂上이라고 간주되었다.) 16세기와 17세기에는 그리 중요하지 않았던 진보進步, progress에 대한 이런 강조가 18세기에 이르러서는 사회철학의 특징이 되었다. 과학적 그리고 기술적 진보는 유럽인으로 하여금 자기 자신들을 능가하는 것은 사실상 아무것도 없다고 믿도록 만들었으며, 그 결과 유럽인들은 인류 역사의 발전이란 당대의 유럽인을 지향하고 있으며 궁극적으로 이 단계에서 최고조에 달한다고 해석하기 시작하였다. 이는 유럽의 상류사회 사람들이 스스로를 그렇게 간주하였다는 의미로서 이들은 유럽의 농민들이 원시민족에 비하여 별반 나을 바가 없다고 여겼다.

인간의 본질에 대한 관심과 세계 각지의 인간집단들 간의 차이에 대한 호기심은 처음에는 단지 억측과 공상이라고밖에 말할 수 없는 결과를 낳았다. 사고는 연역적이었으며 자신들의 이러한 연역적인 논리를 검증하려고 시도하는 사람은 거의 없었다. 그러나 우리가 계몽시대라고 부르는 시기에 이르러 초기 사상가들의 이론은 면밀히 검토되기 시작하였다. 즉 지식에 대한 비판의 시기가 도래한 것이다. 학자들은 자신들의 사상의 타당성을 검증하고 증명할 필요를 느끼기 시작하였으며 일부는 자연과학의 귀납적인 방법을 인간의 연구에 적용할 것을 제안하였다. 계몽시대의 지적인 흥분은 일부 소집단에 국한되었으나 이 집단을 구성하고 있던 지식인들이야말로 후대 사람들의 사고에 지대한 영향을 미쳤던 것이다.

2. 계몽시대 The Enlightenment

17세기 후반부터 18세기에 이르기까지의 기간은 지적인 탐구에 대한 열정이 휩쓸었던 시대로 흔히 '계몽시대啓蒙時代'라고 불린다. 이 시기의 사상가들로는 아이작 뉴턴Isaac Newton과 고트프리트 라이프니츠Gottfried Leibnitz

와 같이 수학과 물리학에 종사한 사람들, 생물학의 조르주 드 뷔퐁George de Buffon과 칼 폰 린네Carl von Linne, 화학의 조지프 프리스틀리Joseph Priestly 와 앙투안 라부아지에Antoine Lavoisier, 그리고 볼테르Voltaire, 존 로크John Locke, 장 자크 루소Jean Jacques Rousseau 등의 사회철학자social philosophers 등을 꼽을 수 있다. 뉴턴의 『수학원리*Principia Mathematica*』와 로크의 『인간오성론人間悟性論, *Concerning Human Understanding*』 등은 각기 자연철학과 사회철학에서 계몽시대의 전형적 태도—**즉 우주는 합리적인 질서를 가지고 있으며 행성들의 움직임과 인간의 행위를 설명하는 법칙들은 발견 가능하다.**—를 표현한 것이었다.

계몽기의 사상가들은 대단한 정신적 폭과 깊이를 가진 사람들로서 이들은 서로 각자의 연구와 사상에 커다란 흥미를 가지고 있었다. 이들은 또한 새로운 사회적·경제적 그리고 과학적 사고를 널리 보급함으로써 유럽의 지식인들에게 엄청난 영향력을 미쳤는데, 이러한 사고의 일부는 미국의 독립과 프랑스 혁명의 이론적 기초가 되었다. 심지어 러시아의 예카테리나 여제와 프러시아의 프리드리히 대왕 같은 전제군주들도 이 사회철학자들과 교류하였으며, 스스로 '계몽군주'라는 사실에 자부심을 가지고 있었다.

이 사회철학자들의 지적 탐구의 폭은 넓고 깊이가 있었지만 이 중에서 특히 우리의 관심을 끄는 것은 특정한 사회적 질문에 대한 이들의 관심이었다. 이들은 다른 무엇보다도 (우리는 아직 이들을 '사회과학자'라고 부를 수 없다.) 인간의 본성과 사회의 본질, 이상적인 인간의 행동, 인간 행위의 원인, 그리고 인간의 본성의 진로에 대하여 논의하였다. 그들은 자연nature 과 양육nurture의 분리, 즉 인간의 적성과 태도 중 어떤 것들이 타고난 것이고 어떤 것들이 학습된 것이며, 어떤 것들이 변화될 수 있는가에 관하여 의문을 제기하였으며 논쟁을 벌었다. 이들의 결론 중 상당수는 현재의 관점에서는 유치하지만, 이들은 향후 성립될 학문의 기초를 이룩하였다. 또한 여러 면에서 이 사회철학자들은 인류학의 선구자들이며 나아가 원초적인 인류학자라고 할 수도 있겠다.

인간의 본질에 관한 18세기의 사고는 미래사회에 대한 낭만적인 견해부터 사람들이란 선천적으로 이기적이기 때문에 이들을 통제하기 위해서는 강력한 군주제가 필요하다는 믿음에 이르기까지 다양하였다. 이러한 사고의 폭은 장 자크 루소(1712~1778), 토머스 홉스Thomas Hobbes(1588~1679), 존 로크(1632~1704) 등 세 사람의 사상으로 대표될 수 있다. 홉스는 인간이란 본질적으로 야수적이며 이기적이기 때문에 이들을 통제하기 위해서는 강력하고 억압적인 정부가 필요하다고 믿었다. 루소는 이와 극단적으로 반대되는 사고를 대변하였다. 즉 인간은 자연상태에서는 본질적으로 선하고 자유로웠지만 문명과 사회에 의해서 파괴되었다. 따라서 그는 이러한 '자연 상태'로 돌아갈 것을 주장하였다. 로크는 인간이란 태어날 때에는 선하지도 악하지도 않고 '백지상태'로서 경험에 의하여 그 존재가 형성된다고 하였다. 그는 인간이란 그 사회적 환경과 여건이 지배하는 대로 좋게도 혹은 나쁘게도 교육될 수 있다고 강조하였다.

계몽시대 사회사상의 이러한 다양성은 현재의 인류학 이론에도 남아 있다. 지속적으로 인류학의 발전에 공헌해 온 관념 중 하나는 **휴머니즘**으로서 이는 모든 인간은 가치와 위엄을 가지고 있다는 개념이다. 또 다른 중요한 관념은 교육과 사회적 환경, 특히 어린이의 사회화의 중요성에 관한 것이다. 행태주의 이론의 본질적인 부분이 되어 온 세 번째 사고는 인간이란 특별하거나 동떨어진 존재가 아니라 자연적인 우주의 일부라는 것이다. 따라서 인간은 자연법칙의 작용의 지배를 받는데, 이런 자연법칙이란 탐구하여 이해할 수 있다는 것이다. 그리하여 계몽기의 사회철학은 인간을 신적神的인 창조의 영역으로부터 끄집어내어 경험적인 탐구가 가능한 대상으로 만들었다. 인류가 과학의 발전을 이룩하는 데에 이 점이 얼마나 중요한가는 아무리 강조하여도 지나치지 않다.

대부분의 사회철학자들은 비록 인간의 교육 가능성을 강조하기는 하였으나 완성 가능성의 척도로서는 유럽이라는 기준을 사용하였다. 이들은 역사적인 변화란 유럽인의 이상을 향한 진보라고 해석하였으며 그리하여 자신들의 과학적 객관성을 자민족중심주의라는 사슬로 속박하였다. 이들의 생각에 따르면 인류의 역사란 인간의 집단들이 유럽인이 성취한 것을 향하여 진보함에 따라 더욱더 지식이 확대되고, 과학적·합리적·도덕적이면서 또한 유능하게 된다는 것이었다.

그런데 이러한 진보라는 관념은 최근의 것이었다. 그리스와 로마시대 그리고 중세에는 인간이 어떤 황금시대나 혹은 은총의 상태로부터 타락하였다는 것은 당연한 사실로 받아들여졌다. 심지어 르네상스기의 사람들도 자신들이 살고 있는 시기인 현재보다는 과거가 더욱 영광스러운 것이라고 상정하였다. 18세기에 들어와서도 '세계의 타락'이라는 신념은 흔한 것이었다. 비유적으로 말하자면 인류 사회는 고대의 '황금시대'부터 '은銀의 시대'와 '청동靑銅의 시대'를 지나 마지막인 현대의 '철의 시대'로 이행해 왔다고 생각하였다. 그러나 자연과학의 발전은 이런 모든 것을 바꾸어 놓았다. 갑자기 인간의 능력에는 아무런 한계가 없는 것처럼 보였다. 진보가 자명한 것이라는 생각은 18세기의 강력한 신조의 하나였다. 인간은 개선되어 왔으며 또한 개선—진보—이라는 것은 미래에도 무한정 가능한 것으로 보였다. 비록 몇몇 철학자들은 이상적인 행위를 표상하려는 플라톤적인 시도를 부활시켰으나 대부분은 아무런 논쟁도 필요 없다고 확신하였다. 이들은 자신들의 사회와 자신들의 방식이 합리성에 기초해 있고 또한 자신들의 사고 과정이 자연법칙의 원리에 가장 가깝게 상응하기 때문에 최선의 것이라고 생각하였다. 이러한 견해에 의하여 유럽인들은 스스로 자신들의 사회가 더욱더 진전된 사회라고 생각하게 되었다.

　모든 사회철학자들은 자연과학의 약진과 '과학적 방법'의 발전에 의하여 커다란 영향을 받았다. 수학자나 물리학자와 마찬가지로 사회사상가들은 인간행동의 규칙성과 보편적 법칙을 추구하였는데, 왜냐하면 이들은 이런 것들이 존재한다고 확신하였기 때문이다. 자연과학자들이 세계란 뉴턴의 천체역학 모델에 기초한 역학의 법칙과 만유인력의 법칙에 의하여 지배된다고 인식한 것과 마찬가지로, 인간의 행위에 대한 탐구를 추구하는 학자들은 행위법칙을 발견하려 하였으며 또한 자연적인 원인들을 탐구하였다. 실험적인 방법을 적용함으로써 이들은 그러한 법칙들을 발견하기를 희망하였다. 자연과학에서와 마찬가지로 그들은 현상을 관찰하고 가설을 수립하고, 그리고 보다 많은 관찰과 실험을 통하여 그러한 가설들을 검증하려고 하였다.

　철학자들은 회의론자였다. 비록 대부분의 철학자들은 조화롭고 질서정연한 기계와도 같은 우주는 신적인 존재 a deity에 의해서 최초로 움직이기 시작하였다고 믿었지만, 이들은 또한 인간이란 일단 그러한 세계 속에 존재하게 되면 그 스스로 독립적인 존재로서 **자연의 법칙**을 준수하면 번영하고 자연법칙이 파괴되면 고통을 겪을 것이라고 생각하였다.[1] 이러한 사상

---

1 **자연법**이라는 개념은 계몽주의 철학에서 두드러진 역할을 하였다. 이는 자연에 따른 이상적 패턴으로서 이성으로써 파악할 수 있는 것이며, 교회나 국가의 법과는 별개의 것이었다. 사람들은 자연법이 행동의 보편적인 규칙과 자연의(때로는 신의) 도덕에 따라 옳고 그른 것을 판별하기 위한 보편적인 법칙을 제공해 준다고 믿었다. 자연법은 모든 인간의 권위에서 독립적이었다. 일부 사회철학자들은 자연법에 위배되는 인간의 법은 타당하지 않다고 주장하였다. 존 로크는 인간은 생명과 자유와 행복의 추구에 대한 자연적 권리를 가지고 있다는 자신의 주장을 뒷받침하기 위하여 자연법을 원용하였다.

가들은 기적을 믿지 않고 신비적인 것도 믿지 않았으며 모든 일의 원인을 신의 간섭이나 천벌이 아닌 앞서 있었던 행동에서 찾으려고 하였다. 그들은 인간의 문제들을 초자연적인 존재가 아니라 인간의 탓으로 돌렸다. 이 시기는 우상타파와 회의주의의 시대였으며 또한 자연법칙이 지배하는 자연질서에 대한 신념의 시대였다.

계몽시대의 지적 활동의 두 중심지는 스코틀랜드와 프랑스였는데, 이곳을 중심으로 하여 오늘날 인류학 이외의 다른 학문영역에서의 업적으로 더욱 잘 알려지게 된 학자들이 장차 사회문화인류학에 도입될 사상들을 발전시켰다.

(1) 프랑스 학파: 세 개의 사례

라브레드와 몽테스키외의 남작인 샤를 루이 드 세콩다Charles Louis de Secondat, Baron de la Brede et de Montesquieu(1689~1755), 우리에게는 보통 몽테스키외라고 알려진 이 인물은 사회를 연구함에 있어서 일찍이 통문화적 접근을 택하였으며, 그의 연구에서는 인류의 다양성을 깊이 고려한 흔적이 많이 눈에 띈다. 그는 사회란 극히 복잡한 현상이라는 점을 인정하면서 대부분의 유럽 지역을 여행한 자신의 체험과 독서를 통하여 많은 양의 정보를 수집하였다. 『법의 정신』(1748)은 기본적으로는 정치적·법적 이론에 대한 연구지만 부수적으로는 역사적으로 상호작용하는 제도들과 사회적 과정들에 대한 귀납적인 분석이기도 한데, 몽테스키외는 이를 집필하기 위하여 인간의 사회적 행위를 관찰하고 기록하는 등 20여 년에 걸쳐 자료를 모았다. 사실상 『법의 정신』은 사회적 통합의 수단으로서 넓은 의미에서 사회통제를 의미하는 법의 기원과 본질에 관한 근대적인 기술적記述的 연구였다. 그는 사회들 간의 차이는 그 다양한 과거의 역사와 그들의 사회

문화적 틀frame, 그리고 무엇보다도 그 환경의 다양성에 기인한다고 결론을 내렸다. 그는 일부 사람들에게 환경결정론자라고 불릴 정도로 환경적 요인을 강조하였다.

몽테스키외는 동시대인들의 상당수가 흔히 가지고 있던 자민족 중심적인 견해를 포기하였으며, 한 사회는 다른 사회의 기준으로 판단해서는 안 되고 단지 그 자체의 기준으로 판단해야만 한다고 결론을 내렸다. 그리하여 그는 20세기에 **문화적 상대주의**라고 알려지게 된 입장을 제시하게 되었다. 그의 저술에서 몽테스키외는 19세기에 이르러 크게 인기를 끌게 될 인류 역사의 세 발전단계를 분류하였는데, 이는 **수렵** 혹은 **야만 단계**, **목축** 혹은 **미개 단계**, 그리고 **문명단계**였다.

안 로베르 자크 튀르고Anne Robert Jacques Turgot(1727~1781)는 루이 16세를 위하여 국가의 재정을 바로잡으려 했던 프랑스의 감사원장으로도 잘 알려진 인물로서, 『인류 심성의 역사적 진보Le progrès historique de l'esprit de l'homme』(1750)에 관한 저술 계획의 아우트라인을 만들었다. 여기에서 튀르고는 인류는 점차 복잡성이 증대되고 식량을 획득하는 능력이 증대하였다고 주장하였다. 그의 도식은 몽테스키외의 도식과 다소 유사한데, 이러한 단계들은 각각 수렵, 목축, 그리고 농경에 기초를 두었다고 생각하였다. 그는 수렵과 목축 생활이라는 생계조건하에서 전형적이었으리라고 생각된 생활양식들을 묘사하였으며, 가축의 사육과 농경에 의하여 여가시간과 정착생활, 직업의 전문화가 발생하고 인구가 증가하였다는 등의 이점을 지적하였다.

그는 지구상의 인류의 다양성이란 생물학적 차이가 아니라 교육과 환경 그리고 다른 사람들로부터의 고립화의 정도, 다시 말해서 문화적 차이에 기인한다고 생각하였다. 그는 국가의 흥망성쇠가 본질적으로 주기적이라는 점을 인식하였으며, 성장의 단계가 지역에 따라 다양할 수는 있으나, 그 어느 지역이나 집단도 문명을 독점하지는 않는다고 하였다.

콩도르세의 후작인 마리 장 앙투안Marie Jean Antoine, Marquis de Condorcet (1743~1794)은 계몽시대 유럽인의 사고를 지배한 진보라는 관념의 특징을 보여 주는 가장 좋은 예이다. 그는 인간의 무한한 완성 가능성에 대한 신념을 가지고 있었으며, 인간에 대한 과학적 연구는 프랑스 혁명에서 절정에 달한 인류 역사의 진전과 업적을 명확히 증명해줄 것이라고 믿었다. 그는 『인간 심성의 진보의 강요綱要, Esquisse d'un tableau historique des progrès de l'esprit humain』(1795)에서 스케치하였던 사상사思想史의 결정판을 언젠가 완성할 것을 희망하였다. 그는 역사를 10단계로 나누었는데, 마지막 단계는 미래에 대한 낙관적인 예상이었다. 이것은 보편적이기보다는 특수적〔역주 좁은 범위에만 적용되는 제한적인 것〕이었으며 인류의 사상이라기보다는 유럽인의 사상의 역사였는데, 그는 이 대작을 완성하지 못하고 사망하였다.

콩도르세와 같은 많은 저술가들은 소위 자연 상태의 인간을 묘사하는 데 있어 지난 두 세기 간에 걸친 지리적 발견과 그 결과 수집된 민족지적 자료들을 대부분 무시하고 그 대신 성경과 고전에 등장하는 신화적 인물들을 사용하기를 선호하였으나, 또 다른 사람들은 보다 새로운 정보들을 도입하기 시작하였다. 루소는 '고귀한 야만인noble savage'이라는 이미지를 창조함에 있어 비록 극단적으로 로맨틱하게 묘사하기는 했지만 남미와 중미의 카리브Carib 인디언에 관한 기술을 참고하였다. 몽테스키외는 비서구 사회의 민족지 자료들을 인용하였으며 정치와 법체계의 비교연구에서 이들을 사려 깊게 사용하였다.

(2) 스코틀랜드 학파: 세 개의 사례

스코틀랜드의 철학자이며 역사가인 데이비드 흄^{David Hume}(1711~1776)은 뉴턴이 물리학을 혁신한 것과 마찬가지로 도덕과학(흄에게 moral sciences 란 사회과학을 의미하였다.)을 혁신하기를 희망하였다. 〔역주 'moral'이라는 형용사가 사회적 관행이나 습속, 도덕관 등을 의미하는 'mores'에서 파생된 어휘임을 감안한다면 도덕과학이 왜 사회과학을 의미하는지 이해가 될 것이다.〕 그는 기적이란 있을 수 없다는 것을 설득력 있게 주장하였으며, 지식이란 사색이 아니라 오직 관찰을 통해서만 얻을 수 있다고 주장하였고, 또한 문화에 나타나는 수많은 유사점들을 전파 혹은 문화적인 차용의 결과라고 설명하였다. 그는 사회에 대한 심리학적 탐구의 기초를 마련하였으며, 사회는 인간의 성적性的 본성의 결과로 형성되는 것이라 믿었고, 인간 심성의 메커니즘과 퍼스낼리티에 대한 문화의 영향에 대하여도 고찰하였다.

윌리엄 로버트슨^{William Robertson}(1721~1793)은 에든버러 대학의 역사학 교수였다. 몽테스키외와 마찬가지로 그는 인간의 사회를 야만, 미개, 문명 단계의 세 가지 발전단계로 구분하여 파악하였다. 또한 금속 제련법이 발견되기 이전에는 사람들이 석기를 사용하였음을 인식하였다. 그는 인간 집단 간의 차이는 문화화文化化, ^{enculturation}를 통하여 획득한 형질들과 지리학적 영향에 기인한다고 생각하였다. 그는 비록 아메리카 인디언의 기원을 아시아에서 찾은 최초의 사람은 아니었지만 이들이 베링 해협을 건너 북아메리카로 들어온 증거로서 동물학적·민족지적 증거들을 사용하였다. 그는 아메리카 대륙의 원주민들을 '사회생활의 유아기幼兒期'의 인간들의 예라고 생각하였다.

또 다른 스코틀랜드인 애덤 퍼거슨^{Adam Ferguson}(1723~1796)은 인간의 본성에 대한 계몽기 사상의 상당 부분을 반영하는 저서를 저술하였으며,

19세기의 본격적인 사회진화 이론에 앞서서 일련의 발전단계를 기초로 한 사회적 진보를 묘사하였다. 『문명사회의 역사론An Essay on the History of Civil Society』(1767)이라는 저서에서 그는 사회의 연속성과 역동성을 강조하였으며 국가들의 흥망성쇠의 이유를 밝히려 노력하였다.

퍼거슨은 비록 문화culture라는 단어를 사용하지는 않았지만 그 개념을 명확히 표현하고 있었으며, 몽테스키외와 마찬가지로 문화의 다양성은 부분적으로 환경적 차이에 기인한다는 사실을 인정하였다. 그는 인간의 군집적群集的 본성은 유아기의 무력상태가 장기간 계속된다는 사실에서 기인하며, 아동은 사회화 과정을 통하여 그 사회가 승인하는 성인으로 성장한다고 믿었다. 더 나아가 퍼거슨은 각 사회가 다른 사회의 방식들보다 자기 자신의 방식에 더욱 집착하고 또한 이를 예찬하는 열정(자민족중심주의)이란, 사회 구성원들이 장기간에 걸쳐 그 집단의 가치관에 의해 사회화된 결과 야기된 자연스런 논리적인 귀결이라고 설명하였다. 그의 사상의 상당 부분은 19세기로 접어들면서 사회과학이 발달함에 따라 당연한 것으로 여겨지게 되었다.

(3) 계몽시대의 사상이 사회과학에서 갖는 의미

18세기에 들어와 사회철학자들은 비록 유럽 밖의 사람들을 문명시대에도 자연 상태에 살고 있는 사람들의 실례로 종종 사용하였지만 아무튼 인류사회의 엄청난 다양성을 인식하기 시작하였다. 그 결과 그들은 19세기 말에 포괄적이며 정확한 민족지 자료의 축적과 함께 비로소 가능하게 된 진정한 통문화적인 분석의 기초를 만들었다.

사회철학자들은 인류의 기원에 관심을 가지고 있었으며, 사회적 진화(그들은 이것을 진보라고 불렀다.)의 연속성을 강조하였다. 그들은 역사적 발전의 도식을 만들려 하였는데, 그 대부분은 유럽 사회의 직접적인 선조가 되는 그리스와 로마 시대 초기에 시작하였으며 따라서 이들이 인류 전체의 기원을 다루었거나 선사先史를 탐구한 것은 아니었다. 이러한 것에 대한 흥미는 지질학과 고고학의 발전으로 인류가 얼마나 오래되었는가에 대한 기존의 개념을 수정할 수밖에 없게 된 이후에야 본격적으로 등장하였다.

사회철학자들은 생물학적으로 타고난 행위들을 학습된 행위들과 구분하려고 노력하였으나, 학습된 방식에 왜 그러한 다양성이 존재해야만 하는가는 결코 설명할 수 없었다. 그 결과 인종적 결정론 또는 환경적 결정론과 같은 단순하고도 불충분한 설명들이 대거 등장하였으며, 오늘날까지도 우리들은 여기에서 벗어나지 못하고 있다. 또한 이 사상가들은 자연nature을 양육nurture으로부터 분리하려는 시도에서도 성공을 거두지 못하였다. 생물학적인 기능과 적응의 메커니즘에 대한 보다 명확한 이해는 몇 세대 뒤에나 이루어졌다.

계몽시대의 사상가들은 정부와 종교 등의 사회적 제도들을 연구하기 시작하였는데, 이러한 연구의 초점은 아직도 인류학과 사회학에서 지속되고 있다. 이들은 또한 사회를 상호작용하는 부분으로 이루어진 통합된 자연적인 체계로 파악함으로써 사회연구에서 훗날 기능주의적 접근의 선구가 되었다. 그러나 아마도 계몽시대가 인간을 대상으로 하는 과학에 대하여 남긴 가장 중요한 유산은 인간의 행위에 자연과학적 방법론을 적용할 것을 강조한 것과 탐구심이라는 전통일 것이다. 철학자들은 자연이란 우리가 이해할 수 있는 법칙들에 의해 지배된다고 굳게 믿었다. 그들은 예단豫斷에 의한 사고를 불신하였으며, 비판적인 관점에서 자료와 결론을 검토하였다. 오늘날 사회사상과 정치사상의 상당 부분과 사회연구에 대한 합리적인 접근법이라는 우리들의 개념은 18세기에서 비롯되었으며, 미합중국의 헌법과 독립선언 그리고 프랑스 인권선언에 나타난 다수의 민주주의 개념들은 계몽시대의 사회철학에서 그 기원을 찾을 수 있다.

3. 19세기 사조의 배경

19세기 초기는 프랑스 혁명에 대한 반동으로 특징지을 수 있다. 즉 **민족주의, 정치적 보수주의, 계시적인 종교로의 회귀**, 그리고 **성경에 대한 문자 해석** 등이다. 영국에서는 복음주의적인 신앙이 꽃피었다. 민중의 문화와 사조는 전통을 비판했던 18세기 철학자들의 합리주의적이며 경험주의적인 접근과는 크게 다른 것이었다. 예술계와 일반 대중 사이에 대두된 새로운 정신적인 경향은 과거, 특히 고전시대古典時代, the Classical Age〔역주 그리스 · 로마 시대〕에 대립하는 중세에 대한 향수로 특징지을 수 있다. 사실상 많은 사람들이 현재의 자신들의 삶을 그 전 세대와 비교하여 더 못한 것으로 인식하거나 또는 합리적인 관심보다는 감성적인 감정들이 강조됨에 따라 퇴행설이 부활하였다. 문학계에서, 음악계에서, 그리고 미술계에서 이러한 감정은 **낭만주의 운동**이라고 불리게 되었다.

경제계에서는 산업혁명이 그 절정에 달하였다. 산업은 거의 폭발적인 힘으로 팽창하였으며 새로운 테크놀로지가 발전하였고 이와 함께 중산계급, 즉 부르주아가 성장하였다. 프롤레타리아 역시 성장하였으나 산업화 초기단계에서 이들은 거의 무력한 집단이었다. 벼락부자가 된 부르주아는 생산과 금융을 지배하였다. 이 계급은 정치적으로 그리고 사회적으로 보수적이었으며 정부의 보호를 바랐으나 정치적 규제는 원하지 않았고, 자유방임이라고 불리는 경제정책(정부의 불간섭)이 기업가들의 주도하에 발전하였다. 자본가들은 혁명시대가 배태한 급진주의를 두려워하면서도 노동계급에 대한 자본가들의 통제에 정부가 간섭하는 것을 원하지 않았다.

성장하는 프롤레타리아는 19세기 초에는 자신의 목소리를 대변해줄 사람들을 거의 갖고 있지 않았다. 노동조합은 힘이 약했으며, 기업가와 정치가는 노동자의 복지에 관심이 없었다. 찰스 디킨스Charles Dickens 같은 일부 문인들과 사회사업가들 그리고 아마추어 인도주의자들만이 공장노동이라는 열악한 조건을 개선하려고 노력하는 소수의 사람들이었다. 대부분의 사람들이 아무런 실업수당이나 질병수당도 없이 매우 낮은 임금으로 하루에 16시간씩 땀 흘리며 노동하는 반면, 소수의 사람들은 엄청난 부자가 되었다.

전반적인 경제적·정치적 불평등은 사회적 불안을 야기하였으며, 궁극적으로는 사회개혁을 추구하는 인도주의 운동을 촉발하였다.[2] 고통을 겪는 많은 사람들은 불안정한 사회적 환경에 대한 해결책을 찾기 위하여 경제적 불안이나 사회혼란 문제들을 연구하도록 사회과학자들에게 요청하였다. 사회개혁을 위한 이러한 초기의 시도들은 여러 가지 형태를 취하였다. 일부 사회사상가들은 이러한 상황이 동물계의 상황을 그대로 반영하고 있다고 진지하게 확신하였는데, 이는 생존을 위한 투쟁, 즉 가장 유능한 자만이 살아남고 다른 자들은 소멸해 버리는 상태였다. 이것은 '**최적자생존**the survival of the fittest'이라는 구절로 요약될 수 있다. 이러한 입장을 취하는 사람들은 정부의 불개입, 즉 방관 정책을 옹호하였다. 허버트 스펜서

---

2 로버트 오웬Robert Owen은 공장법의 제정을 위하여 노력하였는데, 그는 인디애나 주의 뉴하모니New Harmony에 유토피아 공동체를 건설함으로써 이러한 운동 중 하나를 주도하였다.

Herbert Spencer는 이의 대변자이다.

다른 사람들은 사회적 병폐를 완화하기 위하여 사회과학적인 조사와 지식을 적극적으로 응용할 것을 주장하였다. 사회개혁에 적극적으로 참여한 사람인 생시몽의 백작 클로드 앙리Claude Henri, Comte de Saint-Simon(1760~1825)는 일부 사람들에게는 사회학이라는 학문의 창시자로 간주되고 있다. 생시몽은 산업체계와 테크놀로지에 대한 규제가 필요하다고 생각하였으나 기본적으로는 산업과 테크놀로지가 인류에게 유익한 것이라고 보았다. 생시몽은 임금의 분배와 상속과 고용의 규제를 통하여 가난한 자들의 요구를 충족시키는 것을 목표로 하는, 훗날 상당수 사람들이 유토피아적인 도식이라고 불렀던 방안을 제안하였다.

또 다른 개혁가는 카를 마르크스Karl Marx(1818~1883)였는데, 그는 역사와 인간의 본성을 경제적인 견지에서 파악하는 이론을 제시하여 당대의 사회적 문제에 대하여 학문으로 대응하였다. 그는 기업가 계급이 기본적으로 자기 이익을 추구한다고 생각하였으며 산업체제에서 아무런 좋은 점도 발견하지 못하였다. 마르크스가 보기에는 산업체제란 단지 노동자들을 착취하는 체제에 불과하였다. 그는 산업사회를 연구하는 데 그치지 않고 자본가들의 활동을 통제하기 위한 적극적인 개입을 주장하였다.

19세기의 사회적 상황의 또 다른 특징은 **인종주의**와 **민족주의**라는 현상이다. 어떤 역사학자들은 19세기를 '민족주의의 위대한 시대'라고 명명한 바 있다. 민족주의란 어디에서 발생하든지 간에 낭만주의 및 집단 내 통합의 강화라는 색채를 진하게 띠고 있다. 많은 경우에 인종주의와 민족주의는 동일한 심적 상태의 두 측면이기도 하다. 즉 자기 자신이 속한 집단에 대한 충성심과 예찬이 그것이다.

인종주의적 설명은 18세기에 등장하였으나 그리 널리 받아들여지지는 않았다. (여기에서 인종주의적 설명이란 한 **집단**의 정신적 특질과 행태적 특성들을 생물학적으로 물려받은 자질의 결과라고 간주하는 것을 의미한다.) 그러나 19세기에는, 예를 들어 노예제도의 정당화와 같은 목적을 위하여 학자들과 일반 저술가들 모두에 의하여 인종주의적 해석이 크게 증대하는 것을 보게 된다. 인종 차별적인 관행을 지지하기 위하여 단일기원론과 복수기원론 양자의 입장이 모두 이용되었다. 복수기원론자들은 인종들이란 그 기원이 다르기 때문에 능력 면에서도 차이가 난다고 하였으며, 단일기원론자들은 인종들이 상이하게 발전하였고 또한 상이한 요구에 반응하여 발전하였기 때문에 비록 그 기원은 같지만 능력에 격차가 발생한 것이라고 하였다. 각 입장의 지지자들은 학습된 형질과 유전형질을 구분하지 못하였다. 다윈의 이론이 출판되었지만 이러한 쟁점을 명확히 해주지는 못하였다. 점점 더 많은 사람들이 ─ 여기에는 스스로를 인류학자라고 간주하는 상당수 사람들도 포함시켜야 하는데 ─ 백인종이 우월하다는 생각을 단지 논리적일 뿐만 아니라 증명 가능한 것으로 받아들이게 되었다. 무엇보다도 300년간에 걸친 식민지 정복이야말로 유럽 문명이 우월하다는 증거로 간주되었는데, 이것은 유럽인 자신들의 기준을 바탕으로 한 자민족중심주의적인 판단이다.

(1) 19세기 초 과학의 진보

이 시기에는 상당수의 과학자들이 형질인류학과 고고학의 발전을 위한 터전을 마련하였다. 독일의 지리학자이며 자연사학자自然史學者인 알렉산더 폰 훔볼트Alexander von Humboldt는 남아메리카와 중앙아시아의 일부를 탐험하며 이 지역의 지질 형태, 식물의 분포 및 고고학적 유적을 연구하였다. 그는 아메리카 인디언이 아시아에서 기원하였음을 확신하였다. 비교해부

학자인 조르주 퀴비에Georges Cuvier는 모든 동물들을 네 개의 커다란 부문으로 분류하였으며, 고생물학과 화석 유물에까지 연구를 확대하였다. 그는 종種의 불변을 믿었으며, 시간의 경과에 따라 발생하는 차이는 일련의 천재지변으로 인하여 이전 형태의 동물들이 멸종되고 새로운 종들이 계속적으로 창조된 결과라고 생각하였다. 이것이 **천변지이설**天變地異說, catastrophism이라고 불리는 이론이다. 그는 멸종된 동물의 화석을 인정하였고 또 이를 설명하려고 시도하였으나 인간 화석의 존재는 부인하였다. 그는 인간이란 극히 최근에 창조되었으며 '성경에 나오는 홍수' [역주 노아의 홍수]는 천재지변 중 가장 최근의 것이라고 믿었다. 그는 자신의 논지를 반박하는 모든 증거들은 날조된 것이라고 간주하였다.

영국고대연구가협회The Society of Antiquaries의 회원인 존 프레르John Frere는 1797년 서포크Suffolk 지방의 지하 약 12피트 [역주 약 3.6미터] 되는 곳에서 멸종된 동물들의 뼈와 함께 부싯돌을 발견하였는데, 그는 이것을 인간이 금속을 사용할 줄 알기 이전에 사용하였던 것이라고 주장하였다. 수년 후에 아마추어 고고학자인 자크 부셰 드 페르트Jacques Boucher de Perthes는 프랑스의 아브빌Abbeville 근방의 40피트 [역주 약 12미터] 지하의 지층에서 고대 인류의 도구들을 발견하였는데, 그는 이러한 석기들은 전홍수기前洪水期, antediluvian [역주 노아의 홍수 이전]라는 매우 오래전의 시대에 살던 인간들이 제작한 것이라는 의견을 발표하였다. 이러한 보고에 대한 첫 번째 반응은 냉소적이었으나 얼마 가지 않아 과학자들은 그의 결론을 인정하기 시작하였다.

한편 지질학의 발전에 따라 인류의 존재의 역사적 장구성과 지구의 편년을 재검토하게 만드는 많은 정보가 발견되었다. 1830년에 출판된 『지질학 원리Principles of Geology』에서 찰스 라이엘Charles Lyell은 **균일설**均一說,

uniformitarianism이라는 학설을 발표하였다. 즉 기후, 수분, 화학적 분해, 그리고 내부적 변동 등이 항상 일정한 방식으로 지구의 지각에 변화를 준다는 것이다. 따라서 변동이란 일련의 천재지변으로 인한 것이 아니라 끊임없이 작용하는 동일한 원인에 의한 것이라는 주장이었다. 19세기 당시에는 침식과 융기란 매우 완만한 과정이기 때문에 이들이 지구의 모습을 오늘날과 같이 만드는 데는 이루 말할 수 없이 긴 세월이 필요하며, 따라서 지구는 그 누가 생각하는 것보다도 더욱더 긴 역사를 가졌음에 틀림없다는 것이었다. 과거는 현재 속에서 읽을 수 있으며, 지질학자들은 엄청나게 기나긴 시간을 고려해야 한다는 것이었다.

이렇게 상상할 수 없을 정도로 지구의 역사가 길다는 생각은 지질학뿐만 아니라 고고학에도 큰 영향을 미쳤다. 지구의 심층에서 동물의 화석과 함께 발견된, 인간이 제작한 물품들은 어셔 주교Bishop Ussher가 인간의 창조 시기라고 주장한 기원전 4004년이라는 전통적인 연대〔역주 아르마의 대주교였던 어셔는 1650년 구약성서에 등장하는 인물들의 수명을 근거로 창조의 시기가 기원전 4004년이라는 주장을 발표하였다.〕보다 훨씬 더 오래된 것이어야 했다. 어셔 주교의 창조 연대 계산은 1650년 이래 거의 아무도 이의를 제기하지 않은 채 인정되어 왔으나 갑자기 더 이상 인정되지 않게 되었다. 유럽인들은 자신들의 조상을 고대 그리스까지 추적하기에 이르렀으나 새로운 여러 발견들에 의하여 자신들의 선조가 호메로스의 시에 기록된 그 어느 상태보다도 훨씬 더 원시적인 생활을 하였다는 것을 깨닫게 되었다. 민족지 문헌에 대한 유럽 사회 일반의 흥미가 고조된 이유 중 하나는, 현존하는 여러 원주민 집단들을 마치 인류 초기의 여러 단계가 구현된 것이라고 보고 자기 자신들의 아득한 과거의 모습을 재구성하고자 시도하려는 데 있었다.

(2) 19세기의 사회철학

19세기 초까지의 사회철학은 계몽시대의 사회철학과 뚜렷한 차이를 보이지는 않았다. 과학적 방법을 인간사회에 응용하려던 18세기의 사회철학자들의 노력은 19세기에 이르러 사회학의 발전으로 결실을 보았는데, 사회학sociologie; sociology이란 명칭은 오귀스트 콩트Auguste Comte(1798~1857)가 당초 스스로 고안했던 '사회물리학physique sociale; social physics'을 대체하려고 만들어낸 용어이다. 그는 물리학만큼이나 엄밀한, 사회에 관한 과학을 창조할 것을 희망하였다. 콩트는 **실증주의**positivism라고 불리는 철학적 지향으로 가장 잘 알려져 있는데, 실증주의란 그의 중요 저작인 『실증철학 강의Cours de philosophie positive』라는 제목에서 유래한 것이며, 1853년에 그 영어판이 『오귀스트 콩트의 실증적 사고Positive Thinking of Auguste Comte』라는 제목으로 출판되었다.

생시몽과 콩트는 동료였으며, 콩트는 선배인 생시몽의 영향을 크게 받았다. 그는 지적으로 튀르고, 흄, 몽테스키외, 그리고 콩도르세 등에게도 빚을 지고 있었다. 아마도 사회과학에 대한 콩트의 가장 큰 공헌은 독창적인 사고라기보다는 동시대와 그 선행 시대의 지적인 혁신을 종합하고 체계화하려는 노력에 있다고 하겠다. 또한 그는 그다음 세대의 사회과학자들이 더욱 계승하여 발전시킬 수 있도록 자료를 수집·정리하고 이론을 물려주었다.

콩트는 신학적 사고와 형이상학적 사고라고 명명한 구시대의 사고방식이 불완전한 것이며, 실증적인 지식이란 경험적으로 그 속성과 관계를 증명할 수 있는 자연현상에 기초를 두어야만 한다고 믿었다. 콩트는 인류 역사의 발전적 계기를 상정하였다. 즉 인류의 역사란 본질적으로 진화적인 도식으로서 지식이 점점 더 복잡한 방향으로 진화해 나가는 과정이다. 콩트는 사회변동이란 기본적으로 지적인 변동으로서 교육에 의하여 보급되고, 인류의 합리성이 보다 증대된 결과 모든 사회에서 인간의 완성을 이루게 된다고 생각하였다. '**인간의 무한한 완성 가능성**'이라는 계몽시대의 강령은 콩트의 저작에서도 명료하게 나타난다.

영국의 철학자인 허버트 스펜서 Herbert Spencer(1820~1903)는 찰스 다윈 Charles Darwin이 생물학적 진화에 관한 이론을 발표하기 수년 전에 인간 사회의 변화뿐만 아니라 무생물계 및 생물계의 변화를 보편적 진화라는 관점에서 파악하였다. 스펜서는 콩트가 수립한 전통에 속해 있었으며 실증과학을 인간의 연구에 적용하려고 시도하였다. 그의 중심 개념은 진화 evolution 혹은 진보 progress였는데, 그는 이 두 개념을 동일시하였다. 스펜서는 그의 전 생애를 통해서 진화론적인 접근을 모든 학문에 적용하고자 하였다. 그의 보편적인 진화 도식은 무기체적, 유기체적, 초유기체적(사회적) 진화를 상정하였다. 네뷸러 nebula(성운星雲)는 행성行星으로 진화한다. 지질학적 진화에 의하여 해양과 육지가 생겨난다. 식물은 원소들의 신진대사를 통하여 진화하며 사회는 가족 형태로부터 국가와 연방으로 진화한다. 우주의 모든 현상은 동질성에서 이질성으로, 단순성에서 복잡성으로 진화한다. 스펜서는 진화를 기본적이며 그 자체가 통합하는 과정이자 원리라고 강조하였으며, 사람들은 그를 **보편적 진화론** universal evolution의 철학자라고 부르기 시작하였다. 그에게는 진화론이란 모든 것을 설명할 수 있는 대大이론처럼 보였다.

스펜서는 모든 분야의 진화에 대하여 엄청난 양을 저술하였다. 세 권으로 이루어진 『사회학 원리 *Principles of Sociology*』(1876~1896)에서 그는 사회를 통합, 성장, 분화, 쇠퇴의 과정을 가졌으며 또한 각 부분들 간에 기능적인 상호관계를 가지고 변동·변화하는 유기체와 비교하였다. 스펜서는 다른 많은 사회과학자들이 계승하고 더욱 정교화한 바로 이 유기체설로 잘 알려져 있다. 그는 유기체설을 확립하고 사회에 진화 개념을 적용하여 사회학 이론에 크게 공헌하였다.

수년 후 다윈의 생물학적 진화 이론이 봉착한 적대적인 반응과는 대조적으로 스펜서의 진화 도식은 호의적으로 받아들여졌다. 유럽의 대중은 사회적 진화라는 사상에 대하여 아무도 반대하지 않았는데, 왜냐하면 사회가 개선되었다(즉 진보되었다)는 것은 명백하였기 때문이다. 심지어 종교적 신앙심이 극히 깊은 사람들조차도 성경책에 기록된 타락 이후에 종교는 보다 나은 형태로 진화하였다고 느끼고 있었으며, 아무도 테크놀로지가 진화하지 않았다고는 주장하지 않았다. 산업혁명의 진전은 바로 그 증거였다. 역사는 인류가 발전의 단계—진화이건 진보이건 어떻게 부르든지 간에—를 거쳤다는 사실을 증명하고 있다. 덴마크의 박물관 학자인 C. J. 톰센C.J.Thomsen은 제조시기에 따라 고고학적 유물들을 분석하였으며 석기시대, 청동기시대, 철기시대라는 시대 구분을 확립하였다. 18세기의 일부 계몽시대 철학자들이 미개, 야만, 문명이라는 인류 발전의 또 다른 시대구분을 사용하였다는 사실을 독자들은 기억할 것이다. 역사학자인 콩도르세는 알파벳과 인쇄술 등의 발명에 기반을 둔 일련의 단계를 통하여 유럽의 역사를 개괄한 바 있다. 비록 스펜서 이전에 사용된 어휘는 **진보**progress였으나 문화 진화라는 관념은 이미 존재하고 있었으며 상당한 기간 동안 매우 당연한 것으로 받아들여졌다.

(3) 생물학적 진화

1858년 어느 학술회의에서 찰스 다윈Charles Darwin(1809~1882)은 생물학적 진화에 관한 자신의 이론을 개괄한 논문을 발표하였으며, 1859년 『종

種의 기원Origin of Species」을 출판하였다. 일반 대중은 그가 제시한 학설에 대하여 매우 격렬하게 반대하였다. 문화 진화를 인정한 태도는 생물학의 영역에까지 확대되지는 않았다. 19세기의 종교 부흥이라는 배경을 감안할 때 이러한 반응은 결코 놀라운 것이 아니었다. 많은 사람들의 눈에는 다윈이 성경책에 도전하고 '신앙심이 깊은 사람들'에게 극히 모욕적인 이론을 제시하고 있는 것처럼 보였다. 일반 대중 가운데에서 그가 실제로 무슨 말을 했는가를 알기 위하여 시간을 내어 그의 책을 읽는 사람은 거의 없었다. 유대-그리스도교 전통에서는 관습과 제도가 보다 복잡하고 발전된 것으로 변화한다는 사실은 충격적인 것이 아니었으나, 이러한 변화가 생물체에도 적용된다는 사실은 신에 의하여 창조된 고정적이고 불변적인 종의 존재를 믿는 사람들에게는 받아들일 수 없는 것이었다. 화석 형태란 여러 차례에 걸친 창조와 천재지변의 결과라는 퀴비에의 설명은 흔히들 '인류란 원숭이의 자손'이라는 의미로 왜곡되어 선전된 다윈의 설명보다 오히려 훨씬 더 쉽게 받아들여질 수 있었다.

진화라고 하면 대중들은 주로 찰스 다윈이라는 이름을 연상하지만 앨프리드 월리스Alfred Wallace(1823~1913)라는 사람도 독립적으로 그리고 다윈과 거의 동시에 진화이론을 발전시켰다. 이미 1838년에 자신의 이론을 만들어 내었지만 이를 출판하지 않았던 다윈은 월리스의 연구를 보고 출판을 결심하게 되었다. 1855년에 월리스는 진화적 변화 이론을 주장한 논문을 발표하였으며, 같은 해 다윈에게 보낸 편지에서 **자연선택**natural selec-tion 〔역주 '자연도태'라고도 번역한다.〕이라는 메커니즘에 관한 자신의 생각을 표명하였는데, 그는 이것이야말로 진화의 기본적인 수단이라고 믿고 있었다. 다윈은 1858년의 린네 학회Linnean Society의 모임에서 자신이 1844년에 작성한 논문과 함께 월리스의 논문을 발표하였다. 학회는 그다음 해에 이 논문을 출판하였다.

사실 이 두 사람의 이론 사이에는 아무런 중요한 차이점도 존재하지 않았다. 월리스와 다윈 두 사람의 이론은 토머스 맬서스Thomas Malthus의 저작인 『인구론An Essay on the Principle of Population』에서 커다란 영향을 받아 성립되었다. 요약하면 양자는 각자가 관찰한 자료로부터 동일한 결론을 도출한 것이다. 어느 곳에서나 성년에 도달할 때까지 살아남는 개체의 수보다 훨씬 더 많은 수의 개체가 태어난다. 유기체의 집단 내에는 항상 개체들 간의 근소한 차이가 존재한다. 이러한 개체들 간의 변이變異야말로 일부 개체가 살아남고 다른 개체는 살아남지 못하는 이유가 된다. 즉 **일부 개체들은 총체적인 환경의 요구에 대응할 준비를 보다 잘 갖추고 있었다.** 상대적으로 잘 준비된 개체들은 재생산을 할 때까지 살아남아 자신들이 가진 자질을 그다음 세대에 물려주며, 그다음 세대에서 이러한 과정이 또 다시 반복되었다. 이러한 과정은 **자연도태**natural selection라고 알려져 있다. 다윈도 월리스도 유전적인 전달genetic transmission을 알지 못하였다. 이에 관한 정보는 50년 뒤에 그레고어 멘델Gregor Mendel이 등장한 뒤에 알려졌다. 그러나 기본적으로 다윈과 월리스는 변이와 자연도태를 통한 유기체적 진화라는 동일한 사고에 대해 기술하였던 것이다.[3]

(4) 사회적 진화주의

상당수의 일반대중, 특히 종교인들은 생물학적 진화이론을 배척하였지만

---

3 다윈이 진화론의 발견자로 알려지게 된 것은 무엇보다도 그가 진화의 원리를 먼저 발견하였으며, 이를 연구하고 이에 관한 저술을 하는 데 생애의 더 많은 부분을 바쳤기 때문이다. 월리스는 초기의 업적 후에 다른 분야에 흥미를 가졌으며 또한 천연두 예방접종에 반대하였기 때문에 과학계의 적대감을 샀다. 더욱이 그 자신도 스스로 '다위니즘'이라고 부른 이론을 다윈이 창안했음을 인정하였다.

학계는 이를 수용하였을 뿐 아니라 당대의 많은 상황들을 설명하기 위하여 이 이론을 확대 적용하기 시작하였다. 생물학계에서는 다윈에 의해서, 사회학계에서는 다른 사람들에 의하여 진화론은 지배적인 이론적 입장이 되었다. 다윈이 『종의 기원』을 출판하기도 전에 보편진화라는 사고를 갖고 있던 스펜서는 다윈의 이론이야말로 자신이 설파하는 바를 강력히 뒷받침해 준다고 파악하였으며, 다윈의 생물학적 변화의 역학力學을 사회에 적용하였다. '최적자 생존survival of the fittest'이라는 구절을 만들어낸 사람은 다윈이 아니라 스펜서였으며, 그는 사회들 간의 갈등에서 우월한 자가 열등한 자를 대체하며, 이것이 승자(즉 생존자)야말로 최적자임을 증명한다고 주장하였다. 생존을 위한 투쟁을 사회적 상황에 적용하는 것을 **사회적 진화주의**Social Darwinism라고 부른다.

사회적 진화주의는 행동의 결정에 있어 유전적 측면을 너무나도 지나치게 강조하였으며 학습을 무시하였다. 19세기에 사회적 진화주의는 사회의 현상유지와 제국주의와 자유방임적 경제와 인종차별을 정당화하기 위하여 사용되었다. 스펜서는 국가에 의한 복지와 사회보장 계획은 적자생존을 위한 투쟁의 과정에서 약자와 부적합자를 제거함으로써 인간의 고통을 점진적으로 사라지게 할 자연의 법칙에 위배되는 것이라는 결론을 내렸다. 자연도태의 메커니즘을 알고 있는 사람들은 정부의 개입이 자연의 균형을 뒤흔들어 놓을 것이라고 믿었기 때문에, 사회적 진화주의(또한 스펜서주의Spencerism라고 함)는 자유로운 기업 활동과 사유재산을 지지하는 주요 이론이 되었다. 자연도태라는 개념이 인간의 행동에 적용될 경우, 공격성은 선천적이며 또한 당연한 것이고, 인류란 누가 더 강하고 생존에 적합한 인종 혹은 사회인가를 결정하는 투쟁에 몰두하며, 그 덕분에 문명은 진보한다고 해석되는 것이다.

제3장 사회문화인류학의 시작

19세기 후반에 이르러 농경에 기반을 둔 유럽의 봉건제도는 소멸하고, 산업화와 도시화 그리고 계급 간의 극렬한 적대 감정은 끔찍할 정도로 사회적 긴장을 고조시키고 있었다. 신의 의사로 보였던 기존의 사회질서와 사회적 불평등에 대하여 소수의 사람들이 의문을 제기하게 되었다. 다양한 사회주의 운동은 사회적 특권과 경제적 불평등을 소멸시킬 국제적인 규모의 개혁을 실현하려고 시도하고 있었다. 17세기의 특징이었던 개인주의에서 파생된 무정부주의는 유럽의 다수 국가에서 그리고 어느 정도는 미국에서도 인기를 얻었다. 사회주의자들과 달리 무정부주의자들은 노동자의 자유와 사유재산의 소멸이라는 자신들의 목적을 달성하는 데 있어 그어떠한 조직이나 정당의 유용성도 부인하였다. 그들은 일단 기존의 체계를 쓰러뜨리기만 하면 자발적인 협조가 정부의 역할을 대치할 것이라고 생각하였다.

대부분의 사회과학자들은 개혁을 선동하지도 않았고 또한 사회복지 활동에 종사하지도 않는 등, 자신들의 학문을 현실에 응용하지 않고 초연한 자세로 남아 있었다. 사회적 진화주의의 기본적인 강령들을 수용하면서 이들은 자신들의 사회적인 지위와 지식이 자신들이 보다 적합한 자라는 사실을 시사하고 또한 확인해 준다고 믿고 있었다. 영국의 제국주의는 빅토리아 여왕 치하에서 엄청난 규모로 발전하였으며 프랑스 역시 거의 이에 필적할 정도로 식민지를 확대하였다. 이것이야말로 19세기 중반 원시 문화와 사회에 대한 체계적인 연구로서의 사회문화인류학이 발전한 배경이었다.

1. 민족학의 초기 단계

19세기 초에 사용된 용례에 따르면 인류학anthropology이란 통상 오늘날 형질인류학physical anthropology이라고 불리는 것을 의미하였다. 이것은 동물로서의 인간에 대한 연구였으며, 그 초기 단계에는 두개골의 비교와 측정에 중점을 두고 있었고 또한 우월하고 열등한 인간 집단들에 관하여 상당한 정도의 억측을 내포하고 있었다. 다윈 이전의 시기에는 초기 인류의 화석을 거의 입수할 수 없었기 때문에 형질인류학의 연구에 화석에 대한 해석이 거의 포함되지 않았다.

이미 독립적인 학문이 된 사회학과 마찬가지로 문화인류학 혹은 사회인류학은 자연과학적인 방법을 인간 사회의 연구에 적용하는 진정한 과학이되고자 의도하였다. 사회학이 거의 전적으로 서구의 산업화된 인간의 연구에 국한된 반면, 인류학의 발전에 따라 사회문화인류학은 문자화된 언어를 갖지 않고 복잡하지 않은 사회들에 살고 있는, 원시적인 기술을 가진사람들에 대한 연구가 되었다는 점에서 사회학과 구별되었다. 상당수 일반 대중에게는 **인류학은 아직도 미개인의 연구를 의미한다.**

원시민족들은 비록 처음에는 초기 선사시대의 생활을 예시하는 데 인용되었으나 얼마 안 되어 인간의 다양한 제도의 본질과 상호 관련성에 대한연구의 대상이 되었다. 19세기 후반에 이르러 인류학자들은 사회의 복잡성을 이해하기 위해서는 보다 쉽게 시작할 수 있는 기본적인 것들에 대한 연구를 산업사회보다 인구도 적고 동질적인 집단에서부터 시작해야 한다고 생각하기에 이르렀다. 복잡하지 않은 원시적인 사회들은 통합된 사회 체계들을 제공해 주기 때문에 문화 과정의 연구에서 쉽게 접근할 수 있는 '보고寶庫'가 되었다.

원시사회의 연구에 과학적 방법을 적용한다는 목표는 19세기에는 거의 달성되지 않았다. 엄격한 현지조사와 장기간의 민족지 조사가 표준이 된 것은 20세기에 이르러서였다. 우리가 문화인류학자 혹은 사회인류학자라고 생각하는 19세기의 학자들은 진정한 의미의 현지조사는 거의 하지 않았다. 이들은 탐험가, 무역상인, 선교사, 여러 종류의 정부관리, 여행가 등의 기록에 의존하였는데, 이러한 기록들은 그 이전 시대의 억측의 기반이었던 불충분하고도 비객관적인 정보원情報源과 동일한 종류의 것이었다. 이러한 의미에서 인간 사회에 대한 이들의 이론화 작업은 계몽시대 철학자들의 이론화 작업에 비하여 더욱 탄탄한 기반 위에 서 있다고는 할 수 없었다. 대부분의 자료는 이들 자료에 의미를 부여해 주는 맥락에서 유리遊離되어 있었으며, 민족지는 불행히도 한 사회의 완전한 상을 거의 제시하지는 못하고 이상하고도 호기심을 자극하는 것에 대한 연구에 불과한 것이 되었다.

그러나 초기의 민족지와 부족민들에 대한 기록 모두가 단편적이며 일차자료에 의거하지 않았다고 매도하는 것은(비록 대부분은 그러하였지만) 옳지 않을 것이다. 수도사 베르나르디노 데 사아군Bernardino de Sahagún은 1529년부터 1590년까지 아즈텍Aztec족族과 함께 살면서 이들의 언어와 관습을 기록하였다. 미국 북동부의 이로쿼이Iroquois 인디언에 관한 귀중한 정보들은 제수이트 교단의 선교사인 프랑스의 조제프 프랑수아 라피토

Joseph François Lafitau(1681~1746)가 수집하였으며, 그다음 세기에는 몇몇 사람들이 비서구사회에 대한 폭넓은 직접조사를 실시하였다. (우리는 이미 알렉산더 폰 훔볼트에 대하여 언급한 바 있다.) 미국 인디언의 문화를 기록한 사람 중 한 명인 헨리 스쿨크래프트Henry Schoolcraft는 북서부 개척 지대의 정부관리였으며 치페와Chippewa 인디언의 여자를 아내로 맞이하였다. 그의 주요 저작은 6권으로 된 『미합중국의 인디언 제諸부족의 역사, 현황, 그리고 미래에 관한 역사적 및 통계적 정보Historical and Statistical information Respecting the History, Condition, and Prospects of the Indian Tribes of the United States』 (1851~1857)라는 고전적 저작이었다. 이 저서는 진정한 의미의 학술 활동의 결과물이며, 그는 대중에게 인디언의 전설과 전통을 최초로 소개한 사람 중 하나였다. 비록 다른 몇몇 인류학자들(특히 루이스 헨리 모건 등)이 19세기에 민족지학 분야에서 두각을 나타내었지만, 대부분 유럽인과 부족민 간의 접촉 기간이 너무나도 짧아서 학문적 가치가 있는 기록은 거의 없었다. 비록 19세기 후반에도 정확하고 풍부한 자료와 체계적인 민족지 조사 연구는 거의 존재하지 않았으나, 비서구인에 관한 진지한 연구를 가능하게 하고 또한 자료를 더욱 축적할 것을 촉구할 정도의 정보는 충분히 갖추어져 있었다.

19세기 후반에는 전문적인 인류학자라고는 할 수 없는 사람들이 인류학 이론에 상당히 많이 공헌하였다. 사실상 이들 대부분은 고전 그리스와 로마의 어학과 문학에 대하여 폭넓은 소양을 가진 법률가들이었다. 우리는 이들을 인류학의 애호가dilettantes라고 부를 수 있을 것이다. 이들은 다른 민족들의 관습에 흥미를 가지고 있었으며 전 세계의 부족들에 관한 문헌을 폭넓게 읽고 있었다.

19세기 후반에는 다른 누구보다도 두드러진 두 사람의 인물이 등장하였다. 하나는 미국인이고 하나는 영국인이었다. 이들은 진정한 전문가라고 간주될 수 있는데, 한때 각기 인류학의 아버지라고 불린 바 있다. 미국의 루이스 헨리 모건과 영국의 에드워드 버넷 타일러는 다른 사람들과 달리 어느 정도 직접적인 민족지학적 연구를 경험한 바 있었다. 각기 진화에 대한 일반적인 강조와 호흡을 같이하여 진화론적인 이론적 방법을 취하였으며, 태고의 선사시대부터 빅토리아기에 달성한 성과에 이르기까지 인류 역사의 단계를 기술記述하는 문화적 진화의 도식을 발전시켰다. 비록 이 두 사람은 다윈의 저작을 알고는 있었지만 계몽시대 철학자들의 인류의 진보와 완성 가능성이라는 사상과 콩트 · 스펜서 등 그 전 시대의 사상가들의 사회진화의 도식에 더 의존하였다. 모건과 타일러는 다른 여러 가지 정보원뿐만 아니라 자신들이 여행 중에 수집한 자료들을 사용하여 살아 있는 부족민들을 선사시대 사회의 사례로서 사용하면서 인류발전의 도식을 구체화하였다. 이러한 방법은 나중에 **비교방법**comparative method이라고 불리게 되었다. 제2장에서 언급한 바와 같이 비교방법은 18세기에도 사용되었다. 사실은 선교사인 라피토도 『고대의 관습과 비교한 미국 미개인들의 관습 *Moeurs des sauvages américains comparées aux moeurs des premiers temps*』이라는 비교 민족학 책을 저술한 바 있다. 그러나 인류학이라는 학문을 위하여 비교방법을 체계화한 이는 모건과 타일러였다.

(1) 루이스 헨리 모건Lewis Henry Morgan(1818~1881)

항상 연구가 가능한 비서구사회(북미 인디언들)가 가까운 곳에 존재한다는 사실은 미국의 민족지 연구에 중요한 영향을 미쳤다. 모건은 이로쿼이Iroquois 인디언의 지역공동체에 인접한 뉴욕 주 로체스터Rochester에 정착한 법률가였다. 그는 이들의 관습에 매료되었으며, 후에는 국유지 불하 사건에 관한 소송에서 이들을 대리하여 활동하기도 하였다. 법률소송이 해결된 뒤에 토나완다 보호구역Tonawanda Reservation의 인디언 집단은 모건을 양자로 받아들였다. 모건은 엘리 파커Ely Parker라는 세네카Seneca 인디언 출신의 젊은 법률학도와 돈독한 우정을 나누는 특별한 행운을 누렸는데, 파커는 나중에 인디언국〔역주 The Bureau of Indian Affairs는 1824년 전쟁성 Department of War 산하에 설치된 연방정부 기관으로, 인디언 관련 문제 처리의 일원화를 위하여 1848년 내무성Department of Interior 산하로 이관되었다.〕의 감독관Commissioner of Indian Affairs이 되었다. 파커는 모건이 이로쿼이족, 특히 세네카족에 대하여 진지한 연구를 하는 데 도움을 주었으며, 그 결과는 1851년 『호드노소우니 혹은 이로쿼이족의 연맹The League of Ho-De-No-Sau-Nee or Iroquois』이라는 제목으로 출판되었다.

모건은 널리 여행하였으며, 오대호 연안의 치페와The Great Lakes Chippewa족을 방문하는 등 주변의 인디언 부족을 방문하는 기회를 단 한 번도 놓치지 않았다. 훗날 그는 대평원과 대초원prairies 지방의 부족들 사이에서도 많은 시간을 보냈다. 모건은 의식, 종교, 정부와 물질문화뿐만 아니라 친족체계의 상이한 유형들에도 관심을 가지고 혼인, 가족 및 출계出系, descent〔역주 출계는 개인을 집단의 성원成員으로 귀속시키는 원리로서 인류학의 초기에는 출생과 계보적 인지認知를 기초로 하는 '친자親子관계'와 동일한 것으로 간주되었다. 그러나 최근에는 자동적으로 귀속되는 것이 아니라 사회적 규정에 따라 귀속된다는 측면이 강조되고 있다. 출계는 크게 단계單系와 비단계非單系로 나눌 수 있으며, 단계에는 부계父系와 모계母系가 있다. 상세한 내용을 보려면 이광규 교수의 『가족과 친족』(일조각)을 참조할 것.〕의 패턴, 즉 친족 일반에 관한 집중적인 연구를 시작하였다. 자신이 발견한 사실들을 마무리하기 위하여 모건은 미합중국 내 전역의 인디언 감독관들에게 친족의 명칭과 분류를 기록해 주기를 요청하였으며, 전 세계에 걸쳐 선교사들과 정부관리들의 도움을 동원하였다. 그는 이렇게 수집한 정보들을 도표화하고 분석하였으며 1871년에 이를 『혈연과 혼인의 체계*Systems of Consanguinity and Affinity*』라는 제목으로 출판하였는데, 이는 친족체계에 대한 최초의 비교연구였다. 비록 모건은 이것 이외의 업적으로 더욱 잘 알려져 있지만, 많은 인류학자들은 친족에 관한 조사야말로 인류학에 대한 그의 가장 위대하고도 오래 남을 공헌이라고 믿고 있다.

인디언의 문화에 대한 모건의 연구는 그들의 기원과 역사에 대한 관심을 불러일으켰다. 그는 서로 멀리 떨어진 지역에서 공통적으로 발견되는 친족 패턴을 기초로 하여 인디언이 공통된 기원을 가지고 있다는 사실을 증명할 수 있다고 믿었는데, 이러한 확신은 특히 자신이 배포하였던 친족에 관한 설문지의 답변을 통하여 아시아에도 유사한 친족유형이 존재한다는 사실을 확인함으로써 더욱 강화되었다. 그러나 시간이 지남에 따라 그는 자신이 유별적類別的, classificatory(이는 일부 직계친족들이 방계傍系의 일부 친족들과 동일한 범주로 분류된다는 의미이다.)이라고 명명한 것과 동일한 친족명칭의 유형이 상이한 지역에서도 존재한다는 사실을 발견하였으며, 그는 명칭상의 유사성이 인디언의 기원과 관계가 있는 것이 아니라 오히려 많은 미개집단들 간에 공통된 것이라는 점을 인식하게 되었다.

진화주의에 대한 당대의 일반적인 풍조에 따라 모건은 유별적 체계가 고대적인 형태를 대변한다고 주장하였으며, 미국 인디언에 관한 개별적인 관심으로부터 인류의 역사라는 일반적인 흐름에 관심을 돌려 그때까지 수집된 친족에 관한 정보를 사용하여 인류역사의 재구성을 시도하였다. 그의 노력의 결과는 『고대사회古代社會, *Ancient Society*』(1877)로 나타났는데, 이는 그의 가장 유명한 저작이자 19세기 문화진화론자의 입장을 가장 상세하게 전개한 저서였다. 이 책은 인류학에서 진화론자의 입장을 집대성하였다. 또한 후세의 영국과 미국의 진화이론가들에게 그리고 프리드리히 엥겔스Friedrich Engels를 통하여 마르크스주의 민족학자들에게 전달한 것도 바로 이 『고대사회』였다.

『고대사회』를 저술하면서 모건은 인류 사회는 진보하고 더욱 개선되어왔으며, 그리하여 드디어 당대의 문명을 탄생시켰다는 사고를 18세기의 사회철학으로부터 받아들였다. 그가 스스로 자신에게 부여한 과제는 태고부터 빅토리아 시대까지의 인류의 등정登程을 기술하고 그 변화의 동인動因, agent을 밝혀내는 것이었다. 모건은 그의 진화단계들을 테크놀로지, 정치조직, 그리고 친족체계의 명칭상의 발전들과 연관시키고자 노력하였다. 프랑스의 철학자인 몽테스키외가 이미 사용한 것과 동일한 범주를 사용하여(야만, 미개, 문명) 모건은 앞의 두 단계를 각각 세 가지 상태, 즉 전기前期, lower, 중기中期, middle, 후기後期, upper로 세분하였다. 그는 또한 야만시대의 전기 상태를 제외하고 각각의 단계에 대하여 당대의 사회들을 그 사례로 제시하였는데, 야만시대의 전기만큼은 여기에 해당하는 현존하는 사회를 발견할 수 없다고 하였다. 모건의 도식에 따르면 야만시대의 전기 상태는 인류 사회의 시작부터 불의 사용에 이르기까지의 기간을 포함하는데, 불을 자유로이 사용할 줄 모르는 민족들의 예를 알지 못하기 때문에 전형적인 집단의 사례를 제시할 수 없다고 하였다. 그는 야만시대의 전기 상태의 사람들은 언어를 발명하였고 재산을 공동으로 소유하였으며, 음식을 날것으로 먹었고, 아무런 진정한 가족구조 없이 난혼 상태에서 살았다고 주장하였다. 이와는 대조적으로 문명시대는 표음문자인 알파벳, 집약농경에 의한 생산, 그리고 단혼제 등의 특징을 가지고 있었다. 모건은 근대 유럽사회뿐만 아니라 이집트, 그리스, 로마와 같은 고대문명들도 문명의 단계로 분류하였다.

각각의 단계에 대하여 모건은 기술과 생계, 가족과 혼인 형태, 그리고 정치조직의 발전을 설명했으며, 또한 각각 새로운 단계의 시작을 알리는 발명을 제시하였다. **야만단계**의 중기는 불의 발명으로 시작되었으며, 오스트레일리아 원주민이라는 현존하는 부족으로 대변되었다. 야만단계의 후기는 활과 화살의 발명으로 시작되었으며, 캐나다 서부의 아타바스카 어족Athabaskan으로 대변되었다. 미개단계의 초기는 토기의 발명으로 시작되었으며 이로쿼이 인디언으로 대변되었다. 모건은 진보의 원인에 관하여 언제나 명확한 견해를 갖고 있지는 않았다. 그는 단계의 이행을 표시하기 위하여 항상 테크놀로지상의 발명을 사용함으로써 유물론적인 입장을 시사하기도 하였으나, 『고대사회』의 여러 부분에서 합리성의 증대를 통한 변동이라는 계몽시대의 이론을 견지하였으며, 사상이 중요한 역할을 하였다고 주장하였다. 예를 들면 정치조직의 진화를 소수의 사상적 맹아萌芽, a few germs of thought의 탓으로 돌렸다. 그러나 모건은 퇴행설이나 천변지이설에는 명백히 반대하였다. 그는 직접 경험에 기초한 지식을 근거로 당대의 원시민들이 원래의 은총의 상태로부터 타락한 것이라는 신학적 설명을 배격하였으며, 오히려 문명이란 당대의 일부 부족사회와 유사한 최초의 원시형태로부터 진화한 것이라고 믿었다.

그는 인류의 변동과 발전의 연구와 해석에 대하여 과학적인 방법과 귀납적인 추론을 적용하고 또한 그 원인과 결과를 보여 주려고 시도하였다. 그가 제시한 증거들은 오늘날 더 이상 수용되지는 않는다. 때때로 그는 자료를 강제로 이론에 끼워 맞추었는데, 이를테면 그의 이론이 그러하기 때문에 특정한 형태들이 존재하였음에 틀림없다는 등의 견강부회牽强付會적인 면이 있었다. 그는 마땅히 사용했어야만 했던 정보, 예를 들면 쿡 선장[역주 James Cook(1728~1779). 영국의 탐험가이자 해군장교. 'captain'은 '선장'이라고도 번역되지만 해군의 계급으로는 '대령'이다. 캐나다 연안의 항로와 세 차례에 걸친 남태평양 탐사로 유명하며, 지리상의 발견과 항해술, 선원 관리, 해양에서의 과학적 지식의 응용 등에 지대하게 공헌하였다. 하와이의 케알라케쿠아Kealakekua 해안에서 원주민들에게 살해당하였다.]의 폴리네시아에 대한 저술 등을 무시한 듯하다. 그러나 이전의 그 어느 누구보다도 모건은 자기 자신이 수집한 자료나 혹은 자신이 신뢰하는 사람들의 자료들, 즉 사실에 기초하여 자신의 이론을 수립하였다.

(2) 에드워드 버넷 타일러Edward Burnett Tylor(1832~1917)
비록 타일러는 공식적인 의미에서는 민족지적 현지조사를 하지 않았지만 의문을 제기하는 비판력을 가졌으며, 선교사들과 여행가들이 수집한 자료의 상당 부분을 그대로 받아들일 것을 거부하였다. 그는 젊은 시절 병약하였으나 가정이 부유하였기 때문에 건강을 회복하기 위하여 기후가 따뜻한 지역을 여행할 기회가 있었다. 멕시코에서 6개월간 체류하고 신대륙의 열대지역을 여행하는 경험을 통하여 타일러는 평생 지속된 다른 사회에 대한 흥미를 갖게 되었으며, 또한 현지 주민들의 관점에서 사물을 인식하기 위해서는 한 장소에 충분히 오랜 기간 체재하는 것이 중요하다는 사실을 인식하게 되었다.

건강이 회복되어 고향에 돌아온 뒤 타일러는 원시사회와 고대사회에 관하여 폭넓은 독서를 하였으며 1865년에는 『인류의 초기 역사에 관한 연구Researches into the Early History of Mankind』를 저술하였는데, 여기에서 그는 인류의 문화 발전에 대한 나름대로의 견해를 상술하였다. 그 상세함과 내용의 범위 면에서 이는 『고대사회』에는 필적할 수 없었으나 1871년에는 훨씬 더 중요한 저작인 『원시문화*Primitive Culture*』를 출판하였다. 당대의 사상적 배경 속에서 이루어진 그의 이론적 지향은 모건과 마찬가지로 진화론적이었으며, 그 역시 야만, 미개, 문명이라는 범주를 사용하였으나 각 단계에 대하여 상세하게 분석하지는 않았다. 그는 야만단계란 테크놀로지면에서 석기를 사용하고 야생의 식량을 먹었던 시기라고 기술하였다. 미개단계란 농업과 야금술冶金術이 시작된 단계이며, 문명단계란 문자의 발명으로 시작된 것이었다. 타일러의 도식에서 문명은 행복과 일정한 도덕적 자질의 증진도 포함하였는데, 이러한 특징은 모건의 이론에는 포함되지 않은 것이었다.

타일러가 특히 관심을 가진 것은 종교의 진화였다. 두 권으로 구성된 『원시문화』의 하권은 전부가 이 문제에 관한 것이다. 타일러에 따르면 종교의 기원이란 영적인 존재에 관한 믿음으로서 그는 이것이 죽음, 꿈, 반사된 이미지(심상心像) 등의 일정한 보편적인 경험에 대한 보편적인 반응이었음에 틀림없다고 하였다. 이들 공통된 사건들은 필연적으로 영靈과 육肉, 이미지와 현실이라는 이중적인 개념을 낳게 된다. 타일러는 영적인 존재에 대한 믿음을 의미하는 **애니미즘**animism이라는 용어를 만들어 냈으며, 전형적인 진화론적 관점으로 애니미즘에서 다신교多神敎, polytheism를 거쳐 일신교一神敎, monotheism에 이르는 단계를 묘사하였다.

『원시문화』는 애니미즘과 종교의 기원을 논의하였을 뿐만 아니라, '문화culture'의 개념을 현재의 사용례와 양립할 수 있는 방식으로 "지식, 신앙, 예술, 도덕, 관습, 그리고 인간이 사회의 구성원으로서 획득한 다른 모든 능력과 습관 등을 포함하는 복합된 총체"라고 정의하였다. 요약하면, 영국인인 타일러는 오늘날 미국 인류학의 기본적인 통합 개념인 문화라는 개념을 미국 인류학에 남겨 주었는데, 대부분의 영국 인류학자들은 이 개념의 유용성을 별로 발견하지 못하였다. 한편 미국인인 모건은 영국 인류학의 장기인 면밀한 친족 연구의 창시자가 되었다.

또한 타일러는 과거 사회들을 진화적으로 재구성하는 데 있어 중요해진 **잔존물**殘存物, survivals이라는 개념을 발전시켰다. 타일러에 따르면 잔존물이란 그 기능은 상실하였으나 습관이라는 힘에 의하여 사회의 그다음 단계까지 존속되어 온 관습 혹은 제도를 의미한다. 이것은 어린이들의 게임, 수수께끼, 그리고 미신 등의 다양한 형태로 존속된다. 타일러는 가장 발전된 사회들에서조차도 잔존물들을 볼 수 있음을 지적하였다. 예를 들어 영국에서는 이러한 잔존물이 행운의 부적符籍, good luck pieces 등의 형태로 나타난다. 그는 이러한 잔존물들이 선행한 단계의 유물이며, 영국 사회가 초기의 원시단계를 거쳐 왔다는 사실을 보여 주는 증거라고 하였다.

모건은 잔존물이라는 타일러의 개념이 진화론의 도식에서 유용함을 발견하였다. 그는 아버지와 아버지의 형제들을 동일한 명칭으로 부르는 친족의 호칭은 정규적인 결혼이라고 할 수 있는 것이 존재하지 않았던 아득히 먼 시대―즉 야만단계의 전기 상태―의 잔존물이라고 믿었다. 모건은 그러한 호칭들은 어떤 시기에는 아이들이 단지 자신들의 어머니의 정체만을 알았으며, 어머니의 배우자였을 가능성이 있는 모든 남자들을 동일한 호칭으로 불렀던 사실을 증명하는 것이라고 믿었다. 그리하여 잔존물로서의 친족용어는 모계母系가 논리적으로 부계父系에 선행하는 출계出系 패턴이었다는 모건의 주장을 뒷받침해 주는 것이었다.

타일러는 평행적 그리고 독립적 진화단계들을 강조하였으나(이는 모건도 마찬가지이다.) 전파傳播, diffusion를 결코 무시하지는 않았다. 그는 멕시코에서 행해지는 게임과 남아시아의 게임 간의 커다란 유사성(미국에는 이 게임의 변형인 파치지Parcheesi가 있다.)에 관하여 각별한 관심을 가지고 있었으며, 이렇게 복잡한 것이 두 번씩이나 발명될 수 있는가라는 의문을 제기하는 등 전파의 가능성을 시사하였다. 그는 "문명이란 발전하기보다는 오히려 번식하는 경우가 훨씬 잦은 식물이다Civilization is a plant more often propagated than developed"라고 적었다.

타일러는 또 하나의 창조적인 사고를 인류학에 제공하였다. 비록 이 개념은 수십 년이 지난 뒤에야 비로소 이용되었지만, 타일러는 서로 상관된 특질—그는 이것들을 **접착**接着, adhesions (역주 '상관관계'의 초기 인류학적 표현)이라고 불렀다.—에 관한 조사를 통하여 비교연구를 진전시켰다. 타일러는 수백 개 사회들의 표본을 사용하여 출계율과 거주패턴 등의 요소들 간의 관계를 계산하고자 노력하였다. 그는 자신이 살고 있던 시대를 앞서 갔다. 이러한 접착(오늘날의 용어로는 **상관관계**correlations)이 다시 시도된 것은 20세기 중반에 이르러서였다.

타일러와 모건은 모두 현존하는 부족 집단들을 선사시대 사회의 사례로서 사용하였다. 즉 **비교방법**comparative method을 사용하였다. 이러한 비교방법을 통문화적通文化的 방법cross-cultural comparision과 혼동해서는 안 된다. '비교방법'이라는 라벨은 현존하는 복잡하지 않은noncomplex 사회들을 더 이상 존재하지 않는 집단들과 동일시하는 19세기의 방법을 지칭하는 데 사용된다. 20세기에 이르러서 이러한 방법에 반발하는 인류학자들은 비교방법을 "현존하는 인류의 조상contemporary ancestor 혹은 살아 있는 화석 living fossils의 사례"라고 불렀다. 그러나 19세기의 이론가들은 이러한 사고방식에서 아무런 문제점을 발견하지 못하였으며, 이 방법을 거침없이 사용하였다. 모건과 타일러는 오늘날의 인류학자들이 민족지적 유추eth-nographic analogy(고고학적 해석에 있어 유용한 방법이다.)를 사용하는 것과 마찬가지로 당대의 다른 사람들보다는 비교방법을 훨씬 조심스럽게 사용하는 경향이 있었으며, 이들은 또한 사회문화적 복잡성의 레벨이 동등한 집단들을 비교하려고 시도하였다.

(3) 19세기의 다른 민족학자들

모건과 타일러가 시도한 역사적 재구성은 민족학의 사상적 발전에 공헌한 다른 여러 사람들에게도 지지를 받았다. 이들 중 한 사람만이 전문적인 인류학자로 간주될 만하고 아무도 체계적인 현지조사를 하지 않았지만, 이들 모두는 고전 연구와 당대의 민족지 연구에 통달해 있었다. 이들은 제도, 특히 가족, 종교, 그리고 법률에 대한 18세기의 관심을 계승하고 이를 발전시켰으며, 또한 이것들을 그 기원과 발전의 측면에서 일반적으로 설명하였다. 대체로 이들은 인류학을 일종의 역사학으로 파악하였다. 또한 이들의 저서의 제목에는 역사history라는 단어가 종종 등장한다. 이들의 일차적인 초점은 인류의 유사성과 보편성에 관한 것이었으며, 개별적인 사건이나 인물에 관해서가 아니라 커다란 흐름에 관하여 사회적 규칙성을 추구하였다.

아돌프 바스티안 Adolf Bastian(1826~1905): 바스티안은 법률, 과학, 의학 훈련을 받은 독일인으로서 1868년 베를린의 한 박물관에서 민족학을 담당하는 학예연구원curator이 되었다. 그는 또한 선의船醫로서 수년간 여행을 하였는데, 이로 인하여 그는 당시의 유럽인에게 사실상 알려지지 않은 지역과 민족을 방문할 수 있었다. 그는 멀리 떨어진 지방들에서 발견된 유사한 관습들에 깊은 감명을 받았으며, **인류의 심적 동일성**Elementargedanken, psychic unity of mankind(즉 보편적으로 유사한 기본적인 사고들)이라는 개념으로써 이들을 설명하려고 시도하였다. 심적 동일성이라는 개념을 통하여 바스티안은 모든 인간들은 동일한 심적·정신적 과정을 가지고 있으며 이것이 유사한 자극에 대하여 유사한 반응을 결과한다고 주장하였는데, 이러한 반응들은 각 지방의 독특한 조건에 영향을 받아 지방에 따라 다양하게 나타난다고 하였다. 바스티안은 심적 동일성이야말로 다른 사람들이 전파라는 과정으로 설명하려고 시도한, 독립적이지만 유사한 현상들의 원인이 된다고 생각하였다. 그는 전파란 원시 부족들 간에서가 아니라 보다 발전된 사회에서만 나타난다고 믿었으며, 그리하여 전파는 단순히 가정할 것이 아니라 항상 증명해야 하는 것이라고 믿었다. 그는 또한 어떠한 인간 집단이라도 독립적이며 평행적인 발명을 할 선천적인 능력을 가지고 있으므로 적절한 자극 혹은 조건이 주어지면 문명단계에 도달할 수 있다고 믿었다.

바스티안은 본격적인 의미에서의 문화진화론자는 아니었지만 심적 동일성이라는 그의 개념을 대부분의 진화론자들이 채택하고 적용하였다. 바스티안이 진정한 진화론자가 아니었다라고 말하는 이유는, 그가 '발전'을 유기체적인 변형이 아니라 심리학적으로 주어진 것들, 즉 선천적 형태의 발전이라는 의미에서 파악하였기 때문이다. 사실상 바스티안은 생물학에서 다윈의 연구를 배척하였다. 일부 인류학자들은 바스티안의 입장을 일종의 심리학적 결정론이라고 간주하였다. 그러나 진화론자들은 심적 동일성이라는 개념을 어떤 사회들은 문명의 단계로 전진하고 있는데 다른 사회들은 왜 과거 속에 정체되어 있는가를 설명하는 데 사용하였다. 이들은 이러한 사회들이 단지 필요한 자극을 기다리는 상태에 있을 뿐이라고 생각하였다.

요한 야코프 바흐오펜 Johann Jacob Bachofen(1815~1887): 스위스의 법률가이며 고전학자인 바흐오펜은 고전 신화에서 그리스와 로마에 선행하는 초기의 모계 사회들에 대한 언급을 발견하였다. 그 후 민족지 문헌에서 다른 모계 사회들에 대한 자료를 발견한 그는 성적 난교亂交가 만연하였던 아득한 옛날에는 어느 사회에서나 모계사회가 보편적으로 존재하였음에 틀림없다는 이론을 발전시켰다. 즉 성적 교섭이 자유롭게 이루어지면 그 누구도 아버지의 정체에 대하여 확신할 수 없으나 포유류의 생식 본질상 어머니는 항상 알 수 있다는 것이다. 따라서 그는 초기에는 **모권**母權, Mutterrecht; mother-right 혹은 **모장제**母長制, matriarchy의 시기가 있었음에 틀림없으며, 이는 후대에 내려와 남성들이 재산을 자기 자신들의 자녀에게 물려주는 것을 원함에 따라 대체되었다고 추론하였다. 이러한 욕망으로 인하여 남성들은 모장제를 무너뜨리고 자신의 상속자들의 정체를 확실히 알 수 있도록 엄격한 단혼제를 갖춘 가부장제家父長制를 성립하고자 하였다. 모계제는 태고시대의 잔존으로서 일부 원시인들 사이에 남아 있게 되었다. 바흐오펜은 이러한 결론들을 1861년 『모권사회母權社會, Das Mutterrecht』라는 저서에서 발표하였다. 그의 이론은 널리 받아들여졌으며, 친족명칭에 대한 연구를 기초로 모계제가 부계제에 선행하였다고 주장한 모건의 해석 또는 바흐오펜의 입장을 지지하는 것이었다.

존 맥레넌 John F. McLennan(1827~1881): 스코틀랜드의 법률가인 맥레넌은 결혼제도에 관한 진화론적 사고에 매료되었다. 비록 그의 출발점은 약간 달랐으나—맥레넌의 관심은 원래 그가 고전을 연구할 당시에도 자주 등장했던 관행인 약탈혼bride capture에 대한 민족지 보고서로 인하여 촉발되었다.—그 역시 사회조직 이론의 발전에 기여하였다. 바흐오펜과 마찬가지로 그는 초기 단계의 집단 난혼의 결과, 모계 출계matrilineal descent가 성립하였다고 보았다. 인류 초기단계에 행해진 여아에 대한 영아살해嬰兒殺害, infanticide〔역주 신생아를 죽이거나 돌보지 않아 죽음에 이르도록 하는 관행. 주로 수렵채집 사회나 유목민 간에 많이 나타나며 인구조절과 식량문제가 원인이라고 생각된다. 특히 여자아이에게 심하며, 쌍둥이나 기형아, 병에 걸린 아이도 그 대상이 된다.)는 적어도 맥레넌의 생각에는 공통적인 관행이었음에 틀림없었는데, 그 이유는 여자들이란 군사 작전이나 사냥일에 아무 소용이 없으며 식량만 축내었기 때문이었다. 여아살해의 결과 발생한 여성 부족 현상은 신부약탈과 일처다부제—妻多夫制로써 해소되었다. 일단의 형제들과 한 여성이 동거하는 관행(형제간 일처다부제fraternal polyandry)은 부계 출계를 인정하면서 등장한 것이다. 문명단계에 와서도 신부약탈은 문지방 너머로 신부를 안고 들어가는 풍습이라는 잔존물로 남아 있다.

사회조직의 진화에 대한 맥레넌의 학설은 이미 언급한 다른 사람들의 이론만큼 인류학에 큰 영향을 끼치지는 못하였으나, 『원시혼인原始婚姻, *Primitive Marriage*』(1865)이라는 저서의 혼인패턴에 관한 논의에서 그는 **내혼제**內婚制, endogamy [역주 동일한 집단, 계층 내에서 이루어지는 혼인]과 **외혼제**外婚制, exogamy [역주 배우자를 집단의 외부에서 구하는 것]라는 용어를 만들어 냈는데, 이들은 아직도 집단 내에서의 혼인규칙과 집단 외부에서의 혼인규칙을 설명하는 데 사용되고 있다.

헨리 제임스 섬너 메인 Henry James Sumner Maine(1822~1888): 영국의 법률가인 메인은 사회적 진화에 관하여 다른 이들과 매우 상이한 견해를 가졌다. 그의 주요 인류학 저작인 『고대법古代法, *Ancient Law*』(1861)에서 메인은 법률의 진화 단계를 기술하였다. 고대와 동부 인도 사회에 대한 해박한 지식을 기초로 하여 메인은 출계 패턴이란 모계에서 부계로 진화한 것이 아니라는 결론을 내렸다. 그의 연구에 따르면 아득한 고대에도 그리스, 로마, 그리고 동부 인도의 사회들은 부계사회였으며, 그 이전에 모계단계가 존재하였다는 아무런 증거도 존재하지 않는다고 하였다. 메인의 일차적인 관심사는 법률의 진화였으며, 그가 제시한 발전 도식은 일련의 단계들이라기보다는 하나의 연속체였다. 즉 친족을 기반으로 한 조직은 영토를 기반으로 한 조직으로 진화하였으며, 신분status은 계약contract으로, 양도 불가한 토지는 판매 가능한 토지로, 민사법民事法은 형사법刑事法으로 각각 진화하였다. 그는 변화의 속도나 양상은 각 사회에 따라 달랐으며, 모든 사회들이 거쳐 왔거나 또한 거쳐 가야만 하는 단일한 발전 단계란 존재하지 않는다고 생각하였다.

(4) 진화론자들의 일반적 입장

19세기 진화론자들의 일반적 입장(종종 고전적 진화주의古典的 進化主義, classical evolutionism 혹은 단선진화론單線進化論, unilineal evolutionism이라 불림)은 다음과 같이 요약할 수 있다. 문화 혹은 사회의 진화는 모든 인간 집단들에서 내용이 유사한 단일한 발전의 선을 따라 진행되는데 발전의 속도는 사회에 따라 상이하다. 이러한 단선적인 단계는 인류의 심적 동일성을 반영한다. 모든 사람들은 동일한 자극에 직면하였을 때 유사한 방식으로 반응한다. 비록 일부 진화론자들—모건과 타일러—은 전파의 작용을 인식하였으며, 일부 사회들의 경우 몇몇 단계들을 통째로 건너뛰는 것이 가능하다고 믿었으나 고전적인 진화이론에서 단선이라는 측면은 매우 두드러진 특징이었다.

잔존물(이미 그 기능을 상실한 과거로부터 남은 패턴)의 존재는 사회들이 선행단계를 거쳐 왔다는 증거로 제시되었다. 모건은 모계가 부계에 선행하였다는 주장을 뒷받침하기 위하여 친족명칭에 잔존물이라는 개념을 적용하였다. 19세기 진화론자들의 방법론은 비교방법comparative method이었다. 즉 현존하는 부족집단들을 선행 단계의 사례로 사용함으로써 과거의 행태를 재구성하는 것이다.

대체적으로 고전적인 진화론자들은 사회적 진화주의Social Darwinism라는 강령을 신봉하였는데, 이것은 자연도태라는 생물학적인 메커니즘을 사회에 적용하는 것이었다. 사회적 진화주의는 일부 사회나 개인은 다른 사회나 개인을 지배하거나 통치하기에 더 잘 준비되어 있다는 입장을 취하였으며, 이는 제국주의를 정당화하였다. 다시 말하면 유럽의 여러 민족국가들이 다른 문화들에까지 세력을 확대하면서 자신들의 적합성fitness, 즉 지배하고 통제하는 권리를 실증하는 것에 지나지 않았다. 생존하지 못하는 자들은 사라져 버렸는데, 그 이유는 그들이 문화적으로 열등하기 때문이며, 스펜서의 용어를 빌리자면 '**최적자 생존**'을 위한 경쟁을 감당할 수 없었기 때문이다.

(5) 고전적 진화론 이후의 전개

고전적인 진화주의는 19세기에 최정점에 도달하였으나 20세기에 들어와서도 그 강령이 갑작스럽게 단절되지는 않았다. 20세기 초 인류학의 주요인물들 중 일부는 진화주의와 관련을 맺고 있었다. 그들 중 한 사람인 제임스 프레이저 경Sir James Frazer은 당대에 일반 대중에게 가장 잘 알려진 인류학자로서 명성이 대단하였다.

프레이저는 단 한 번도 현지조사를 한 적이 없으며, 전형적인 '안락의자 인류학자armchair anthropologist'로 알려져 있다. 즉 그는 전적으로 다른 사람들의 민족지적 조사연구에 의거하여 자신의 이론을 발전시킨 사람이다. 그러나 그는 특출한 학자였다. 1915년에 전 12권으로 출판된 『황금가지 The Golden Bough』라는 신화에 관한 저작으로 오늘날까지 잘 알려진 그는 비교종교학부터 주술, 혼인, 친족, 외혼제, 그리고 토테미즘에 이르는 다양한 주제들을 다루었다.

프레이저는 모든 미개인들은 정신적으로는 비합리적이며, 미개인의 사고를 지배하는 것은 경험적 지식보다는 미신이라고 확신하였다. 그는 주술에서 시작해 종교를 거쳐 과학에 이르는 세 단계의 진화과정을 제창하였다. 그는 또한 평균적인 '문명한' 사람들은 미개인들이 주술을 당연시하는 것만큼이나 거의 아무런 기초적인 이해 없이 과학을 수용한다고 지적하였다. 즉 미개인이나 문명인이나 모두 과학적인 검증과 지식을 기초로 한다기보다는 이러한 신념들을 신앙으로서 받아들인다는 것이다.

프레이저는 주술呪術, magic과 종교를 구별하였는데, 주술은 조작적manipulative인 반면 종교는 탄원적supplicative이라고 하였다. 이것은 오늘날에도 공감주술共感呪術, sympathetic magic [역주 사물이 유사성 또는 접촉 등 어떤 신비스런 공감으로 인하여 상호작용을 일으킨다는 가정에 입각한 것]의 두 가지 법칙에 관한 그의 정의만큼이나 빈번히 인용되고 있다. 유사성의 법칙the law of similarity [역주 또는 모방의 법칙]이란 유사한 사물은 서로 영향을 미친다는 것이며, 접촉(감염)의 법칙the law of contagion이란 한 번 서로 접촉하였던 사물들은 서로 분리되고 난 뒤에도 상호 영향을 미친다는 것이다. 이 원리들은 모두 부두voodoo교 [역주 부두는 아프리카 요루바Yoruba족의 보두vodu(신, 정령, 신성한 것)에서 파생된 말로 생각된다. 부두교는 특히 카리브 연안 아이티섬의 농민, 무산대중들 간에 성행하는 제설혼합적諸說混合的 숭배syncretic cult를 지칭한다.]의 인형에 대한 의식 [역주 특정인을 저주하기 위하여 그 사람의 손톱이나 머리털, 속옷 등을 몰래 얻어다 인형을 만들고(접촉, 감염), 그 인형의 배를 바늘로 찌르면 저주 대상이 되는 사람은 배에 통증을 느끼고, 머리를 찌르면 머리에 통증을 느낀다고 믿는다(유사의 법칙). 우리나라에도 고려 태조가 신라를 멸망시키기 위하여 '배가 나아가는 형국'인 서라벌을 봉황의 둥지 형국이라고 속여 경순왕으로 하여금 봉황대를 쌓고 우물을 파게 하여(배에 짐을 싣고 선창에

구멍을 냄) 배를 침몰시켰다(신라의 멸망)는 전설 등 풍수에 얽힌 수많은 설화가 있는데, 이들 역시 '유사'와 '접촉'의 법칙이라는 개념으로 설명할 수 있다.]에 서 잘 나타난다.

프레이저는 매우 인기 있는 인류학자였지만 1890년대에는 영국과 미국 양국에서 민족학에 대한 새로운 접근방법이 뚜렷이 등장하고 있었다. 새 로운 접근방법들은 대부분 고전적인 진화주의의 남용에 대한 반동이었는 데, 19세기 이론가들의 잘못을 교정하려고 시도하는 가운데 상당수 인류 학자들은 과민하게 반응하였으며, 나중에 논의될 바와 같이 자신들 스스 로 새로운 도그마를 창조하기도 하였다. 그러나 20세기를 다루기 전에, 차세대 인류학자들의 사고에 큰 영향을 미친 19세기의 중요한 두 가지 발 전을 짚고 넘어가야 한다.

2. 카를 마르크스와 프리드리히 엥겔스

카를 마르크스Karl Marx(1818~1895)는 베를린 대학에서 교육을 마친 후 교수가 되기를 희망하였으나 그의 독특한 정치적 견해 때문에 자리를 얻 을 수가 없었다. 그는 얼마 동안 신문사의 기고가로서 또한 편집자로서 일 하였으나 그 후 노동계급의 운동에 관심을 가진 사회주의자들의 메카인 파리로 갔다. 부유한 직조업자의 아들 엥겔스와 더불어 그는 1847년에 공 산당 동맹Communist League을 창설하는 데 참여하였으며, 1848년에 이 두 사람은 사회적 진화에 대한 마르크스주의자의 견해를 제시하는 『공산당 선언Communist Manifesto』을 공동으로 기초하였다.

프리드리히 엥겔스Friedrich Engels(1820~1895)는 마르크스와 공동으로 저술활동을 하였을 뿐만 아니라 상당수의 마르크스주의 저작을 혼자서 저술하였다. 마르크스의 현학적인 문장보다 훨씬 읽기가 쉬운 엥겔스의 명료한 문체는 마르크스주의 개념을 보급하는 데 기여하였다. 더욱이 엥겔스는 말년에 전적으로 조사연구와 저술활동에 전념한 마르크스에게 재정적 후원을 해주기도 하였다.

마르크스는 국가에 의한 소유라는 궁극적인 목표에 도달하기 위한 수단으로서 행동 프로그램들을 촉구하였다는 점에서 당대의 다른 사회철학자들과는 달랐다. 국가의 통제는 사유재산이 소멸된 이후에만 가능할 수 있는데, 그는 이를 불가피한 것으로 보았으며, 고도로 산업화된 국가에서 혁명이 일어난 결과, 끝내 발생할 것이라고 믿고 있었다. 그는 사회과학자들이 사회적 문제에 초연하여 이에 관여하지 않고 있으며, 적극적인 사회개혁에 참여하지 않는다고 비난하였다.

마르크스의 계급투쟁 이론은 철학자인 헤겔의 변증법적인 관념론과 마르크스가 다윈의 저작에서 배워온 자연도태라는 과정을 모두 반영하고 있다. 헤겔이 발전을 관념 간의 갈등(정표, 반反, 합合)에서 비롯되는 것으로 본 데 반하여, 마르크스의 진화론적인 도식은 사회계급 간의 갈등에 기초를 두었으며 각 시대의 특유한 생산수단과 생산양식에 초점을 두었다. 마르크스는 모든 사회는 상호작용하고 경쟁하는 세력들 간의 내적 투쟁의 결과 새로운 체계로 진화한다고 믿었으며, 더 나아가 물질적 원인과 경제적 요인이 결정적 요인 혹은 독립변수라고 주장하였다.

마르크스의 자본주의 비판의 요체는 증대되는 물질적 부와 노동자들의 심화되는 빈곤 간의 내재적인 모순이 체제의 붕괴를 야기하리라는 것이었다. 그의 역사적 분석은, 산업혁명 이래 노동자들이 더 이상 독립적인 생산자가 아니라 이제는 생산수단의 소유를 통하여 노동자들이 생산한 생산물에서 파생된 이윤으로 부를 축적한 기업가들에게 의존하는 무산無産의 임금 노동자로 변신하였음을 보여 주고 있다.

『공산당 선언』은 『고대사회』(1877)보다 거의 30년 전에 출판되었으나 마르크스와 엥겔스는 모건의 책을 읽고 자신들의 이론의 타당성이 독립적으로 검증되었다고 확신하였다. 그들에게는 모건이 제시한 증거들이 마르크스주의 철학의 변증법적 접근과 역사적 유물론 양자를 모두 증명하는 것으로 보였다. 마르크스와 엥겔스는 모건을 알기 전까지는 자신들의 연구를 계급사회의 연구에 국한하였으며, 문자를 갖지 않은 여러 민족들을 간과하였으므로 그 조사연구에 인간 사회의 전 범위를 망라하지는 못하였다. 그러나 모건은 마르크스의 이론에 새로운 깊이를 더해 주었다. 마르크스의 설명은 유물론적이었으며, 마르크스와 엥겔스가 모건을 매우 중시한 것은 모건의 이론이 자신들의 것과 잘 조화되는 유물론적 접근이었기 때문이다.

『고대사회』가 등장하자 엥겔스는 이를 매우 도발적이며 또한 결정적인 저술이라고 생각하였기 때문에 거의 그 요약에 해당하는 『가족, 사유재산 및 국가의 기원*Der Ursprung der Familie, des Privateigentums und des Staats; Origin of the Family, Private Property, and the State*』이라는 제목의 책을 저술하게 되었다. 물론 엥겔스는 이를 인류학적 연구서로 저술한 것이 아니라 모건이 마르크스주의의 주요 강령을 어떻게 뒷받침하고 있는가를 지적하기 위하여 썼다. 엥겔스를 통하여 모건은 소련 민족학에서 최고의 명예를 누리는 이론가가 되었다. 심지어 진화주의가 영국과 미국에서 인기를 상실한 뒤에도 모건과 엥겔스의 영향력 때문에 러시아에서는 타당한 이론적 접근으로 계속 수용될 정도였다.

엥겔스는 가족의 기원에 관한 모건의 입장을 채택하였다. 그는 태고太古

의 난혼적인 집단으로부터 모계가 발전하였으며, 궁극적으로 부계로 전환되었다는 주장을 사실로 받아들였다. 단혼제야말로 문명단계의 혼인형태였다. 그러나 모건과 달리 엥겔스는 이렇게 발전된 단혼제는 단지 여성에게만 해당되었으며, 이중의 기준이라는 관행을 통하여 남성에 의한 여성의 탄압을 의미한다고 하였다. 또한 그는 단혼제는 자연적 조건이 아니라 경제적 조건에 기초를 두고 있으며, 사회조직은 노동과 가족 양자의 발전단계에 따라 결정된다고 주장하였다. 친족집단이 지배적이었던 초기 단계에는 노동이 덜 분화되고 사회적 부가 제한되었으나 생산성이 증대함에 따라 부와 사유재산의 격차가 발생하였고 이에 따라 계급 간의 적대감도 등장하였다. 이 시기에 이르러서는 친족집단이 사회적 통제를 효과적으로 수행할 수 없었다. 그 결과 영토에 기초를 둔 새로운 형태의 사회집단, 즉 국가가 출현하였는데, 국가는 조세로써 유지되는 경찰기구를 가지고 있다. 문명단계란 '**국가 레벨의 발전단계**'를 표현하는 것이었다. 엥겔스의 진화론이 어느 정도 모건에 의거한 것인지는 엥겔스의 저술과 『고대사회』를 나란히 읽어 보면 알 수 있다.

그러나 마르크스주의의 진화이론은 훌륭한 인류학은 되지 못하였다. 이는 너무나 억측에 가득 차고 희망적 관측으로 충만하였다. 이러한 문제점들은 고전적 진화론에 나타났던 문제점과 동일하였다. 즉 너무도 연역적인 방법에 의존하였으며, 비교방법과 경직적인 단계설 등 오류로 가득 차 있었다. 20세기에 이르러 인류학자들은 자료의 수집과 귀납적 분석이라는 또 다른 방향으로 선회하였다. 이것은 확실히 건전한 변화였으며, 마르크스의 철학은 서유럽과 미국에서는 20세기 중반에 이르기까지 인류학에 거의 영향을 미치지 못하였다.

3. 에밀 뒤르켐과 프랑스의 사회학

프랑스의 군주제는 19세기에 두 번이나 부활하여 민주정부를 대체하였으며, 1871년의 봉기와 파리 코뮌 이후에 등장한 제3공화국은 불안정한 약체정부였다. 계급 간의 적대감은 팽배하였으며 드레퓌스 사건[1]이 일어나며 끓어오른 악명 높은 반유태주의는 19세기 말에는 프랑스뿐만 아니라 유럽 전역에 걸쳐 더욱 광포해져 갔다. 프랑스는 마치 갈기갈기 찢어지고 있는 것 같았다.

이러한 당대의 일반적인 사회적 상황을 고려할 때, 에밀 뒤르켐Emile Durkheim(1858~1917)의 일차적 관심이 사회의 구성원들이 공유하고 있는 믿음과 상징에 관한 것이었다는 사실은 이해할 만하다. 그는 사회적 응집력(혹은 그가 연대連帶, solidarité; solidarity라고 부른 것)의 본질을 규명하여 무엇이 사람들을 하나로 묶고 있는가를 이해하고 설명하려고 하였다. 19세기 초의 콩트의 자극에 이어서 뒤르켐이 사회의 발전, 자살, 종교, 그리고 무엇보다도 사회적 응집력에 관한 연구의 기초가 될 통문화적 자료cross-cultural data를 추구함에 따라 프랑스의 사회학은 새롭고 활기찬 방향으로 전환되었다. 사회학자들은 뒤르켐이 사회학자라고 주장하나 그의 통문화적 접근방법 때문에 뒤르켐은 사회학자이면서 동시에 인류학자로 간주될 수도 있다. 그는 당시의 경제학 이론에서 인기가 있었던 공리주의적 설명 —즉 부富 혹은 행복을 추구하는 이기심이 개인들을 하나로 결속하여 기

---

1 프랑스 육군 장교인 알프레드 드레퓌스Alfred Dreyfus는 나중에 허위로 판명된 '증거'에 의거해서 1894년 10월 군사법정에서 반역죄를 선고받았다. 이 사건은 특히 에밀 졸라 Emile Zola, 조르주 클레망소Georges Clemenceau, 아나톨 프랑스Anatole France 등에 의하여 반유태주의 등의 문제를 포함한 커다란 사회적 문제로 비화되었다. 결국 드레퓌스는 무혐의가 증명되어 완전히 복권되었다.

능하는 사회를 만든다. —을 거부하였다. 그는 산업화로 인하여 비록 전반적인 부는 증대하였으나 이것이 보다 큰 행복을 가져왔는지에 대하여 의문을 제기하였다. 뒤르켐은 행복과 같은 것은 도무지 측정이 불가능하며, 완전히 이기적인 개인들로 구성된 사회는 존재할 수 없다고 지적하였다. 그는 오히려 사회적 응집력은 공동의 믿음과 가치의 체계에 참여함으로써 발생하는 도덕적 구속력의 결과라는 결론을 내렸는데, 이러한 체계는 개인의 행위를 형성하고 규제하는 것이었다.

뒤르켐은 사회 구성원 간의 공통된 경험과 상호작용으로부터 발생하는 공유된 방식, 믿음, 그리고 감정 등을 **집합의식**集合意識, collective conscience이라고 불렀는데, 이는 프랑스어인 conscience collective를 번역한 말로서 원래 프랑스어의 의미를 정확하게 표현하지는 않는다. 프랑스어의 conscience는 영어의 양심conscience과 의식consciousness, 두 의미를 모두 가지고 있으며, 따라서 **집합의식**이란 공통으로 지니고 있는 의식과 이해를 의미한다. 뒤르켐은 단 한 번도 문화라는 개념에 착안한 바가 없으나 그가 사용한 다소 거친 표현인 집합의식은 우리가 문화라는 말로 표현하고 있는 것의 대부분을 의미하였다. 인간을 생각하는 동물인 동시에 자신의 운명을 합리적으로 지배하는 자라고 파악한 계몽시대의 철학자와는 현격히 다르게 뒤르켐은 집합의식이 사회의 각 성원들을 출생할 때부터 통제한다고 생각하였다. 뒤르켐에 따르면 사람들이 사회를 만드는 것이라기보다는 사회야말로 사람들을 사회적으로 만드는 것이었다.

투쟁과 대립을 강조한 마르크스와 달리 뒤르켐은 사회 내의 정상성, 안정 및 연대에 초점을 맞추었다. 비록 그의 주된 관심은 당대의 사회와 문제를 이해하는 데 있었지만 뒤르켐은 비교연구를 위하여 전통사회의 연구에도 노력을 경주하였으며, 미개사회와 산업사회의 집합성collectivity의 차이를 이해하려 노력하였다. 그는 미개사회의 경우에는 유대관계가 친족관계kinship, 그리고 사회성원들이 공통으로 경험한 사회화 방식socialization pattern에 기반을 두고 있다고 결론을 내렸는데, 이러한 유형의 응집성을 그는 **기계적 연대**機械的 連帶, solidarité mécanique; mechanical solidarity라고 불렀다. 기계적 연대는 구성부분들이 본질적으로 동일하며 상호 교환 가능한 사회들에서 전형적으로 나타난다. 그러한 사회에서 개인들은 서로의 복제품과 다를 바 없으며 그 구성부분들이 떨어져 나가도 사회는 계속 기능할 수 있다. 산업사회에서는 개인주의가 발전하였지만 사람들은 직업적으로 전문화되었기 때문에 오히려 서로를 필요로 한다. 그 결과 사회적 유대는 친족에 기반을 둔 것에서 경제적 보완성과 상호의존성이 강한 것으로 변화하였으며, 이를 뒤르켐은 **유기적 연대**有機的 連帶, solidarité organique; organic solidarity라고 불렀다. 우리는 여기에서 또다시 전문화가 증대한 결과로 기능적인 상호의존성과 협력이 발생하는 것이 아니라 오히려 경제적 투쟁이 발생한다고 믿었던 마르크스와의 차이를 볼 수 있다.

사회 전체가 공유하는 행동과 믿음 속에서 뒤르켐은 또 하나의 뚜렷한 현실의 레벨[역주 원저의 level은 프랑스어인 niveau의 번역어로서 경우에 따라 차원次元, 수준水準, 또는 층위層位로 번역할 수 있는데 이 우리말들은 의미가 약간씩 다르므로 선택하기 곤란한 경우 그냥 레벨이라고 해두었다.]을 발견하였는데, 이것은 종종 스펜서가 **초유기체적**superorganic이라는 용어를 사용하여 지칭하였던 범주에 속하는 사회적 행동이라는 레벨이다. 뒤르켐은 사회구성원들이 공유하고 있는 패턴들이란 사회를 구성하는 개인들과 상관없는 별개의 것은 아니지만, 개인적 행위라는 차원에서는 설명될 수 없다고 생각하였다. 이들을 심리학적 요인, 생물학적 요인, 또는 환경적 요인 등을 통하여 설명한다는 것은 동물이라는 유기체적 현상을 그 화학적 성분으로 설명하는 것과 다름없었다. 뒤르켐에게 사회적 행위란 사회에 참여하는 모든 개인들의 합 이상의 것이며, 이는 개인들의 욕망과 충동으로 환원還元될 수는 없었다. 즉 전체를 부분으로 환원하여 이해할 수 없다는 것이다. 그렇게 한다면 그것은 환원주의적reductionistic인 것이다.

그렇다면 도대체 사회에서의 인간의 행위는 어떻게 연구하여야 하는가? 뒤르켐은 이전의 사회이론이 관념으로부터 출발하여 사물을 파악하려 한다고 비난하였으며, 사회적 현상의 연구를 위한 진정한 과학적 방법을 만들어낼 것을 희망하였다. 그는 **사회적 사실**fait social; social fact을 분석 단위로 삼을 것을 제안하였다. 사회적 사실이란 마치 구체적인 사물처럼 과학적으로 다룰 수 있는 것이다. 이것은 사회 내에서의 그 침투성pervasiveness(즉 공통적이며 널리 보급되어 있고 개인적이 아님) 및 구속적 본질(강제성)에 의하여 인식된다. 즉 사람들은 이러한 속박에 복종할 의무감을 느낀다는 것이다.

사회적 사실들이란 사회 내에 특정 개인들이 등장하기 이전부터 존재하고 있으며 또한 개인이 사회의 구성원으로서 준수하는 규범, 공동의 기대와 이해 및 행동의 규칙 등을 의미한다. 사회적 사실들은 종종 사회 구성원 스스로를 위험에 빠뜨리기도 하고 무시되는 경우도 있지만 그럼에도 불구하고 이들은 사회를 구성하고 있는 사람들에 의하여 적절하거나 정당한 것으로 이해된다. 규범을 등한시하거나 규범에 무관심하면 사회의 연대성은 위협받게 되며 결과적으로 규범의 부재 혹은 **아노미**anomie 상태를 초래하는데, 이는 기존의 기준과 규칙들이 그 의미를 상실하였으나 이를 대신할 다른 규범이 나타나지 않았을 때에 발생한다.

뒤르켐은 어떤 사회적 사실(현상)이 왜 일어났는가를 이해하려면 또 다른 사회적 사실(현상)에서 그 원인을 찾아야 한다고 하였다. 사회적 사실이란 개인적 심리상태가 아니라 사회적 레벨의 현상 중 일부를 구성하고 있으며 다른 사회적 사실들과 인과관계에 있다. 뒤르켐은 인종 혹은 환경 그 어느 것도 사회적 사실과 인과관계에 있다고는 인정하지 않았다. 그에 따르면 인과관계란 내부요인에 의한 것이지 외부요인에 의한 것이 아니었다.

뒤르켐은 기능주의적 접근법을 취하였다. 그는 제도와 조직과 신앙 등을 분석하여 그 상호관련성을 파악하고 이들이 어떻게 공동으로 작용하여 사회의 연대성 혹은 응집력을 유지하고 있는가를 분석하였다. 사회적 현상(혹은 사회적 사실)을 설명하기 위해서는 그 원인을 아는 것만으로는 불충분하며, 그것이 발휘하는 기능까지도 이해해야 하고, 원인과 기능 양자를 모두 사회 내부에서 찾아야 한다고 그는 주장하였다. 그의 저작인 『자살론*Suicide*』(1897)은 이러한 기능적 접근을 명백히 보여 주고 있다. 여기에서 그는 자살률과 종교 유무 또는 어떤 종교를 믿는가 및 혼인 여부 등 다른 사회적 요건들 간의 상호관계를 검토하였다. 뒤르켐에 따르면 사회생활이란 사회구조가 기능하고 있는 것이었다. 그는 **기능**function과 **목적**purpose을 구분하여야 한다고 주장하였다. 목적에 의한 설명이란 개인의 의지를 함축하고 있으므로, 이는 사회적 사실들이 개인들에 의하여 의식적으로 성립되었다고 주장하는 환원주의적인 설명이기 때문이다. 비록 뒤르켐은 기능주의를 일관된 이론적 틀로서라기보다는 특정한 현상들을 설명하기 위하여 사용하였지만 그는 20세기 영국 사회인류학의 기능주의학파가 발전하는 데 영향을 미쳤다.

말년에 뒤르켐은 종교 연구에 몰두하였는데, 이는 많은 학자들에게 영향을 주었다. 오스트레일리아의 민족지 문헌과 가장 단순하고 기본적인 종교 형태라고 간주된 토테미즘이라는 관습을 연구한 후, 뒤르켐은 의례와 신앙이란 사회를 반영한다—즉 숭배의 대상은 사실은 사회 자체이다.

—고 주장하였다. 그의 마지막 저서인 『종교생활의 기본형태Les formes élémentaires de la vie religieuse; The Elementary Forms of the Religious Life』(1912)에 그의 이러한 주장이 전개되어 있다. 그는 성聖, sacred과 속俗, profane, 그리고 비자연(혹은 초자연)과 자연을 구분하였는데, 각 비교에서 전자는 특별한 규칙과 규정에 의하여 일상생활과는 구분된 것이다. 이러한 규칙들을 준수하고 공동의 신앙을 가짐으로써 사람들은 단일한 공통체로 통합된다. 바꾸어 말하면 종교란 집합의식의 주요 측면의 하나이며, 의미심장한 사회적 기능을 가진 결합의 수단이라는 것이다.

4. 현지조사의 전문화

19세기 말에서 20세기에 걸쳐 인류학자들은 전문적인 인류학자가 아닌 사람들이 남긴 민족지적 자료에 의존하는 것이 자신들의 연구조사에 커다란 제약이 되고 있다는 사실을 인식하게 되었다. 자연과학의 훈련을 받은 몇몇 사람들이 인류학 분야에 투신하였으며, 이들은 현장에서 체계적으로 자료를 직접 수집한다는 것이 얼마나 중요한가를 통감하게 되었다. 이런 사람들이 팀워크를 이룬 결과 몇몇 기념비적인 조사연구가 이루어졌는데, 예를 들면 동물학자인 앨프리드 해든Alfred C. Haddon, 내과의사이며 심리학자인 W. H. R. 리버스W. H. R. Rivers, 병리학자인 찰스 셀리그먼Charles G. Seligman 등이 참여한 영국령 토러스 해협 조사단British Torres Strait Expedition (1898~1899)이 그것이다. 비록 이들 중 어느 누구도 원래 인류학적 훈련을 받지는 않았지만 이들은 모두 전문적인 인류학자가 되었다. 미국에서는 당시 자연사박물관American Museum of Natural History에 적을 두고 있던 프란츠 보애스Franz Boas가 제섭 북태평양 조사단Jesup North Pacific Expedition (1897~1902)을 결성하여 북동아시아의 주민과 북서아메리카 주민들 간의 관계에 관한 몇몇 문제들을 연구하였다. 보애스는 원래 지구 물리학 연구를 수행하기 위하여 배핀Baffin 섬의 에스키모족과 살아본 적이 있고, 북서해안 지방의 인디언들과도 같이 생활한 바 있었다.

그런데 팀워크를 이룬 조사단을 파견하는 데 필요한 막대한 경비를 조달하기가 어려워지면서 다수의 현지조사자들이 참여하기가 불가능해졌으며, 그리하여 한 명 혹은 두 명의 조사자가 현지조사를 떠나는 방식이 보편화되었다. 월터 스펜서Walter Baldwin Spencer와 프랭크 길런Frank J. Gillen(두 사람 모두 훈련받은 인류학자는 아님)은 1896년부터 1901년까지 여러 차례에 걸쳐 오스트레일리아 원주민에 대한 현지조사를 수행하였다. 이들이 수집한 정보는 뒤르켐의 종교에 관한 분석의 기초가 되었으며(앞을 볼 것), 아직도 중부 오스트레일리아 원주민들에 관한 초창기의 주요 업적으로 인정되고 있다.

여러 차례에 걸쳐 현지조사를 한 결과, 연구자가 인류학적 관점을 가지고 직접 조사·연구하는 것이 얼마나 중요한가를 깨닫게 되었으며, 19세기의 수많은 가설들, 예를 들면 미개인들은 매우 초보적인 혼인형태를 가지고 있거나 아예 혼인이라는 형식을 가지고 있지 않다는 확신이 오류라는 사실도 밝혀졌다. 초기의 현지조사자들은 보통 통역을 사용하였으며 면접에 필요한 기간 동안만 현지에 체류하였으나, 시간이 흐름에 따라 전문적인 인류학자는 역시 장기적인 조사가 필수적이라는 확신을 갖게 되었다. 그로부터 얼마 안 되어 인류학을 전공하는 학생들 역시 현지 언어를 배우고 현지 주민들과 라포rapport〔역주 친밀하고 신뢰받는 인간관계〕를 형성하며 밀접한 관계를 유지하기 위하여 장기간 현지에 체류하는 것을 당연한 일로 여기게 되었다.

초창기의 현지조사 경험에서 얻은 가장 중요한 이론적 발전은 리버스의 **계보적 방법**系譜的 方法, genealogical method의 확립 및 출계出系, descent 등의 개념의 정립이었는데, 이는 친족 분석에서 이루 말할 수 없이 중요한 위치를 차지하게 되었다. 계보적 방법 그 자체는 유전학에 관한 리버스의 연구의 부산물이었다. 수세대에 걸쳐 생물학적 특성들을 추적하기 위하여 리버스는 원주민들의 혈통을 기록하였다. 얼마 안 가서 그는 이러한 계보에 대하여 수집한 자료들이 친족 및 일반적인 사회관계에 관하여 예기치 못했던 엄청난 양의 사회학적 정보를 제공한다는 사실을 알게 되었다. 오늘날 계보의 채록은 연구의 초점이 친족이 아닌 경우에도 현지조사의 표준적인 절차가 되었다.

제4장 20세기 초반의 인류학

20세기는 환상으로부터 깨어나는 분위기 속에서 시작되었다. 사려 깊은 많은 유럽인들은 어쨌든 과학이 인류에게 보다 나은 삶을 제공할 것이라는 약속은 지켜지지 않았다고 생각하기 시작하였다. 사회문제들은 해결되지 않았으며, 소수에게 더욱 집중된 물질적·산업적 진보는 다른 수많은 사람들에게 빈곤의 심화와 결핍을 동시에 가져왔다. 인적 자원들이 낭비되었으며, 천연자원이 불평등하게 분배되었다는 것은 이제 명백해졌다. 일부 유럽인들은 자신들이 제국주의라는 무거운 짐을 짊어지고 있다고 자부하였으나 국내적으로는 실업문제와 권력의 불평등한 배분이라는 문제조차 감당할 수 없었다. 아마도 사회적 진화주의란 결국 오류였던 것인지도 모른다. 확실히 '최적자 생존'이라는 강령은 도덕적인 능력보다는 물질적인 힘에만 국한된 것이 아닌가 하는 의문이 고개를 들기 시작하였다. 일부에서는 세계의 원주민 혹은 부족민들에 대하여 유럽인들이 우월감을 가질 만한 권리나 이유가 있는지에 관하여 진지하게 의문을 제기하기 시작하였다.

1910년대에 이르자 40년간 계속된 유럽의 평화가 끝나 가고 있다는 것이 명백해졌다. 유럽의 국가들은 통제력을 상실한 채 인류가 이제까지 알지 못했던 가장 파괴적인 전쟁을 향하여 치닫고 있었으며, 이 전쟁이 끝나기 전에 미국도 여기에 말려들어 갔다. 제1차 세계대전이 끝났을 때 사망자는 거의 9백만 명에 달하였으나 대영제국大英帝國은 그 어느 때보다도 영토가 확대되었다. 아프리카의 구舊독일 식민지와 독일령 뉴기니, 태평양의 1백여 개 섬들 및 메소포타미아, 그리고 팔레스타인이 대영제국에 합쳐져서 그 인구는 4억 5천만 명으로 증가하였으며 전 세계의 모든 인종과 종교를 포함하게 되었다. 학생들은 '대영제국에서는 해가 지지 않는다'고 배웠다.

인류학과 식민주의와의 정확한 관계에 대하여는 상당한 논란이 있다. 여러 면에서 20세기 초의 민족학이 당대의 일반적인 정치적·경제적 관심과 문제들에 의하여 형성되었다는 점은 부인할 수 없다. 조사연구를 지원하는 자금은 대개 정부 기관이나 경제적 기득권층으로부터 나왔다. 미국에서는 인류학이 인디언에 관심을 집중하였으나 영국의 인류학자들은 다른 무엇보다도 영국의 해외 영토의 주민들에게 주의를 기울였다. 스미스소니언 연구소Smithsonian Institute〔역주 영국의 화학자이며 광물학자인 제임스 스미스슨James Smithson(1765~1829)이 유증遺贈한 기금으로 1846년 미국 워싱턴에 창설된 국립시설로서, 지식의 증진과 보급을 목적으로 하며 국립박물관과 미술관도 포함되어 있다.〕 등 여러 기관들을 포함하여 미국인들은 급속히 변화하거나 심지어 사라져 가고 있는 원주민 사회들에 대하여 가능한 한 빨리, 가능한 한 많은 정보를 수집하기를 원하였다. 식민지 주민들을 책임지고 있는 영국인들은 통치라는 과제를 정복자인 자신들에게는 보다 용이하게, 그리고 피정복자인 원주민들에게는 보다 덜 억압적으로 만들기 위하여 원주민들의 사회적·정치적 조직들에 관한 정보를 축적하려고 노력하였다.

대영제국을 관리하는 책임을 진 영국의 각료는 런던에 본부를 두고 지시를 내렸으며, 그가 책임진 주민들에 대하여 직접적으로 경험한 바는 거의 없었다. 주민들과의 직접적인 접촉은 현지의 행정관료들이 담당하고 있었다. 그러나 원주민들과 수년씩 보내는 대부분의 식민지 현지 관리 District Officers들은 통치라는 현실적인 문제로 너무나 분주하였기 때문에 이론적 연구 및 비교연구를 할 만한 시간을 거의 갖지 못하였다. (아샨티 Ashanti족에 대하여 탁월한 연구를 수행하였던 래트레이R. S. Rattray는 특별한 예외이다.) 더욱이 그들은 조사연구에 필요한 훈련도 받지 않았으며, 대부분의 경우에는 훈련받을 의사도 없었다. 그들은 원주민의 복지에는 관심이 있었으나 일반적으로 원주민들은 부모의 지도를 필요로 하는 어린이와 같다고 간주하였다.

영국의 식민통치의 기초는 동의consent였다. 이들이 수많은 원주민들을 단지 힘으로 억압하려 했다면, 불가능할 정도로 엄청난 규모의 군대가 필요하였을 것이다. 영국인들은 어느 곳에서든 가능한 한 지방 추장의 위세를 높여 주었으며, 이들을 정부의 대리인으로 활용하기는 하였으나 사회를 **탈부족화**脫部族化, detribalize [역주 특히 아프리카 지역에 대하여 사용되는 용어로 사회변동 과정을 겪고 있는 아프리카인들이 새로운 도시생활과 국가형성이라는 맥락에서 부족의 정체성正體性, tribal identity을 상실한다는 의미. 그러나 부족tribe이라는 것 자체가 식민지 지배의 결과로 형성된 것이라는 견해가 강력히 대두되면서 탈부족화라는 개념은 그 유용성을 급격히 상실하였다.] 한다거나 서구화한다거나 혹은 민중을 행정 내지는 의사결정 과정에 참여시키려는 노력은 하지 않았다.

인류학자들은 자신들의 조사연구가 일차적으로 정부를 위한 것이라고 간주하지는 않았지만, 때때로 민족지적 자료는 부족의 제도들, 특히 정치 및 사회조직에 관한 정보를 제공함으로써 결과적으로 영국 정부의 정책에 도움이 되었다. 그러나 20세기 초에는 인류학이라는 학문이 학문으로서의 인정과 지지를 얻을 수 있도록 일부 인류학자들은 식민지 관리들이 현지 피지배인들의 방식을 이해하는 데 인류학이 도움을 줄 수 있다는 등 그 유용성을 강조하기도 하였다. 예를 들어 영국왕립인류학회Royal Anthropological Institute는 군사적 간섭에 필요한 비용의 극히 일부만으로도 오해에 기인한 위기사태를 피할 수 있다는 것을 근거로 식민지 관료와 상인들을 위한 인류학 연수센터의 설립을 촉구하였다. 미국과 영국 양국에서 인류학자들은 훌륭한 민족지적 정보를 제공함으로써 정부관리들이 원주민들을 괴롭히거나 심지어는 파멸시킬 수도 있는 실책—대개 이런 실책의 대가는 엄청나게 비싸다.—을 범하는 일을 방지할 수 있다고 믿었다는 것이 정확한 표현일 것이다. 인류학은 종종 '착취의 전통'에 공헌한 '제국주의와 식민통치의 산물'이라고 비난받고 있으나 위와 같은 태도가 이를 증명하고 있는가는 각자의 관점에 따라 다를 것이다. 소위 제3세계의 상당히 많은 사람들이 인류학자란 현지조사에서 습득한 자료를 자신들의 연구대상이 되는 사람들을 위하여 사용하는 것이 아니라 학계에서 자신들의 개인적·직업적 지위를 상승시키기 위하여 사용하는 이기적인 조사연구자라고 인식하게 되면서 막연한 불신감을 갖게 되었다는 점은 명백하다. 어떤 미국 인디언 연구가(Deloria 1969)는 인류학자들이 인디언을 괴롭히는 정책과 프로그램에 대하여 책임이 있다고 비난한다. 그러나 인류학자들은 정부의 기본 정책이란 인류학자들이 현지조사를 시작하기 훨씬 전에 이미 수립된 것이며, 미국과 영국의 상당수 인류학자들은 자국 정부가 인류학자들에게 충고를 요청한 바도 없고, 설사 충고하였더라도 이를 전혀 받아들인 바가 없다는 점을 지적하면서 이에 대한 반론을 제기한 바 있다.

1. 인류학의 다양화

19세기가 채 막을 내리기도 전에 일부 인류학자들은 이미 단선적인 진화 도식에 반대하고 있었다. 미국과 영국에서는 소수의 전문가 집단들이 고전적인 사회진화론에 나타난 불충분한 점들과 폐해에 대하여 불만을 표시하였다. 대서양을 가운데 두고 영국과 미국 양쪽에서 진화론자들이 사용하였던 민족지적 자료에 대한 대대적인 반론이 등장하였다. 즉 이 자료들은 대개가 검증되지 않았으며, 자료에 의미를 부여해줄 사회·문화적 맥락에서 유리되었다는 것이다. 19세기의 이론가들은 지나치게 연역적이었으며, 고심하여 만들어낸 발전 도식은 너무도 빈약한 정보에 기초해 있었다. 또한 이들은 증명이 필요한 것들을 쉽게 단정하였으며, 이미 만들어진 범주에 사실들을 억지로 끼워 맞추었다. 따라서 이에 대한 비판자들은, 진화 도식에는 아무런 증거도 없고 과거의 재구성이 정확하다는 증거도 없으며 또한 고전적인 진화론자들이 자신들의 이론을 너무나도 광범하게 일반화하려는 경향이 있었으며, 그 판단이 자민족중심주의적이었다는 점을 지적하였다. 또한 비판자들은 동일한 상황에서도 인간마다 반응의 편차가 크기 때문에 인간의 심적 동일성이라는 개념은 명백한 오류라고 주장하였다. 마지막으로 문화는 발명되기도 하지만 차용되는 경우가 사실상 더욱 빈번해 보이기 때문에 진화단계설에서 전파는 도대체 어떠한 위치를 차지하고 있는가 하는 것도 문제였다. 진화론자들은 대체로 전파와 이주移住, migration 등의 과정들을 무시하였다.

20세기에 프레이저와 소수의 사람들이 진화론을 계속 지지하였던 반면, 진화론에 대하여 네 갈래의 일반적인 대응 이론이 전개되었는데, 이들은 다음과 같다. 첫째, 거의 전적으로 영국에 국한된 극단적인 전파론, 둘째, 오스트리아와 독일의 역사적 전파주의학파, 셋째, 미국의 역사주의학파, 넷째, 영국의 구조주의와 기능주의학파 등이다.

(1) 극단적인 전파주의

영국의[1] 극단적 전파주의자는 전문적인 인류학자들은 아니었다. 그 주요 인물은 오스트레일리아의 해부학자이며 저명한 외과의사인 그래프턴 스미스Grafton Elliot Smith(1871~1937)이다. 스미스는 미라를 해부학적으로 연구하기 위하여 방문한 이집트에서 고대 이집트의 문명과 기술에 깊은 감명을 받았다. 그는 문명이란 너무나도 독특한 여러 요소들의 결합으로서 1회를 초과하여 발명되었을 수는 없다고 결론을 내렸다. 이집트의 발전에 선행하였던 티그리스 강과 유프라테스 강 유역의 사회들에 관하여 알지 못했던 스미스는 이집트야말로 문명을 세계 각지로 퍼뜨린 글자 그대로 문명의 요람이었으며, 문명은 전파를 거듭함에 따라 점점 희석되었다고 추정하였다.

스미스에 따르면 문명을 움직이는 충동은 종교였으며, 사후세계의 관념과 미라를 만드는 관행은 인간이 단순한 생계 이상의 것을 추구하도록 만드는 결정적인 계기였다. 그는 관개농업, 태양숭배, 피라미드, 미라—이들 모두는 안데스 산맥과 중부 아메리카 등 신대륙의 사회에서도 발견될

---

1 'British'란 상당수의 사람들이 잘못 알고 있듯이 영국 본토(잉글랜드)만을 의미하는 것은 아니다. 이는 스코틀랜드와 웨일스는 물론 레이먼드 퍼스Raymond Firth 등의 뉴질랜드인과 맥스 글럭먼Max Gluckman 등의 남아프리카인도 포함한다. 그러나 영국 사회인류학Britsh Social Anthropology이라고 할 때에 여기에 캐나다 학자들은 포함되지 않는다. 캐나다 학자들은 미국 인류학 전통의 일부로 간주된다. (역주 일본어 번역판에서는 'British'를 'イギリス'(잉글리시)로, 'English'는 '英國の'로 번역하였는데 오히려 더 혼란스러울 것 같아 그냥 '영국의'로 번역해 두었다.)

수 있다. —의 복합체는 이집트에서 시작된 거대한 전파연쇄의 존재를 증명하는 것이라고 주장하였다. 스미스가 태양숭배와 대규모 석조 기념물들을 강조하였기 때문에 스미스학파에는 **태양중심적**heliocentric 혹은 **태양거석**heliolithic 등의 이름이 붙었는데, 학교 교장이자 『태양의 아이들*Children of the Sun*』(1923)의 저자인 윌리엄 페리William J. Perry도 이 학파였다. 페리의 저작은 널리 읽혔으며, 일반 대중의 지지를 받았다. 전문적인 인류학자들이 극단적인 전파론의 오류와 불충분성을 끊임없이 지적하였음에도 불구하고 이 이론들은 일반 대중의 주목을 끌었다.

W. H. R. 리버스W. H. R. Rivers는 진화주의적 입장에서 인류학적 연구를 시작하였으나 말년에 전파-이주론傳播-移住論, diffusionist-migrationist의 입장을 선언하였다. 일부에서는 리버스를 극단적인 전파주의자로 분류하지만 이는 매우 불공정하다. 왜냐하면 리버스의 이론적인 입장은 항상 현지조사와 적절히 조화를 이루었으며, 스미스나 페리처럼 성급한 결론을 도출해 내지도 않았다. 그러나 그는 멜라네시아의 문화를 주민의 이주 면에서 분석했으며, 스미스나 페리와 마찬가지로 문화의 요소들은 전파에 따라 희석 또는 열등화를 겪었다고 믿었다. 즉 오스트레일리아의 원주민들은 테크놀로지 면에서 퇴행을 겪은 사례라는 것이다. 오늘날 리버스의 명성은 그의 이주-전파주의적 역사 분석이 아니라 친족과 심리학적 연구를 통하여 지속되고 있다.

(2) 독일 · 오스트리아의 전파론: 문화권설文化圈說, Kulturkreislehre; Culture Circle Theory

전파의 이주인가 혹은 발명인가라는 문제에 관하여 스미스와 페리의 연구보다 훨씬 더 엄밀하고 학술적인 연구가 독일 · 오스트리아의 문화사학파

文化史學派, Kulturhistorische Schule 학자들에 의하여 수행되었다. 비록 이들 역시 인류는 기본적으로 발명 능력에 한계가 있으며, 고전적인 진화론이 전파와 이주를 너무나도 무시하였다고 생각하였지만 스미스와 페리가 범한 바와 같은 심한 오류와 억측의 제물이 되지는 않았다. 문화사학파의 이론가들은 비록 미국과 영국에서는 별 영향력을 미치지 못하였지만 상당히 훌륭한 이론들을 인류학에 제공해 주었다. 독일·오스트리아학파의 접근법은 **문화복합**文化複合, culture complex의 분석을 통해서 이루어졌는데, 이는 그 존재를 지리학적으로 확인하고 그 확산과 발전과정을 역사적으로 연구하는 것이었다. 따라서 이 접근법은 시간적·공간적 차원을 모두 아우르고 있었다.

인류지리학anthropogeography과 문화지리학의 창시자인 프리드리히 라첼 Friedrich Ratzel(1844~1904)은 사실 독일·오스트리아 인류학파에 속하지는 않았지만, 이주에 관한 연구 그리고 구주민舊住民들과 새로운 유입민의 환경에 대한 반응 차이에 관한 연구를 통하여 이 학파에 자극을 주었다. 라첼의 제자인 레오 프로베니우스Leo Frobenius(1873~1938), 프리츠 그레브너Fritz Gräbner(1877~1934), 빌헬름 슈미트Wilhelm Schmidt(1868~1954) 등은 독일·오스트리아 학파의 주요 인류학자들이다. 이들은 인간이 일반적으로 그렇게 창조적이지는 않다고 확신하였기 때문에 어떻게 전파와 이주를 증명할 것인가라는 문제에 골몰하였다. 드디어 형태규준形態規準, Formkriterium; criteria of form과 양적규준量的規準, Quantitätkriterium; criteria of quantity이라는 두 가지 중요한 검증 방법이 등장하였다. 형태규준이란, 문화적 산물artifact의 내재적인 속성에서 발생하지 않는 형태상의 유사성〔역주 예를 들어 활과 화살은 문화에 따라 그 기능이나 재료의 성질상(내재적 속성) 어느 정도 유사할 수밖에 없지만 활시위를 매는 방법이나 활을 쏠 때의 손가락의 위치와 같은 형태상의 유사성은 그렇지 않다.)은 이들이 지리적으로 서로 멀리 떨어진 지역에서 발견되었다 하더라도 서로 역사적인 연관성을 가지고 있다고 보아야 한다는 원리이다. 양적규준이란 둘 또는 그 이상의 문화 간에 복합적으로 커다란 유사성이 발견될 경우 혹은 많은 공통점이 나타날 경우, 이는 전파에 의한 것이라는 사실을 증명해 주는 근거가 된다는 것이었다. 이 두 가지 규준은 사회조직이나 종교와 같은 분야보다는 물질문화에 적용하기가 훨씬 용이하였으나 이 점은 그레브너에게 아무런 문제가 되지 않았다. 왜냐하면 그는 박물관에서 일하고 있었으며 일차적으로 물질문화를 연구하고 있었기 때문이다. 이 학파의 학자들이 전혀 해결하지 못하였던 문제는, 어느 정도의 복잡성이 존재하여야 독립적인 발명으로 인한 것이 아니라고 상정할 수 있는가라는 문제였다. 접촉을 증명하려면 무엇인가 증거가 될 만한 것이 있어야만 하였다. 로버트 로위 Robert Lowie (역주 로위는 비록 오스트리아 이민 출신이기는 하지만 독일·오스트리아학파가 아니라 미국의 보애스학파에 속한다.)는 예를 들어 칼라하리 사막Kalahari Desert에 있는 고딕식의 성당은 유럽인이 아프리카에 진출했다는 증거라고 주장하였다. 그러나 어떤 관념들은, 예를 들어 소용돌이 모양 혹은 나선 모양 등의 디자인은 사실상 보편적인 것처럼 보였으며, 이들이 서로 멀리 떨어진 지역들에서 발견된다는 사실은 아무것도 증명해 주지 못하였다.

슈미트는 그레브너와 프로베니우스가 채택한 발전 도식을 최종적으로 완성하였다. 이들은 소수의 고유한 문화들이 그 발생 지점으로부터 마치 물에 파문이 일듯이 시간적으로 또한 공간적으로 퍼져 나와서 세계의 모든 문화들을 산출하게 되었다고 추정하였다. 문화 성장의 파문 효과에 대하여 이들은 문화권文化圈, Kulturkreis이라는 이름을 부여하였으며, 이것이야말로 독일·오스트리아학파들을 널리 알려지게 만든 이름, 즉 문화권학파文化圈學派, Kulturkreisschule라는 이름의 유래가 되었다. 이러한 문화권文化圈, Kreis; circle의 개념은 단지 전파와 이주뿐만 아니라 시간적 발전도 의미하였기 때문에(각각의 고유한 문화는 발전단계를 거쳤다), 이들은 비록 고전적인 진화주의에는 반대하였음에도 불구하고 진화주의적이라고 인식되는 도식을 만들어 내었다.

2. 미국에서의 문화인류학의 등장

비록 모건은 인류학이라는 학문 내에서 공인받은 기념비적인 사상가였으나 미국에서의 전문적인 인류학은 프란츠 보애스Franz Boas라는 또 다른 인물의 후원하에 발전하였다. 그는 탁월한 식견과 대단한 카리스마를 가진 학자였으므로 많은 제자들이 그를 '파파 프란츠'라고 불렀다.

(1) 프란츠 보애스Franz Boas(1858~1942)
독일에서 태어나고 교육을 받은 보애스는 바닷물의 색깔에 관한 학위 논문을 작성하여 킬Kiel 대학에서 자연지리학으로 박사 학위를 받았다. 캐나다 북부에서 지리학적 연구를 수행하는 동안 보애스는 중앙 에스키모족과 함께 생활하였는데, 북극의 혹독한 기후에 대한 이들의 탁월한 적응 양식에 매료된 보애스는 지리학에서 인류학 연구로 방향을 바꾸게 되었다. 보애스는 19세기의 고전적인 진화론자들의 저술을 읽었으나, 자연과학적 배경을 가진 그는 진화론자들이 시도한 엄청난 일반화의 기반이 된 민족지적 자료가 빈약하다는 사실을 곧 깨닫게 되었다. 보애스는 진화라는 관념을 받아들이는 것 자체를 거부하지는 않았다. 오히려 그는 생물학적 진화는 과학적으로 증명되었다고 생각하고 있었다. 그러나 보애스는 문화진화론자들이 부지불식간에 범했던 것으로 보이는 오류—이들 대부분은 당시에는 과학적 타당성을 지녔다고 여겨졌다.—를 반대하였다. 이제 진화론은 진부한 접근방법으로 간주되었다. 진화론을 지나치게 좁게 적용할 경우 예술이 구상적具象的인 것에서 양식화를 거쳐 추상적인 것으로 진화하였다는 주장이 가능하며, 또 지나치게 넓게 적용할 경우 인류 역사에 관하여 무분별하게 일반화된 도식을 수립할 수 있었다.

보애스는 인류학이 새로운 설명틀을 필요로 한다고 느꼈으며, 보다 훌륭하고 완전한 정보가 입수될 때까지 모든 광범한 이론화 작업을 회피하였다. 교편을 잡은 초기에 그는 학생들에게 가능한 한 많은 민족지적 자료를 수집하도록 권장하였다. 총체적인 복원이야말로 그의 목표였다. 또한 그러한 자료가 충분히 입수되어 이론들이 자연스럽게 등장(보애스의 생각에는)하기 전까지는 보편화와 비교를 피하도록 권장하였다. 그는 논란의 여지가 없는 사실들을 바탕으로 인간의 행동을 궁극적으로 일반화할 수 있기를 희망하였다. 그러나 말년에 이르러 그는 의미 있는 일반화란 전혀 불가능할지도 모른다는 서글픈 결론에 도달하게 되었다. 인간의 행동에는 개인의 심리라든지 독특한 역사적 사건의 결과인 너무나 많은 변수들이 존재하기 때문이었다.

보애스가 학생들에게 강조한 것들 중에는 모든 자료를 축적할 것, 훗날 미국 인류학의 특징이 된 총체적 접근방법holistic approach을 택할 것, 문화양식의 폭넓은 다양성과 다원성 및 변이를 강조할 것 등이 포함되어 있었다. 진화론자들이 유사성을 추구한 반면 보애스는 다양성을 추구했으며, 어떤 비판자들은 보애스가 세부 사실에 집착한 나머지 전체상을 보지 못했다고—즉, 나무만 열심히 본 나머지 숲은 보지 못했다고—비판하였다.

보애스는 진화론자를 비판함에 있어 역사를 무시하지는 않았다. 사실 보애스는 각 사회는 오직 각각의 과거를 조명함으로써만 이해될 수 있다고 믿었기 때문에 각 사회마다의 구체적이고도 고유한 역사에 초점을 맞추었다. 보애스의 생각에 각 문화는 고유한 역사적 사건과 상황의 독특한 산물이었다. 보애스의 역사적 접근방법은 문화란 인과관계나 문화적 차이에 대한 일반화가 불가능할 정도로 너무도 많은 조합과 순열을 가진 역사적인 우연의 결과라고 인식하였다. 이러한 입장 때문에 **역사적 특수주의** historical particularism라는 용어가 종종 보애스와 그의 제자들에 대하여 사용된다. 그는 문화적 사실은 선행하는 역사적 사건으로 가장 잘 설명될 수 있다고 믿었으며, **근사현상**近似現象, convergence〔역주 출발이나 근원은 다르나 점차 서로 유사해지는 현상. '수렴收斂'이라고도 번역된다.〕—서로 상이한 사건들의 결과로 유사한 문화적 형태가 비롯됨—을 예로 들어 일반적인 인과적 설명이 불가능하지는 않더라도 매우 어렵다는 사실이 증명된다고 주장하였다. 보애스는 시간적인 깊이〔역주 역사에 대한 탐구〕를 구체적인 사회들에 국한시키기를 원하였으며, 문화적 진화가 모든 사회들에 적용 가능한 고정된 발전단계를 거쳐서 이루어졌다는 가정에 반대하였다. 보애스의 초점은 보편적 문화universal culture가 아니라 개개의 문화cultures에 있었으며, 고전적 진화론자들에 대한 보애스의 반론은 이들이 역사적 재구성을 시도하였다는 사실 자체가 아니라 너무도 불충분한 자료를 근거로, 게다가 비교방법—현존하는 부족민들을 선사시대의 주민이라는 범주에 집어넣는—을 사용하여 역사적 재구성을 시도하였다는 것이었다. 보애스는 현존하는 부족민들 역시 문명화된 민족들과 마찬가지로 기나긴 역사를 가졌으며, 그들의 삶의 방식 역시 그 나름대로의 일관성과 정당성을 가지고 있다고 주장하였다.

　보애스의 지적인 배경을 이룬 사람들은 독일의 아돌프 바스티안Adolf Bastian, 알렉산더 폰 훔볼트Alexander von Homboldt와 병리학자인 루돌프 피르호Rudolf Virchow, 그리고 전파주의 및 이주와 고립의 영향에 근거한 사회형태론을 주장한 지리학자 라첼 등이었다. 더욱이 보애스가 '원주민들이 보는 대로 사물을 본다'는 식으로 문화를 이해하는 데 있어 내적인 관점을 강조한 것이라든가 역사적 특수주의적 접근법을 취한 것은, 사회과학 연구에 있어 정신주의적 역사적 접근법mentalist-historical approach을 택한 철학자 빌헬름 딜타이Wilhelm Dilthey의 영향 때문으로 보인다.

　보애스의 영향하에서 미국의 인류학은 개별 사회들에 대한 역사적 연구 외에도 몇 가지 특징을 발전시켰다. 보애스는 폭넓은 관심을 가진 학자였으며, 인류학의 전 범위에 걸친 연구를 권장하였다. 그는 북서해안의 인디언들에 대한 폭넓은 민족지 외에도 언어학, 형질인류학, 고고학 등에 이르기까지 일부를 가르치기도 하고 연구하기도 하였다. 그는 이러한 폭넓은 관심을 그의 학생들, 특히 가장 초기의 학생들이 지니도록 계발시켰다.

　보애스는 타일러의 문화 개념이 유용할 뿐만 아니라 광범하게 적용될 수 있는 도구임을 발견하였으며, 그의 제자들과 함께 문화라는 개념의 사용을 일반화한 결과 미국의 민족학과 민족지는 **문화인류학**cultural anthropology이라고 불리게 되었다. 보애스는 인간 행위에 관한 그 어떤 생물학적 발상, 인종적 설명, 혹은 환경론적 설명도 철저하게 배격하였다. 보애스와 그의 추종자들은 개인이란 문화적 요인들에 의하여 형성된다고 보았으며, 따라서 성인이란 그의 문화화文化化, enculturation 과정의 산물이라고 보았다. 따라서 이들은 흔히 문화결정론자cultural determinists로 간주된다.

　보애스학파의 학자들은 **문화**culture를 인류학의 주요한 학문적 통합개념이라 불렀으며, 그 중요성을 수학에서의 영零의 개념에 비유하였다. 따라서 그 의미에 관하여 전문가들 간에도 상당한 견해차가 있었음은 놀라운 일이 아닐 수 없다. 어떤 인류학자가 설파한 바와 같이 이는 마치 '포유류'의 정의에 대하여 포유류 학자들이 합의에 도달하지 못한 것과 마찬가지이다. 문화라는 개념에 관한 정의와 그 표현의 다양함에 흥미가 있는 사람들은 크로버와 클럭혼의 저작(Kroeber and Kluckhohn 1952)을 참고하여야 하는데 여기에 몇 가지 예를 들어 보겠다.

- 인간의 신체 외적인 적응 수단
- 법률, 신앙 및 기타 비물질적인 측면을 포함하는 환경의 인공부분
- 지식, 신앙, 예술, 도덕, 법률, 관습, 그리고 사회의 구성원으로서 인간이 획득한 다른 모든 능력과 습관
- 관습화된 이해의 조직
- 타고난 본능적인 행위와 대비되는 의미에서의 학습된 행위, 그리고 그러한 학습된 행위의 산물
- 공유된 관념과 사회적으로 유전된 관습과 믿음의 집합체

문화에 대한 정의는 크게 **실체론적 접근**과 **관념론적 접근**이라는 두 범주로 나뉜다. 실체론적 접근이란 관찰된 징후, 행위, 그리고 행위의 산물을 통하여 문화를 연구하는 것이다. 관념론적 접근이란 문화를 보유한 사람의 사회적 가치와 규범에 대한 관념을 연구자가 해석을 통하여 인식하는 것이다. 요는 실체론자의 정의에 따르면 문화는 관찰 가능한 것이며, 관념론자에 따르면 이는 추측될 수 있을 뿐이다.

문화는 실재하는 것인가, 혹은 현실로부터의 추상에 불과한 것인가?

즉, 문화는 현실적으로 존재하는가, 혹은 단지 관념 속에서만 존재하는가? 인류학자가 현지조사를 통해서 민족지를 작성할 때 그 인류학자가 문화를 어떻게 정의하는가에 따라서 현지조사나 이로부터 얻어진 자료의 해석에 차이가 나게 마련이다. 관념론자에게 문화란 문화적 산물에 대한, 또는 문화적 산물에 포함된 관념이지 문화적 산물 그 자체는 아니다. 문화란 올바른 행위를 위한 설계도이며 정신적인 규칙이다. 관념론자의 정의에 따르면 문화란 관찰로써가 아니라 단지 추측으로써만 알 수 있기 때문에 이를 증명한다는 것은 사실상 불가능하다고 주장할 수 있다. 다른 한편으로 관찰된 패턴이란 언제나 관찰자 자신의 문화에 의해서 형성된 지각을 통하여 걸러진 채로 인식되므로 항상 왜곡되는 것이라고도 할 수 있다. 문화에 대한 이러한 두 가지 견해는 이 두 접근법을 구별하려는 시도가 행해진 1960년대에야 비로소 논쟁거리가 되었다.

보애스 지도하의 미국의 인류학은 선사학, 형질인류학, 특정한 문화의 완벽한 망라를 목적으로 한 집중적인 연구를 주요 내용으로 하는 총체적인 접근으로 특징지을 수 있다. 그리하여 이러한 접근은 개별 문화들의 역사에 관하여 합리적으로 재구성될 수 있는 것들뿐만 아니라 사회조직, 예술, 종교, 민속, 그리고 문화의 다른 부분에 대한 완벽한 기술을 포함하는 것이 되었다. 보애스는 필요한 정보를 얻기 위하여 주민들과 같이 살면서 상호작용하는 가운데 장기적이며 집중적인 현지조사를 실시할 것을 강조하였으며, 학생들에게 문화 내부의 모습을 이해하기 위하여 현지어를 더욱 열심히 배울 것을 촉구하였다.

문화상대주의文化相對主義, cultural relativism, 즉 모든 가치들은 상대적이며 보편적인 기준이란 존재하지 않는다는 입장은 미국 인류학에 보애스가 남긴 또 하나의 전통이다. 보애스는 문화를 염두에 두지 않고 다른 사회들을 서로 비교할 수 있는 객관적 기준이란 존재하지 않으며, 따라서 그 누구도 한 사회가 다른 사회보다 더 발전했다거나 혹은 우월하다고 할 수 없다고 주장하였다. 선과 악, 우와 열, 이러한 것들은 모두가 하나의 문화 내에서만 의미가 있으며, 그 문화를 뛰어넘어 통문화적通文化的으로는 사용될 수 없는 것이었다. 또한 문화상대주의는 사람들은 다른 전통에서 성장한 사람들에게 어떻게 보이든지 간에 자신들이 성장한 삶의 방식을 좋아하며 또한 이를 지속시키고 싶어 한다는 사실을 강조하였다.

20세기 중반에 이르러 일부 보애스학파의 사람들은 극단적인 문화상대주의의 입장을 취하게 되었는데, 이들은 '미개primitive'라는 용어 자체가 경멸의 뜻을 가지고 있다고 보았기 때문에 사용하지 말 것을 주장하였다. 예를 들어 이들은 미개 대신에 '무문자無文字, nonliterate', 즉 문자를 갖지 않은 사람들이라는 용어를 사용할 것을 주장하였다. 일부 사람들은 문자 이전preliterate이라는 용어조차도 받아들일 수 없었는데, 그 이유는 이것이 보다 높은 단계로 나아가야 할 열등한 단계를 의미하며, 또한 고전적 진화론자들이 주장했던 단계설의 부활이라고 보았기 때문이었다. 어떤 의미에서 보애스 후대의 제자들은 보애스보다도 문화적 상대주의라는 면에서 더 엄격한 입장을 취하였으며, 1960년대에 들어서자 문화상대주의에 대한 반동反動이 등장하였다. 많은 사람들은 문화상대주의라는 강령을 인류학자들이 제3세계 혹은 신생국가의 상황을 변화시키는 책임을 방기하자는 입장으로 인식하였다. (이 점에 대하여는 후술하겠다.)

보애스는 생전에도 또 그 사후에도 이루 말할 수 없이 큰 영향을 미쳤다. 그는 미국 인류학에 고유한 특징을 심어 주었으며, 20세기 상반기 동안 미국 민족학의 모든 주요 인물들은 그의 제자이거나 그의 제자의 제자였다. 거의 예외 없이 그들은 보애스를 높이 평가하였으며, 보애스를 비난하는 사람들 사이에서 그를 옹호하였다. 그가 강조한 엄격한 현지조사와 정확한 자료수집은 인류학에 절실히 필요한 것이었으며, 보애스가 지리학자로 남았더라면 미국의 인류학은 그 내용과 접근법이 전혀 달랐을 것이다. 그럼에도 불구하고 보애스에 대한 반동이 피치 못하게 일어나고 그에 대한 여러 가지 비판이 제기되었는데, 이들의 주장을 간단히 요약하면 다음과 같다. 즉 보애스는 연구에서 분석이라는 차원을 결여하였으며, 단지 현지인이라는 차원folk level만이 있었을 뿐으로, 사회과학적 설명이라는 면에서 더 이상의 발전이 없이 정체되었다. 보애스의 인류학은 일반화를 거부하였기 때문에 결국 비생산적인 '문화특질 리스트trait list의 인류학〔역주 특정한 문화특질들이 특정한 문화에 존재하는가, 존재한다면 그 양상은 어떠한가 등을 파악하고 그 역사적 관계를 추적하는 데 중점을 두었을 뿐, 문화 내에서 여러 문화특질들 간의 기능적 통합관계나 그 근본적인 조직원리에 대하여는 침묵하는 연구경향. 이에 대한 반성으로 '형태론적 접근(후술)'이 등장하였다.〕이 되고 말았다. 또한 보애스는 특수주의라는 족쇄로써 그의 가장 유능한 제자들을 속박하였다.〔역주 문화는 그 자체로서 이해되어야 하며, 빈약한 자료를 기반으로 한 억측과 성급한 일반화의 위험을 피하기 위하여 충실히 자료를 모은다는 것이 결과적으로는 비교와 일반화를 전적으로 배제하게 됨에 따라 아무런 이론적 발전도 이룩하지 못하게 되었다는 의미이다.〕

(2) 클라크 위슬러Clark Wissler(1870~1947)

미국 인류학의 중요한 업적 중 하나는 **문화영역**culture area이라는 개념을 성립한 것이다. 미 대륙을 횡단하는 정착민들의 지역적인 적응양식을 기술하기 위하여 오티스 메이슨Otis T. Mason을 비롯한 일부 미국 역사학자들이 이 개념을 사용한 바 있으나, 문화영역은 통상 보애스의 동료였던 위슬러의 개념으로 여겨지고 있는데, 그가 이 기본 개념을 크게 확장시키고 정교화하였기 때문이다. 위슬러와 보애스는 미국 자연사박물관The American Museum of Natural History과 시카고 필드 박물관The Chicago Field Museum에서 북미 인디언 전시를 할 때 자문을 하였다. 진화단계론 혹은 3시대 구분Three Age classification을 반대했던 이들은 유럽의 여러 박물관에서 성행하던 '비교문화유물comparative artifacts'이라는 전시 기법을 거부하였다. 이들은 인디언 수집품을 어족語族에 따라 구분하는 것도 원하지 않았기 때문에 이 문화유물들을 지역에 따라 분류하여 전시하기로 결심하였다.

위슬러는 통상 인접한 문화들 간의 유사성을 지적하고 이러한 유사한 문화들이 나타나는 지역을 **문화영역**文化領域, culture area이라고 불렀다. 그는 유사성의 원인에 대하여 한정된 지역 내에서의 전파라는 역사적 사실과 한 지역에 공통적인 기본적 생계조건을 제시한 것 이외에는 더 이상의 설명을 시도하지 않았다. 그가 최초로 제시한 북미 문화영역의 도식은 들소, 옥수수, 순록, 연어, 야생열매, 그리고 집약적 농경지역 등으로 나뉜 식량지역에 기초를 두고 있었다. 위슬러는 문화영역이라는 개념을 박물관 전시에 적용할 뿐만 아니라 이 개념을 사용하여 인디언 문화에 대한 자신의 저서를 구성하였으며, 얼마 안 가서 생계에 근거한 분류로부터 한 걸음 더 나아가 일반적인 문화특질의 분류를 시도하게 되었다. 물질적인 요소들은 지도에 표시하기에 용이하였으나 종교, 사회조직, 기타 등은 종종 그 물질적인 측면들과 완벽하게 일치하지 않는 것처럼 보였다. 그럼에도 불구하고 일반적으로는 상당한 부분이 일치하였으므로 인류학자들은 문화영역이라는 개념을 나중에 세계의 다른 대륙들과 도서島嶼 지역에도 적용하게 되었다.

또한 위슬러는 **문화중심**culture center이라고 부른 것을 표시하였는데, 이는 지역 전체 중에서도 전형적인 문화요소들이 가장 많이 집중된 지역을 의미한다. 그는 자신의 **연대-지역가설**年代-地域假說, age-area hypothesis에 따라 시간이라는 차원을 도입하였다. 즉 오래된 요소들일수록 더욱 널리 분포해 있으며, 문화의 기원 지점은 특질이 가장 많이 집중된 지역이라는 것이다. 후자는 고고학에서 상대적인 연대측정 방법으로 어느 정도 받아들여졌다. 많은 학자와 학생들이 문화요소들의 분포를 지도에 표시하는 다양한 작업들을 시도하였다. 그중 잘 알려진 것이 레슬리 스파이어Leslie Spier가 표시한 대평원 인디언의 태양춤Sun Dance of the Plains Indians이라는 요소의 분포를 나타낸 작업이다. 이러한 종류의 연구는 대부분 별로 생산적이지 못한 것으로서 단지 요소들의 목록과 분포 지도만을 만들어 내는 비생산적이며 비설명적인 접근방법이라는 비판을 받았다. 그러나 문화영역이라는 개념은 제한된 범위 내에서의 일반화 및 전파의 정도를 표시하는 데 유용하다. 다만 설명 모델로서는 상당히 부족한데, 왜냐하면 '적응으로서의 문화'라는 개념은 20세기 중반에 들어와서야 등장하였기 때문이다. 초기 보애스학파의 학자들이 사용한 문화영역이라는 개념은 순수하게 기술적記述的인 도구였다.

위슬러는 문화의 보편성을 명확히 하려고 시도하였는데, 보편성이란 모든 문화들이 보유한 일련의 문화요소들을 말한다. 어떤 의미에서 위슬러는 단지 보다 포괄적인 문화의 목록을 만들고 있었다. 다른 의미에서 그는 문화라고 하는 다소 형태가 불분명한 집합체에 질서를 부여하고 이를 분류하려고 시도했다고 하겠다. 그가 모든 문화에 공통된 범주라고 주장한 것은 언어, 물질문화, 예술, 신화 및 과학, 종교, 가족 및 사회조직, 재산, 정부, 그리고 전쟁으로서 이 아홉 범주야말로 그가 보편적인 문화패턴이라고 부른 것들이었다. 이 목록에서 누락된 '경제적 교환'은 초기 보애스학파의 학자들이 일반적으로 무시하던 문화요소였다. (위슬러는 생산을 물질문화 항목에 포함시켰다.)

(3) 앨프리드 크로버 Alfred L. Kroeber(1876~1960)

보애스의 뒤를 이어 미국 인류학의 지도자가 된 사람은 앨프리드 크로버로서 그는 보애스의 지도하에 컬럼비아 대학에서 박사 학위를 받은 최초의 학생이었다. 학위를 마친 후 그는 캘리포니아로 이주하여 캘리포니아 대학의 교수로 취임하였고 미국에서 가장 훌륭한 인류학과 중 하나를 만들었다.

크로버는 친족이론, 고고학, 언어학, 문화인류학 등을 가르치고 연구하였던 다방면에 재능이 있는 인류학자였다. 민족지 분야에서 그의 커다란 업적은 캘리포니아의 인디언에 관한 상세한 연구였다. 크로버는 문화의 법칙성(역주 regularity는 '규칙성'이라고도 번역됨)을 탐구하였기 때문에 보애스학파의 전통에서 어느 정도 이탈하게 되었다. 크로버는 정치적 열강들의 흥망성쇠뿐만 아니라 예술과 철학 분야에서의 역사적인 사이클 등 널리 분포한 일정한 패턴 혹은 문화적 사건들에 대한 관찰에 대하여 어떤 인과적 설명을 할 수 있게 되기를 희망하였다.

1917년에 크로버는 「초유기체超有機體, The Superorganic」라는 논문을 발표하였는데, 여기에서 그는 초유기체설의 입장에서 연구를 진행할 것을 주장하였으나 당대의 보애스학파 학자들은 대부분 이를 별로 달가워하지 않았다. 크로버는 여성복 패션의 변천을 연구하였으며, 여기에서 도저히 개인적 결정의 결과라고는 볼 수 없는 규칙성이 발견된다는 결론을 내렸다. 이러한 크로버의 입장은 사회적 설명이 개인적 심리로는 환원될 수 없다는 뒤르켐의 입장과 매우 유사하였다. 크로버는 문화의 변동이나 다른 현상들을 이해하는 데 있어 개인들이란 중요하지 않으며, 문화란 오직 상호 작용하는 패턴과 역사적 사건들이라는 면에서만 이해될 수 있다고 주장하였다. 즉 패턴들과 형태形態, configuration [역주 configuration은 일부에서는 통합統合이라고도 번역하는데 이 경우 integration과 혼동될 우려가 있다. 결합형태, 형상形象이라고도 번역한다.]들이 사실상 개인들을 통제하는 것이다. 그는 문화가 천재나 위인을 만들지 천재나 위인이 문화를 만들지는 않는다고 주장하였다. 또한 발명가란 단지 자신들이 속한 문화가 허용하는 것들만을 발명할 수 있을 뿐이라고 주장하였다. 예를 들어 바흐 같은 위대한 음악가라 하더라도 부족사회에서 태어났다면 단 한 편의 소나타도 작곡하지 못하였을 것이다.

크로버는 동시적이며 독립적인 발명들이 빈번히 발생하였다는 사실로써 개인을 초월하는 문화의 힘이 존재한다는 것을 증명할 수 있다고 주장하였다. 상당수의 보애스학파 사람들은 크로버가 문화를 물상화物象化, reification한다고—즉 문화를 의지를 가진 사물처럼 간주한다고—비판하였다. 크로버는 자신의 초유기체적 입장을 굳건히 견지하였으나 1948년에 이르러서 그 입장을 약간 수정하여 "문화란 **일차적으로는** 그 자체로서 이해될 수 있지만 **그 자체로서만** 이해될 수 있는 것은 아니다"라는 결론을 내렸다고 말하였다.

또한 크로버는 **형태론자**形態論者, configurationist였다. 문화라는 개념은 너무나 다루기 힘들며 포괄적이라고 생각한 크로버는 자료나 문화를 그 기본적인 패턴에 따라 정리하고 분류할 수 있는 수단을 발견하려고 노력하였다. 형태론의 바탕에 깔려 있는 사고에 따르면 각 사회는 스스로를 다른 사회들과 다르게 만드는 일련의 특징을 가지고 있다. 크로버는 그러한 형태는 스타일 혹은 어떤 문화 내에서 뚜렷하고도 독특한 특성이나 오래 지속되고 있는 특성을 고찰함으로써 알아낼 수 있다고 주장하였다. 이는 문화를 정의하거나 또는 그 정체를 규명하는 것을 목표로 하는 유형학類型學을 창조하려는 시도였다.

크로버는 환경적인 조건들과 토착 미국 문화들 간에 상관관계가 존재함을 지적함으로써 문화영역이라는 개념에 새로운 차원을 추가하였다. 『토착 북아메리카의 문화영역 및 자연영역 Cultural and Natural area of Native North America』(1939)이라는 상세한 연구에서 그는 식물학적, 자연지리학적, 기상학적 및 문화적 영역들을 지도에 표시하였으며, 이는 훗날 상당수 그의 제자들이 발전시킬 문화생태학적 연구를 촉진하였다.

(4) 로버트 로위 Robert H. Lowie(1883~1957)

보애스의 초기 제자 중 한 사람인 로위는 미국의 인디언, 특히 대평원 인디언 Indians of the Plains의 민족지적 연구에 공헌하였다. 이론적 측면에서 그는 진화주의를 비판하였으며, 모건의 저서인 『고대사회』에 대한 반론으로 『미개사회 Primitive Society』(1923)를 저술하였다. 진화주의자들에 대한 20세기의 전형적 반동인 이 책에서 로위는 독립적인 평행진화 parallel evolution의 타당성을 부인하였으며, 동시에 그는 씨족氏族, clan〔역주 clan은 모건의 경우 모계친족 집단을 의미하였으며(부계친족 집단은 gens라 함) 인류학의 초기에는 matriclan과 patriclan이라는 용어도 사용하였다. 영국 사회인류학에서는 단계출계집단單系出系集團으로서 공동의 조상을 가졌다고 믿고 있으나 서로 간의 계보관계를 정확히 추적할 수 없는 경우에 clan이라는 용어를 사용한다(계보관계를 기억 등으로 추적할 수 있으면 lineage). 한편 머독 George Murdock은 이러한 경우 clan 대신 'sib'이라는 용어를 사용하였다. clan은 본래 양계출계적兩系出系的인 친척親戚, bilineal kindred(친속親屬이라고도 번역함)을 의미하는 스코틀랜드 고지대의 게일Gael인의 'clann'에서 비롯된 단어이다.)의 발전 혹은 진화에 대하여 매우 훌륭한 일련의 논의를 제시하였다. (물론 그는 진화evolution라는 어휘는 사용하지 않았다.) 로위는 씨족이 재산에 대한 권리의 이전과 경제활동에서의 협력 등의 기능을 한다고 지적하였다. 연대-지역가설을 기초로 하여 로위는 핵가족이 폭넓게 분포해 있다는 사실은 모건이 주장한 바와 같이 핵가족이 씨족보다 후에 나타난 것이 아니라 오히려 더욱 오래된 제도라는 점을 증명한다고 주장하였다. 바꾸어 말하면 로위는 사회조직의 발전과정에 규칙성이 있음을 보여준 것이다. 당대의 다른 보애스학파의 학자들과 마찬가지로 로위는 그 이상의 인과관계를 더 이상 추구하지 않고 오히려 보다 기술적記述的인 연구논문들을 작성하면서 이론화 작업에 앞서 더욱 많은 민족지 자료가 수집될 것을 기대하였다.

『미개사회』에서 로위는 문명civilization이란 '누더기로 이루어진 것a thing of shreds and patches', '무계획적인 뒤죽박죽a planless hodgepodge'이라고 언급하였는데, 이러한 표현은 일견 그가 문화 내에서 아무런 통합이나 혹은 지속적인 패턴화를 인식하지 않았음을 의미하는 것처럼 보인다. 그러나 사실 이것은 『미개사회』의 출판 이후 로위를 따라다니며 그를 오랫동안 괴롭힌 오해이다. 로위는 단지 문명이란 수없이 다양한 원천들로부터 나온 수많은 요소들의 최종산물이라는 점을 강조했을 뿐이다. 초기의 보애스학파는 연구를 진행할 때 일반화에 대하여 엄격히 제한적인 태도를 취하였기 때문에 로위는 비록 전적으로는 아니더라도 우선적으로 역사에서, 즉 특정한 문화에 선행한 사건들에서 원인을 찾는 설명을 모색하게 되었다. 그는 각 문화는 독특하며 또한 역사적 우연의 산물이라는 보애스학파의 주장에 감염되어 있었다.

로위는 초기 보애스학파의 정화精華로 볼 수 있다. 그는 인류학을 객관적이며 과학적인 학문으로 만들기를 희망하였으나, 한편으로 문화에 대한 설명이란 오직 선행하는 독특한 사건들을 통해서만 가능하다고 굳게 믿고 있었다. 그는 진화주의자들이 이론화 작업의 전제가 되는 엄밀한 자료수집을 등한시했으며, 문화적 유사성을 만들어 내는 데 있어 전파와 수렴의 중요성을 간과하였기 때문에 실패하였다고 생각하였다. 비록 로위는 문화 요소들은 상호 연관되어 있다고 인식하였으나 ('누더기'라는 그의 언급에도 불구하고) 그는 이러한 관계를 역사적 사건들의 결과로 보았다. 그는 기존의 관계들을 기술하는 작업과 이러한 관계를 성립시키는 원인을 규명하는 작업을 엄격히 구분하였으며 민족지적 현지조사를 강력히 주장하였다. 현지조사는 필수적인 자료들을 발견해낼 뿐만 아니라 과거의 그릇된 이론 구성과 해석을 교정해 주기 때문이었다. 모건의 연구가 지닌 오류를 발견하게 해준 것은 미국 인디언에 대한 로위 자신의 현지조사였다.

(5) 기타 초기 보애스학파의 학자들

지면 관계상 보애스의 초기 제자들을 더 상세히 논의하기는 불가능하지만 성급한 이론화를 피한다는 전제하에서 제약 속에 이루어진 이들의 공헌은 거의 전적으로 민족지적 자료의 수집이었다. 그 주요 인물은 다음과 같다. 레슬리 스파이어Leslie Spier, A. A. 골든와이저A. A. Goldenweiser, 존 스완턴 John Swanton, 폴 라딘Paul Radin, 엘시 파슨스Elsie Clews Parsons, 루스 번젤 Ruth Bunzel 등이다. 보애스학파 중 이론적으로 분화해 나간 루스 베네딕트 Ruth Benedict, 에드워드 사피어Edward Sapir, 멜빌 허스코비츠Melville Hersko-vits, 마거릿 미드Margaret Mead 등에 대해서는 뒤에 언급하겠다.

3. 영국 사회인류학의 발전

미국의 인류학은 프란츠 보애스 한 사람의 지도하에 발전하였다. 영국에서는 브로니슬라프 말리노프스키와 앨프리드 래드클리프브라운이라는 두 사람이 인류학이 형성되는 데 주된 역할을 하였다. 이들은 서로 잘 알고 있던 동시대 사람들이었으나 동일한 시기에 영국에서 같이 활동하지는 않았다. 그 결과 이 두 사람 간에는 치열한 대면적인 경쟁이 거의 없었으며, 20세기 초의 탁월한 젊은 영국 인류학자의 상당수는 이 두 사람의 공통된 제자였다. 이들은 또한 모두 1930년대에 미국에서 교단에 선 바 있다. 말리노프스키는 예일 대학에서, 래드클리프브라운은 시카고 대학에서 가르쳤는데, 이들은 미국의 학생들에게도 상당한 영향력을 행사하였다.

(1) 브로니슬라프 말리노프스키 Bronislaw Malinowski(1884~1942)

말리노프스키는 폴란드의 크라쿠프 Kraków에서 태어났으며, 보애스와 마찬가지로 자연과학을 공부하다가 인류학으로 전환하였다. 그는 폴란드의 대학에서 수학과 물리학으로 박사 학위를 받았다. 학위를 끝마쳤을 무렵에 프레이저의 『황금가지』를 읽고 인류학에 너무나 흥미를 느낀 나머지 자연과학을 포기하고 대학원에서 인류학을 연구하기 위하여 영국으로 떠났다. 그는 런던 정경대학 London School of Economics에서 인류학으로 박사 학위 D. Sc. (역주 Doctor of Science)를 취득하였다. 그 후에 민족지 연구를 하러 트로브리안드 섬 Trobriand Islands에 갔으며, 그곳에서 제1차 세계대전을 겪게 되었다.

말리노프스키는 트로브리안드 섬에 체재하는 동안에 현지조사 방법론을 고도의 전문적인 수준으로 발전시켰다. 보애스 역시 현지조사의 중요성을 인식하였고 제자들에게 장기간에 걸친 민족지적 경험을 쌓도록 권장하였지만 참여관찰participant observation이 인류학 연구의 중심개념이 된 것은 사실상 말리노프스키의 덕택이다. 그는 다른 사회를 이해하려면 그 사회의 삶의 방식에 몰입해야만 하며, 적합하고 가능한 것에는 무엇이든지 참여하고 또한 사회 구성원들의 상호작용과 행동을 면밀히 관찰해야 한다고 믿었다. 현지민 언어의 사용은 필수적이며, 현지 체재 기간은 활동의 계절적 변이를 전부 경험할 수 있을 정도로 장기간이어야 하는데, 최소한 1년 동안 체재하는 것이 이상적이었다. 말리노프스키는 트로브리안드 섬에서의 현지조사 노트를 기초로 하여 20년에 걸쳐 민족지 저작들을 출판하였다. 사실 그는 하나의 사회에서 얻은 자료를 기초로 하여 너무나도 폭넓게 추정하였다는 비판을 받기도 하였다.

현지에서 오랫동안 체재한 결과, 말리노프스키는 단기간의 체재로는 도저히 불가능할 만큼 트로브리안드 사회가 통합된 모습을 잘 관찰할 수 있었다. 말리노프스키는 외부인에게는 한 문화의 관습, 제도, 혹은 여타의 문화요소들이 아무리 이상하고 어색하게 보일지라도 이들은 그 맥락 내에서 의미를 가지고 있으며 어떤 역할과 기능을 수행하고 있다고 주장하였다. 이러한 관찰의 당연한 결론 중 하나는 기능이 없는 문화요소란 존재하지 않는다, 즉 문화요소들이란 존속하는 한 무엇인가 기능을 가지고 있다는 것이었다.

말리노프스키는 문화란 사회를 구성하고 있는 개인들의 기본적인 충동 혹은 욕구를 만족시키기 위하여 기능하는 것이라고 보았다. 사회적 제도란 이러한 욕구에 대한 반응이다. 그는 제1차적 욕구(생존이라는 필요의 결과 발생하는 욕구들)를 인정하였으며, 이들을 생물학적·심리학적·사회적인 것으로 분류하였다. 모든 인간은 생명을 유지하려면 먹어야만 하며,

생존에 필요한 것들을 확보해야만 한다. 인간은 생식reproduction〔역주 '재생산'이라고도 번역함〕 그리고 사회의 새로운 구성원 육성을 위한 목적으로 사회집단 내에서 활동하여야 한다. 말리노프스키는 이러한 제1차적인 욕구로부터 제1차적 욕구와 동등한 정도로 강력한 파생적 욕구 혹은 제2차적 욕구가 발생한다는 것을 보여 주었다. 비록 모든 인간은 먹어야 하지만 **무엇**을 먹는가는 문화적으로 주어진 조건에 따라 결정되며, 전 세계의 모든 인간집단들은 비록 영양가는 있을지라도 음식으로는 터부시되는 것들을 가지고 있다. 조직화된 집단 내에서는 대부분의 경우 문화라는 메커니즘을 통하여 제1차적인 욕구를 충족시킨다. 다른 동물들 역시 생존 욕구를 가지고 있으나 이것들은 유전적으로 전해지며 동물들은 종種의 특유한 본능과 학습되지 않은 행위양식을 통하여 이를 충족시키고 있다. 말리노프스키는 모든 문화요소들과 제도들은 문화적 체계로 통합되어 있다고 주장하였으나 로위의 '누더기 뒤죽박죽hodgepodge of shreds and patches'이라는 개념과는 반대로 문화의 체계 내에는 질서와 조직이 존재한다고 지적하였다.

말리노프스키는 수많은 저작들에서 이러한 이론적 설명틀을 사용하여 자료를 정리하였다. 보애스와 달리 그는 규칙성을 추구하였으며, 개별적이고 특수한 것들을 문화라는 전체에 끼워 맞추고자 노력하였다. 그의 저작 중 가장 유명한 『서태평양의 항해자들Argonauts of the Western Pacific』(1922)은 언뜻 보기에는 이상야릇한 제도인 경제적 교환이라는 쿨라 환環, kula ring 〔역주 뉴기니의 여러 섬 주민들 간에 행해지는 의례적인 교환체계. 주요 의례물품인 조가비 목걸이와 팔찌는 여러 교환 당사자들의 손을 거쳐 서로 반대 방향으로 움직인다. 쿨라는 비공식적인 소규모의 것부터 의식과 주술을 동반하는 대대적인 항해원정에 이르기까지 종류가 매우 다양하다. 의례이지만 실리적인 교역이 부수되는 쿨라 환은 위세, 지위, 등급을 유지하고 상승시키는 데 중요한 요소이다.) 이 사회적인 상황에 어떻게 맞아 들어가고 또한 일차적인 욕구들을 만족시키는가를 보여 주고 있다. 또한 말리노프스키는 한 사회를 이해하는 데 역사적 설명이 필요하다는 점을 부인하였다. 보애스학파와는 반대로 그는 형태들이 어떻게 존재하게 되었는가 혹은 발전하였는가는 중요하지 않으며 단지 그들이 어떻게 기능하고 있는가만이 중요하다고 하였다.

말리노프스키는 **제도**〔역주 institution은 경우에 따라 '조직'이나 '기관機關'이라고도 번역된다.〕란 하나의 목적을 위해 조직화되었으며, 그 목적을 수행할 수단을 가진 사람들의 집단이라고 정의하였다. 그는 가족이야말로 가장 기본적인 제도라고 믿었으며, 가족과 심리학에 대한 관심은 프로이트의 오이디푸스 이론으로 이어졌다. 그는 『미개사회의 성과 억압Sex and Repression in Savage Society』(1927)에서 고전적인 형태의 오이디푸스 콤플렉스란 모계 출계 유형을 가진 트로브리안드 섬 주민 사이에는 존재하지 않으며, 따라서 이러한 콤플렉스는 프로이트가 주장한 바와 같이 보편적인 것이 아니라는 결론에 도달하게 되었다. 그는 더 나아가 종교란 생존 욕구에 대한 반응으로서 문화적 규범을 확인해 주고 스트레스 상황에서 위안을 가져다주며 다른 문화적 설명이 불가능한 사건들을 설명해 준다는 등 종교를 기능적으로 분석하였다.

고전적인 진화론자들에 대한 말리노프스키의 주요 공격대상은 잔존물survivals이라는 타일러의 개념이었는데, 타일러에 따르면 잔존물이란 선대의 사회로부터 내려온 것이나 그 기능을 상실한 문화요소들을 말한다. 말리노프스키는 문화에는 기능하지 않는 측면이란 존재하지 않는다고 주장하였다. 그는 진화론자들의 기원에 대한 탐구나 역사적 재구성 작업에 반대하였으며, 이러한 시도는 기능주의적 분석에서는 가치가 없다고 간주하였다. 가장 중요한 문제는 문화의 제諸측면들이 어떻게 기능하는가이지 그 과거 형태가 아니기 때문이다. 그는 19세기의 진화 도식들이 너무나 연역적이며 보다 엄격하고 폭넓은 현지조사가 필요하다고 생각하였다는 점에서 보애스학파와 의견이 일치하였다.

(2) 앨프리드 래드클리프브라운Alfred Reginald Radcliffe-Brown(1881~1955)

래드클리프브라운은 영국에서 태어나 성장하였으며 케임브리지 대학에서 수학하였는데, W. H. R. 리버스W. H. R. Rivers는 그의 스승 중 하나였다. 대학시절 그는 상당한 급진주의자로 간주되었다. 그는 졸업 후 인류학으로 전공을 바꾸었으며, 어느 정도 프레이저의 영향을 받았으나 그보다 콩트와 뒤르켐의 영향이 훨씬 더 컸다. 1906~1908년에 안다만 섬Andaman Islands에서 주요 현지조사를 하였으며, 1910~1912년에 오스트레일리아에서 일부 조사를 행하였다. 래드클리프브라운은 일견 기질적으로 민족지적 연구에 그리 적합하지 않아 보였으며, 그의 민족지 조사는 참여관찰보다는 오히려 서베이조사survey 지향적이었다. 〔역주 서베이는 가장 흔히 사용되는 사회조사 기법으로 대개 설문지나 인터뷰를 사용하며, 우편이나 전화도 사용한다. 신속히 개괄적인 정보를 얻을 수 있으나 현지에서의 참여관찰과 같은 심층적인 자료는 얻을 수 없다는 문제점이 있어 인류학자들은 제한적으로만 사용한다.〕 그의 동료들과 학생들은 그가 초연한 태도와 내성적인 성격을 가지고 있다고 평하였다.

래드클리프브라운은 말리노프스키에 비하여 후세의 영국 인류학자들에게 더욱 심대하고 장기적인 영향을 미쳤다. 그러나 기본적인 현지조사 기법의 발전 면에서는 말리노프스키의 공적이 컸다고 하겠다. 래드클리프브라운은 특별히 성공적이거나 심오한 현지조사자는 아니었지만 집중적인 현지조사를 실시할 것을 촉구하였다.

　이 두 사람은 어떤 측면에서는 유사하였지만 다른 측면에서는 상이하였다. 그들은 아마도 자신들의 제자나 동료들보다도 서로의 차이점을 더욱 첨예하게 느꼈던 것 같다. 래드클리프브라운은 말리노프스키와 마찬가지로 반진화론적 입장에서 공시적共時的 접근을 주장하였다. 그는 진화주의자들이 기원이 아니라 사회의 법칙들을 탐구해야 했다고 주장하였으며, 인류학은 본연의 의미에서 비교사회학comparative sociology, 즉 사회를 통문화적通文化的, cross-culturally으로 연구하는 학문이라고 결론을 내렸다. 래드클리프브라운은 제대로 된 역사기록을 주의 깊게 사용하는 것에 대하여 반대하지는 않았지만 보애스의 지도하에 미국의 인류학자들이 행하던 문화사文化史, cultural history의 재구성에 대하여는 맹렬히 반대하였다. 그는 이를 '추측에 의한 역사conjectural history'라고 불렀으며, 이것은 진화주의자들이 시도한 '억측에 의한 재구성 작업speculative reconstructions'에 못지않게 무가치한 것이라고 생각하였다.

　래드클리프브라운은 그의 주요 민족지적 연구인 『안다만 섬 사람들The Andaman Islanders』(1922)에서 문화라는 개념을 사용하였지만, 학문적 성숙기에 도달한 후의 연구에서는 문화는 인류학 연구에 도움이 되는 구성개념construct이 아니라고 결론을 내렸다. (말리노프스키는 미국 인류학자들과 마찬가지로 이 개념을 사용하였다.) 래드클리프브라운에게 문화는 추상抽象된 것이었다. 즉 관찰이 불가능한, 사회의 가치와 규범들이었다. 그러므로 문화의 과학이란 불가능한 것이었다. 그는 자신의 조사연구 영역을 **사회구조**social structures에 국한할 것을 원하였는데, 이는 사회 내의 개인들과 집단들 간의 조직의 바탕에 깔려 있는 원리들 혹은 실제로 관찰 가능한 일련의 역할들과 관계들을 의미하였다. 비록 사회구조라는 개념은 그가 정의한 바와 같이 항상 정확하게 사용되지는 않으며 또한 **사회조직**social organ-ization과 **사회구조**social structure는 종종 동의어로 사용되지만, 래드클리프브라운의 이러한 강조와 사고는 영국 인류학의 기조基調가 되었다. 영국의 인류학이 종종 미국의 '문화' 인류학과 대비되어 '사회' 인류학이라고 분류되는 것도 그의 이러한 이론적 지향의 힘 때문이다.

래드클리프브라운의 궁극적인 목적은 사회구조를 연구하고 통문화적으로 사회행위를 지배하는 법칙들을 도출하는 것이었다. 그의 연구 기법은 전체를 유지하기 위하여 어떻게 부분들, 제도들, 역할들 등이 제각기 기능하고 있는가를 발견하는 것이었다. 그는 '부분들과 전체가 어떻게 하여 발전하였는가' 라는 문제에는 관심이 없었다. 래드클리프브라운이 뒤르켐에 매료되었다는 사실은 '부분들이 어떻게 전체를 지지하도록 통합되었는가'를 발견하려는 그의 시도와 '사회적 사실은 개인의 심리가 아니라 사회적 법칙으로써 설명될 필요가 있다'는 주장에 잘 나타나 있다.[2] 래드클리프브라운에 따르면 인류학의 과제는 여러 사회들을 분류하고 이들을 비교함으로써 일반화를 가능하게 만드는 것이다. 또한 전체 구조를 지탱하기 위하여 기능하는 유지 작용을 중요한 과정으로 보았으므로 래드클리프브라운의 접근법은 **구조기능주의**structural-functionalism라고 불린다. 문화의 요소들을 '개인적인 욕구를 지지하기 위하여 기능하는 것'으로 파악한 말리노프스키는 단순히 기능주의자functionalist라고 통상 간주된다. 이 두 학자들에게는 진화론적 혹은 역사적인 과정은 중요하지 않은데, 그 이유는 소위 발전적인 계기라는 것들이 어떤 것도 밝혀 주거나 설명해 주지 못했기 때문이었다. 그들에게 진정한 설명이란 기능적인 설명이었는데, 이

---

2 적극적으로 심리학적인 설명을 추구하였으며 제도를 개인 간의 관계 속에서 이해하려고 노력하였던 말리노프스키와 대조해 볼 것.

는 그들의 비판자들이 지적한 바와 같이 인과적인 설명은 아니었다.

진화주의에 대한 래드클리프브라운의 공격은 친족연구라는 특별한 형태를 취하였다. 그는 분기병합형分岐倂合型, bifurcate merging 〔역주 친족명칭에서 bifurcation이란 아버지 쪽(부방父方, 부변父邊)과 어머니 쪽(모방母方, 모변母邊)의 친족들 간의 구분을 의미한다. 따라서 bifurcate merging이란 부방과 모방의 친족을 구분하면서도 직계直系와 방계傍系는 구분하지 않고 동일한 명칭을 사용하는 친족명칭 체계의 한 유형이다. 즉 아버지와 숙부(F와 FB), 어머니와 이모(M과 MZ)에 대하여 동일한 친족명칭을 사용하면서도(직계와 방계의 병합인merging), 부방과 모방을 구분하는(분기分岐, bifurcation) 친족명칭 체계로서 '이로쿼이형型'이라고도 한다.〕과 하와이 유형의 친족명칭(이는 부父와 부의 남자 형제들을 단일한 범주에 넣는다.)에 관한 모건의 해석(즉 최초 단계에 모권사회 혹은 모계사회가 존재하였다.)에 의문을 제기하였으며, 또한 이 두 용어가 혼동되고 있다고 지적하였다. 그는 친족명칭이란 기대되는 행위 혹은 전통적인 역할행동을 위한 라벨이라고 기능적으로 해석할 수 있다고 주장하였으며, 이러한 주장을 「남아프리카의 외삼촌Mother's Brother in South Africa」이라는 논문에서 전개하였다. 〔이 논문은 『미개사회의 구조와 기능Structure and Function in Primitive Society』(1952)에 재수록되어 있다.〕

래드클리프브라운은 말리노프스키와 마찬가지로 제도들, 역할들, 그리고 관계들이란 그 맥락 속에서 연구되어야 한다(즉 전체 체계는 연결되어 있으며 통합되어 있다)는 데 의견을 일치하였다. 뒤르켐과 마찬가지로 그는 자신의 구조기능주의를 설명하는 데에 **유기체에 대한 유추**organic analogy를 사용하여 전체 유기체의 통합과 유지에 있어 그 구성 기관들의 작용을 강조하였다.

4. 기능주의적 분석

기능주의적 분석은 인류학에만 국한된 것은 아니다. 이는 모든 행동과학, 의학, 자연과학에서도 중요한 위치를 차지하고 있다. 더욱이 기능주의란 사물의 목적을 명백하게 나타낸다는 의미에서 현대 건축학과 가구 디자인의 특징이기도 하다. 인류학에서 기능주의적 접근법은 일차적으로 래드클리프브라운, 말리노프스키, 그리고 이들의 제자들과 연관되어 있다.

기능주의적 접근방법에는 두 가지 의미가 포함되어 있다. 하나는 기능주의의 목적론적 측면이다. 즉 모든 것들은 무엇인가 목적을 가지고 있다. 예를 들어 칼의 목적은 자르는 것이다. 이러한 측면은 물질문화의 경우에는 쉽게 알 수 있다. 그리하여 박물관에서는 우리들은 "이것은 무엇을 위한 것인가", "이것은 무엇을 하는 것인가" 등의 질문을 들을 수 있다. 이를 사회조직에 적용하면 그 목적이란 '사회의 존속'이라고 주장할 수 있다.

기능주의가 함축한 또 다른 의미는 통합론적 관점이다. 즉 각 요소들은 통합된 전체 안에서 상호작용하고 있으며 이들은 전체를 유지시키는 구조를 가지고 있다는 것이다. 이 논점의 당연한 결론으로서 '전체는 부분이 변화하거나 소멸함에 따라 영향을 받는다'라는 또 하나의 함축된 의미가 있다. 마치 수학에서의 함수函數, function(즉 $y=f(x)$는 x가 변함에 따라 y도 변한다는 의미)와 거의 마찬가지로 파문효과 혹은 연쇄반응이 존재하는 것이다. 〔역주 function은 '함수'라고 번역된다. 사회과학 번역서에서 '기능적 관계'라고 번역된 사례들 중 상당수는 '함수관계'라고 번역하는 것이 적절한 경우가 종종 있다.〕

기능주의적 분석이 인류학에서 널리 사용됨에 따라, 기능이라는 것에도 첫째, 집단 구성원들의 목적 혹은 의도, 둘째, 과학적인 관찰을 통하여 인식할 수 있는 사회 자체에 대한 유용성 등 두 가지 추상화의 차원이 포함되어 있음이 명백해졌다. 기능이 가진 이러한 두 가지 차원을 보다 확실히 이해하는 데 도움이 되는 예를 하나 들겠다. 가뭄으로 고통 받는 사람들이 추는 '비의 춤rain dance'의 목적이나 이유는 비를 불러오는 것이다. 동일한 행위에 관한 과학적인 분석은 이러한 춤이 진짜로 비를 불러왔다기보다는 이것이 역경(가뭄)에 직면하여 사람들을 단결시켰으며, 공통된 노력을 통하여 일체감을 창조하였고 또한 집단행위를 통하여 불안을 해소하는 효과를 가져왔다는 결론을 내릴 것이다. 사회학자인 로버트 머튼Robert Merton은 전자(민속목적folk purpose [역주 현지민, 행위자 차원의 목적])를 현시적 기능顯示的 機能, manifest function이라고 하고 후자를 잠재적 기능潛在的 機能, latent function이라고 불렀다. 특히 클라이드 클럭혼Clyde Kluckhohn은 이러한 구분이 인류학적 분석에서도 유용하다는 사실을 발견하였다.

기능주의적 분석의 비판자들은 걸핏하면 기능주의가 가진 공시적共時的인 성격이 인과관계의 설명이나 혹은 시간적 경과에 따른 분석을 요구하는 인과관계(원인이 결과에 선행하는 경우)의 설명을 배제한다는 점을 지적한다. 그러나 기능주의자들은 단 한 번도 자신들이 인과적인 설명을 하고 있다고 주장한 바가 없다. 중요한 점은, 여러 가지 이론들이 존재하고 있으며 어떤 경우에는 인과론적 설명이 매우 명확한 것과 마찬가지로 다른 경우에는 기능주의적 설명이 명확할 수 있다는 것이다. 또한 기능주의는 비교를 배제하지 않으며, 영국의 기능주의적 접근이 공시적이라고 하여 시간이라는 요소를 배제하여야 할 논리적인 이유도 사실상 존재하지 않는다. 시간의 경과에 따르는 기능의 변화 역시 연구가 가능하다.

기능주의적 분석에서 또 하나의 논점은, 기능하고 있는 전체에는 불필요한 요소가 존재하지 않는다는 가정이다. 즉 모든 요소들은 전체를 지지하고 있다는 것이다. 만일 이것이 진실이라면 가난, 전쟁, 범죄, 그리고 다른 요소들 역시 나름대로 역할을 가지고 있음을 의미하는가? 자유주의자들, 특히 마르크스주의자들은 그러한 해석에 불만을 품어 왔다. 이 점을 명백히 하기 위한 노력으로 새로운 용어들, 즉 **역기능**逆機能, dysfunction 과 **순기능**順機能, eufunction 등의 용어가 만들어졌다. 역기능적Dysfunctional (dys는 나쁜 것 혹은 곤란한 것을 의미하는 희랍어의 접두사) 요소는 문화적 긴장이나 불균형을 야기하는 경향이 있다. 순기능적Eufunctional(eu는 좋은 혹은 유리함을 의미하는 접두사) 요소는 긍정적이며 적응적이다. 그러나 여러 사람들이 지적한 바와 같이 어떠한 요소의 기능이란 이에 관련된 사람들, 그들의 사회적 지위, 그리고 그들의 환경에 따라 동시에 긍정적이거나 부정적일 수도 있다. 어떤 경우에는 평형 상태인 것이 다른 경우에는 사회적 혼란의 상태일 수도 있다. 기능주의적 분석의 목적이란 문화체계의 구성요소들 간의 상호 관계를 이들 구성부분에 대한 가치판단을 개입시키지 않고 기술하는 것이다. 그러나 개혁을 추진하거나 사회변동을 지도하는 사람들은 한 영역에서의 변화가 다른 영역에 심각한 반향을 가져올 수 있다는 인식을 무시할 수는 없는 것이다. 그리고 이것이야말로 기능주의의 진수眞髓이다.

마지막으로, 영국 인류학자들은 그 기능주의적인 지향 때문에 식민지 지배가 초래한 사회 혼란을 보지 못하였으며, 유럽 열강에 강제로 지배받고 있는 피정복 민족들을 시간이라는 축軸상에서 정지된 사회로 인식하게 되었다는 비난을 받은 바 있다. 또한 기능주의자들은 모든 사회들이 평등하게 타당하다는 상대주의적인 철학과 자유주의적인 입장의 영향을 받아 그 어떠한 문화에든지 개입하는 것은 옳지 않다고 믿는다는 비난을 받은 바 있다. 즉 변화란 특히 취약한 부족민들을 오염시킬 따름이며 이들은

'박물관의 유물'로서 보호되어야 한다고 주장했다는 것이다. 그러나 만일 기능주의자들이 이러한 입장을 취하였다 할지라도 (그러나 아무튼 이런 입장을 취한 사람은 소수였다.) 식민지 행정가들은 이러한 상대주의적인 철학에는 전혀 동조하지 않았으며 오히려 유럽의 방식이 모든 면에서 비유럽적인 방식보다 우월하다는 데 대해 전혀 의심을 품지 않았다. 굳이 말하자면 식민지 행정가들은 진화론적 성향을 가지고 있었고 그 어떤 기능주의적인 이론 지향의 영향도 받지 않았으며 인류학적인 연구에서 거의 유용성을 발견하지 못하였다.

그럼에도 불구하고 기능주의자들이 부족민들에 대한 제국주의의 영향을 대체적으로 무시한 것은 사실이다. 또한 이들의 연구는 폭이 넓다기보다는 사회조직 및 정치조직, 종교에 집중되어 있었으며 오직 극소수만이 고용, 도시화, 인종 간의 상호작용 등의 측면에서 식민통치가 어떠한 의미를 갖는가를 연구했을 따름이다. 그러나 기능주의적 연구가 이러한 것들을 간과했다는 사실을 어느 정도까지 기능주의의 이론적 입장 자체의 탓으로 돌릴 수 있을까? 왜냐하면 이러한 이론적 입장은 대영제국이 등장한 결과로서 발전한 것이 아니라 오히려 뒤르켐, 심지어 그 이전의 이론가들이 물려준 유산이기 때문이다.

5. 프랑스에서의 발견

제1차 세계대전으로 뒤르켐과 그의 학파는 커다란 타격을 입었다. 뒤르켐은 장래가 촉망되는 젊은 사회과학자였던 아들을 전쟁에서 잃었으며, 그 자신도 1917년에 사망하였다. 뒤르켐학파에 속하는 사회과학자로서 살아

남은 자들 중 가장 중요한 인물인 마르셀 모스는 자신의 연구를 계속하는 것을 중단하고 스승과 전사한 동료들이 채 끝맺지 못한 연구들을 편집하고 출판하는 데 몰두하였다. 세 사람이 민족학 이론의 발전에 작지만 중요한 공헌을 하였는데, 이들은 마르셀 모스, 아르놀드 방주네프, 뤼시앵 레비브륄이다. 이들은 뒤르켐의 제자라기보다는 오히려 철학적인 면에서 동료였다.

(1) 마르셀 모스Marcel Mauss(1872~1950)

모스는 뒤르켐의 조카이며 탁월한 제자였다. 그는 뒤르켐과 공동으로 『분류의 원시적 형태De quelques formes primitives de classification』(1903)를 저술하기도 하였다. 자기 자신의 연구를 소홀히 하면서까지 모스는 뒤르켐과 다른 전사한 동료들의 미완성 원고를 편집하여 사후에 출판하였으며 그러는 가운데에도 통문화적인 조사연구 방법을 발전시키고 경제인류학 분야에 공헌할 시간적 여유를 확보하였다. 특히 경제인류학 분야에서 모스는 사람들 간에 구속적인 관계를 이룩하는 데 있어 선물교환이 갖는 중요성을 제시하였으며, 이러한 교환들은 경제 체계를 넘어서 사회의 정치적·종교적 그리고 사회적 영역까지 중요한 영향을 미친다는 사실을 증명하였다. 『증여론贈與論, Essai sur le don: Forme et raison de l'échange dans les sociétés archaïques』(1925)에서 그는 심지어 말리노프스키조차 간과하였던 쿨라 환環의 기능적 파급효과ramification를 지적하였다. 모스는 직접적인 현지조사를 통해서가 아니라 이미 수집된 민족지적 연구 자료를 사용하는 비교연구를 통하여 이러한 분석을 행하였다. 『증여론』과 『분류의 원시적 형태』는 나중에 레비스트로스의 사고에 영향을 주었다.

(2) 아르놀드 방주네프 Arnold van Gennep(1873~1957)

이미 출판된 자료들을 가지고 연구한 또 하나의 프랑스 학자[역주 방주네프는 네덜란드인을 아버지로, 프랑스인을 어머니로 독일에서 출생하였는데, 일찍 아버지를 여의고 프랑스인 의사에게 입양되어 프랑스에서 성장하였다. 따라서 그의 이름도 '반 게넵'이나 '판 헤네프'라 읽지 않고 프랑스식으로 '방주네프'라고 읽었다.]인 방주네프는 인생 주기의 중요한 시기마다 지위의 변화를 수반하면서 행해지는 의례들을 분석하였는데, 그는 이것을 **통과의례**通過儀禮, rites de passage; rites of passage라고 불렀다. 방주네프는 이러한 의례들이 어떻게 보다 큰 사회 전체의 틀에 맞아 들어가는가를 기능주의적 방법으로 보여 주었으며 또한 이들을 분리의례分離儀禮, rites of separation, 이행의례移行儀禮, rites of transition, 재통합의례再統合儀禮, rites of incorporation로 분류하였다. 분리의례는 어떤 사람을 의례적으로 특정한 지위로부터 분리하는 의례이다. 이행의례는 '지위의' 변화를 찬양하는 것이다. 재통합의례는 새로운 지위를 강조하는 것이다. 지위 변화 및 이와 관련된 의례에 관한 통문화적 연구는 그 전에는 한 번도 수행된 바가 없었다. 1909년 발표된 그의 저서는 영어로 번역되어 『통과의례 *The Rites of Passage*』(1960)라는 제목으로 출판되었는데, 이는 오늘날에도 이론적인 분석의 결정판으로 평가받고 있다.

(3) 뤼시앵 레비브륄 Lucien Lévy-Bruhl(1857~1939)

레비브륄은 사고思考의 본질에 주된 관심을 가진 철학자였다. 그는 원시인의 사고 과정에 대하여 현대 인류학에서는 더 이상 받아들이지 않는 결론을 주장한 것으로 다소 잘못 알려져 있다. 그는 원시인의 정신 상태는 서구인의 정신 상태와 질적으로 다르다고 강조하였다. 그는 원시인의 사고를 '전前 논리적prelogical' ('비논리적illogical'은 아님)이라고 불렀으며, 이는 원인과 그 결과를 명확히 구분하지 않는다는 점에서 당대 유럽 지식인들의 사고 과정과 다르다고 하였다. 레비브륄에 따르면 원시인의 사고는 토착사회(즉 아무런 논리적 혹은 경험적 의문이라는 관념을 갖지 않은 사회들)의 집합표상集合表象, représentation collective; collective representation 속에 깊이 새겨져 있다. 레비브륄은 종종 잘못 이해되어 왔으며 일종의 지적知的 반동 세력이라고 비판받기도 하였으나, 그는 (미개인을) 경멸하려는 의도는 전혀 없었다. 단지 서구인들의 사고의 특징이 되는 원리들이 그 자체로서 일관성을 가지고는 있으나, 증명이라든지 검증이라는 개념이 없으며 전혀 상이한 전제를 기반으로 하고 있는 토착민의 사고에는 그러한 특성이 존재하지 않는 것처럼 보인다고 말했을 뿐이다. 그러나 많은 사회과학자들(뒤르켐학파를 비롯하여)이 즉각 지적한 바와 같이, 과학자들 역시 자기 사회의 사회적 모체母體, social matrix의 일부를 구성하고 있으며, 또한 자신들의 전문 영역 밖에서는 종종 논리적으로 사고하지 못한다는 점을 증명하는 것은 전혀 어려운 일이 아니다.

제5장 20세기 중반의 인류학: 1930～1960

1929년의 주식시장 붕괴에 뒤따른 대공황은 제1차 세계대전 전후戰後에서 제2차 세계대전 전전戰前 시기로 넘어가는 분수령이 되었다. 독일에서 히틀러의 권위체제가 등장한 것은 독일 국내뿐만 아니라 전 세계적인 경제문제에 힘입은 바가 크다. 히틀러는 독일이 봉착한 문제들에 누가 책임이 있는가라는 질문에 대하여 손쉬운 대답을 가지고 있었는데, 즉 유태인, 슬라브인, 그리고 다른 '열등민족들'이라는 것이었다. 히틀러는 독일에서 이러한 인종들을 청소하는 것을 목표로 삼았다. 일부 형질인류학자들을 포함한 다수의 독일 과학자들은 아리안족의 우월성을 '증명하기' 위한 자료들을 제공함으로써 이러한 히틀러의 노력을 뒷받침하였으며, 그 결과 인류학을 전공하는 사람들이 자유주의자라는 믿음은 붕괴되었다.

대영제국은 아직 전성기에 있었으나 몰락의 전조가 이미 나타나고 있었다. 식민지와 해외보호령 중 상당수가 전후에 독립시켜 준다는 약속을 받은 후에야 전쟁에 참여하였으며, 영국의 인류학자들은 사회구조 자체가 붕괴되는 위기로 공시적 접근이 가치를 잃게 됨에 따라 변화라는 문제를 다루지 않을 수 없게 되었다.

제1차 세계대전과 마찬가지로 제2차 세계대전 역시 기존의 사회적 패턴과 관습을 붕괴시켰으며, 그 결과 세계의 수많은 지역들이 정치적으로 근본적인 변화를 겪게 되었다. 민족자결民族自決은 단순한 주의主義가 아니라 현실이 되었다. 1940년대 후반에는 필리핀, 파키스탄, 인도, 이스라엘 등의 독립국가가 탄생하였으며, 다른 많은 신생 독립국들이 그 후 20년에 걸쳐 독립을 선언하였다. 그 대표적인 국가들이 리비아, 튀니지, 콩고, 나이지리아 등이다.

유럽의 정치적 지배가 붕괴됨에 따라 지리적·정치적 제국주의는 쇠퇴하였지만 경제적 제국주의는 때때로 확대되었다. 서구의 기업가들은 서구의 재화를 가지고 침투해 들어왔으며 많은 경우에 전통적인 장인匠人들과 상인들을 밀어내고 이들을 대체하였다. 전통적인 농업의 생산과정은 종종 파괴되었으며, 토착사회의 경제는 위기에 빠졌다. 경제적인 제국주의는 정치적인 제국주의에 못지않은 적대감을 불러일으켰다.

전 세계적으로 도시화와 이에 따른 문제가 증대하였으며, 사회의 농업 부문은 쇠퇴하였다. 농업 부문의 기술이 발달하면서 인구의 극히 일부분만으로도 도시 인구를 먹여 살릴 수 있게 되자 많은 사람들이 농토를 버리고 도시로 향하였다. 도시와 농촌, 도시주민과 농민, 생산자와 소비자 간의 관계 등 전통적인 관계가 붕괴되기 시작하였다. 미국의 인류학적 조사연구는 지리적으로는 새로운 지역, 즉 오세아니아와 아프리카로 확대되었으며, 이론적으로는 심리인류학, 문화접변 연구 및 농민연구 등으로 확대되었다. 방법론적으로도 미국의 인류학자들은 기호화된 자료의 검색, 통제된 비교controlled comparison 등 새로운 방법들을 실험하였다. 영국의 인류학자들은 방법론적 실험에는 미국의 인류학자들만큼 적극적이지는 않으나 일부는 환경과 경제에 대한 연구를 시작하였으며, 몇몇 이들은 역사적 관점을 도입할 것을 촉구하였다.

1. 미국의 절충주의

제1차 세계대전 후에는 청소년 범죄, 소외, 그리고 일반적인 사회변동 가운데 발생한 여러 문제들로 말미암아 대중과 학계의 관심이 특히 개인에게 집중되면서 심리학의 다양한 학파들이 주목받게 되었다. 심리학자들의 연구대상은 거의 전적으로 서구사회 내의 연구에 집중되었다. 인류학자들의 과제는 심리학을 통문화적通文化的으로 적용하는 것이었다.

(1) 문화와 인성 Culture and Personality

미국에서는 1920년대 후반과 1930년대에 걸쳐 저명한 보애스학파의 학자들 다수가 심리학적 이론과 방법을 통문화적으로 적용하고 검증하는 데 흥미를 갖기 시작하였다. 이러한 연구들이 초기에는 **문화와 인성**culture and personality 연구라고 알려졌으나 후기에 이르러서 연구자들은 이러한 하위 분과를 **심리인류학**psychological anthropology이라고 부르기 시작하였다. 문화와 인성 연구는 학습심리학과 형태심리학Gestalt psychology 및 프로이트 이론의 일부를 개인에 대한 문화의 영향에 초점을 맞추어 비서구사회에 적용하는 것을 포함하고 있었다. 일부 연구자들은 상이한 이상적인 성인 인성들이 어떻게 형성되는가에 관심을 가졌으며, 또 다른 학자들은 문화적으로 형성된 남녀의 성차性差에 관심을 가지고 있었다.

오늘날의 학생들은 아마도 에드워드 사피어Edward Sapir(1884~1939)라고 하면 그가 벤저민 워프Benjamin Lee Whorf와 함께 발전시킨 언어학 이론을 연상할 것이다. 흔히 워프-사피어 가설Whorf-Sapir hypothesis (역주 '사피어-워프 가설'이라고도 하며, 언어가 문법구조를 통해 사고체계와 세계관의 형성에까지 절대적인 영향을 미친다는 주장)이라고 알려진 이 이론은 언어란 단지 커뮤니케이션의 수단일 뿐만 아니라 사실상 지각知覺을 형성하며 각 사회의 세계관을 예시한다는 주장이다. 언어학 연구로 잘 알려진 사피어는 인성의 형성에도 관심을 갖고 있었다. 사피어는 현지민의 인성에 관한 현지조사를 직접 행하지는 않았지만 저술과 세미나를 통하여 다른 사람들에게 이에 대한 흥미를 불러일으키는 데 공헌하였다.

그는 통상의 민족지적 기술은 개인에 관한 불완전한 진술이라고 배척하였는데, 왜냐하면 개인 간의 변이變異 혹은 감정이 고려되지 않았기 때문이다. 그는 이러한 결점을 보완하기 위하여 심리학 이론과 기법을 통문화적으로 적용할 것을 제안하였다. 그는 문화적 현상은 심리학적 혹은 문화적 내용이라는 두 가지 출발점 중 어느 하나를 통하여 연구할 수 있다고 주장하였다. 그러나 그는 문화의 진정한 존재양태locus of culture〔역주 locus of culture란 '문화의 존재 장소'라고 직역할 수 있는데, 여기에서는 문화가 개인들에게서 독립적으로 존재하는 것인가, 혹은 개인들의 머릿속에만 존재하는, 개인을 떠나서는 존재할 수 없는 것인가 등이 쟁점이므로 존재양태라고 번역하였다.〕는 개인들 간의 상호작용 그리고 개인들이 자신들의 경험에서 스스로 추상해낸 의미라고 생각하였다. 그는 문화의 심리학적 실체, 즉 개인적 실체personal reality에 관심을 가지고 있었다.

사피어는 개인들이 마치 언어의 패턴을 학습하는 것과 마찬가지로 자신들의 문화 패턴의 상당 부분을 무의식적으로 학습한다고 생각하였다. 개인이야말로 문화가 존재하는 구체적 장소locus이기 때문에 그는 어떤 문화는 개인에게 덜 엄격할 것이라고 주장하였다. 즉 어떤 문화는 다른 문화들에 비하여 보다 조화와 균형을 이루고 있어서 개인이 자기표현을 할 수 있는 기회를 더 많이 제공한다는 것이다. 이와 반대로 어떤 문화는 욕구 불만적이고 무질서하기 때문에 개인을 잘못된 방향으로 노력하도록 만들거나 개인이 스트레스를 받게 한다. 표현이 다소 이상하지만 사피어는 첫 번째 유형을 진정한genuine 문화, 두 번째 유형을 거짓된spurious 문화라고 불렀다. 문화가 어떻게 개인에게 영향을 미치는가에 대한 그의 관심은, 특히 루스 베네딕트와 마거릿 미드에게 영향을 끼쳤다.

루스 베네딕트Ruth Fulton Benedict(1877~1948)는 철학과 문학을 공부한 후 다소 뒤늦게 인류학에 발을 들여놓았다. 문화와 인성 및 심리학적 정상성에 대한 그녀의 각별한 관심은 사피어와 교분을 나누며 촉진되었고 스승인 보애스에 의하여 더욱 고무되었다. 「인류학과 비정상Anthropology and the Abnormal」(1934b)이라는 중요한 연구에서 베네딕트는 심리학적인 정상과 비정상은 문화에 의하여 결정된다는 놀라운 주장을 하였다. 즉 한 사회에서 비정상적이거나 혹은 '미친' 것이 다른 사회에서는 단지 정상적이고 건강한 것일 뿐만 아니라 심지어는 경우에 따라 이상적인 것이라고 간주될 수도 있다는 주장이었다. 바꾸어 말하면 어떤 특정한 문화에서 문화적인 정상성이 곧 보편적인 정상성은 아니며, 비정상이란 단지 어떤 개인이 그 자신이 속한 문화의 고유한 규범에 따라 행동하지 않았다는 것을 의미할 뿐이다.

베네딕트는 개인이란 태어날 때부터 매우 다양한 유형의 인성으로 주조될 수 있는 능력을 가지고 있으며, 각 사회는 문화화文化化, enculturation라는 과정을 통하여 이상적인 성인 인성을 만들어 내려고 시도한다고 보았다. 출생할 때 가지고 있던 매우 다양한 변이성 중에서 일정한 특질들만이 사회적으로 바람직하다고 간주되며, 이들만이 사회의 어린이들에게 반복해서 교육된다는 것이 베네딕트의 주장이었다. 그리하여 사회 내에는 순응에 대한 강력한 압력이 존재하지만 인간의 가소성可塑性, plasticity 때문에 모든 가능한 사회들을 고려한다면 무한한 다양성이 존재하게 된다.

베네딕트는 상당 부분 동료 인류학자들의 현지조사 노트에 의존하여 인성의 유형에 대한 연구를 진행하였다. (베네딕트 역시 현지조사를 하였으나 이는 통문화적인 심리학 연구가 아니라 대부분 민속과 종교에 대한 것이었다.) 베네딕트는 인류학 서적 중에서 가장 잘 알려진 『문화의 패턴Patterns of Culture』(1934a)이라는 책에 자신의 결론을 제시하였다. 베네딕트는 주니Zuni족, 도부Dobu족, 콰키우틀Kwakiutl족 등 몇몇 사례들을 연구하면서 각 사회의 특이성을 만들어 내는 심리학적 패턴의 마스터플랜을 발견하려고 노력하였다. 이것은 크로버의 시도와 마찬가지로 형태론적 접근config-uration approach이었으나, 다만 베네딕트가 패턴을 발견하는 방식은 스타일을 통한 것이 아니라 심리학적인 것이었다. 주니 푸에블로Zuni Pueblo족을 대상으로 직접 실시한 현지조사에서 받은 인상과 멜라네시아의 도부 섬 주민에 관한 레오 포천Reo Fortune의 민족지, 그리고 미국 북서해안의 콰키우틀 인디언에 관한 보애스의 현지조사 노트를 참고하여 베네딕트는 각 사회의 이상적인 인성을 기술하였다. 베네딕트는 주니족의 특징을 **아폴로적**Apollonian이라고 규정하였다. 이들은 침착하고 평화적이며 모든 것들에 대하여 절제하였다. 반면 도부 섬 주민들은 편집광偏執狂, paranoid이라고 표현하였다. 이들은 의심과 두려움으로 가득 차 있으며 절제를 모르는 사람들이었다. 콰키우틀족은 베네딕트의 눈에는 과대망상적이었다. 즉, 자기중심적이며 이기적이고 쉽게 모욕을 느끼는 사람들이었다. 베네딕트를 비판하는 사람들은 그녀가 이러한 성격묘사를 과장하였으며, 자신의 주장을 반증할 만한 자료들을 무시하였다고 주장하였다. 그럼에도 불구하고 대다수 사람들이 각 사회에는 지배적인 인성이 진정으로 존재한다는 점에 대하여 동의하고 있다.

베네딕트의 학문 세계에서는 인성의 무한한 변이의 가능성 때문에 고차원적인 일반화의 가능성과 인과관계에 대한 설명은 배제되었으며, 베네딕트의 입장은 문화적 상대주의의 극치로 간주되었다. 보애스학파의 특수주의적 접근방법의 전형답게 베네딕트는 인성의 패턴을 독특한 역사적 산물로 보았다. 베네딕트의 저술에는 강한 기능주의적 측면이 나타나 있다고 볼 수 있는데, 왜냐하면 베네딕트는 문화란 통합된integrated 것이며 그 구성원들을 바람직한 규범의 틀에 끼워 맞추기 위하여 기능하는 것이라고 보았기 때문이다. 그러나 베네딕트는 문화적 형태cultural configuration라는 개념을 제시하면서 독립변수와 종속변수를 한 번도 밝힌 바 없으며, 이러한 문화적 형태가 어떻게 변화하는가를 설명한 바도 없다. 베네딕트는 인성의 가소성可塑性을 강조하였으며 문화가 어떻게 생성되었는가를 탐구하지 않고 문화를 단지 고정된 것 혹은 주어진 것으로 취급하였다.

마거릿 미드Margaret Mead(1901~1978)는 베네딕트의 후배이자 제자로서 박사 학위 논문을 비롯한 초기의 논문들은 개인을 강조하고 문화적응 과정을 중시하는 문화와 인성 연구의 전통에 입각한 것이었다. 미드는 특히 사춘기 문제에 관심을 가지고 있었는데 청소년 범죄와 사춘기의 감정적 동요는 1920~1930년대의 학자들과 일반 대중들 사이에서도 뜨거운 관심을 불러일으키고 있었다. 사춘기에 사회적·감정적 혼란이 발생하는 것은 생물학적 요인 때문이라고 생각하는 사람들도 있었지만, 사춘기라는 현상은 문화적인 것이며 이러한 특질들을 '인간의 본성' 탓으로 돌리는 것은 서구 문화를 과도하게 일반화하는 것이라고 확신하는 사람들도 있었다. 미드의 초기 연구는 문화적 계승과 생물학적 계승inheritance을 구별하려는 시도였다. 『뉴기니에서의 성장Growing up in New Guinea』(1930)과 『사모아의 사춘기 Coming of Age in Samoa』(1928)는 이러한 문제를 다룬 저서로, 미드는 사춘기의 감정적 문제는 문화적인 것이라는 결론을 내렸다.

미드는 그다음 저서인 『세 부족사회의 성과 기질Sex and Temperament in Three Primitive Societies』(1935)에서 남성 기질과 여성 기질이라는 것이 과연 생물학적 조건인가, 문화적 조건인가를 다루었다. **도대체 생물학적인 남성적 기질과 여성적 기질이라는 것이 보편적으로 존재하는가? 아니면 남성과 여성이란 남성다움과 여성다움이라는 규범을 따르도록 문화적으로 조건지어진 것인가?** 미드는 순수하게 남성적이거나 여성적인 기질이 보편적으로 존재하지 않는다는 사실을 증명하려고 노력하였다. 즉 인성으로 표현된 남성다움 혹은 여성다움(예를 들어 여성은 남성보다 더 수동적이며, 남성은 더욱 공격적이라는 견해)은 문화적으로 창조된 것이라고 주장하였다. (여기에서 주의할 점은 마거릿 미드는 기질temperament과 인성personality에 관하여 논의하고 있을 뿐, 어떤 사회에서는 남성이 토기를 제작하지만 또 어떤 사회에서는 오직 여성만이 토기를 제작한다는 등 인류학자라면 누구나 문화에 따라 상이하다는 데 의견을 같이하는 생식 기능이나 역할을 논의하는 것은 아니라는 점이다.)

미드는 정상적인 남녀의 기질을 문화화의 결과로 보았으나 일탈자의 경우를 설명하는 데에는 곤란을 느꼈다. 예를 들어 『성과 기질Sex and Temperament』(1935)에서 미드는 일탈자란 문화가 아니라 생물학적 요인의 결과라고 생각했던 것처럼 보이는데, 이러한 결론은 기질이 문화적으로 결정된다는 입장과 모순되는 면이 있다.

베네딕트의 연구에 대한 비판은 성차性差에 대한 미드의 연구에 쏟아진 비판에 비하면 매우 온건하였다. 레오 포천(1939)은 아라페시Arapesh족과 함께 생활한 인류학자로—미드에 따르면 아라페시족은 서구인들이 여성적이라고 부르는 기질을 남성과 여성 모두가 가지고 있다고 한다.—만일 미드가 남성들만의 집단에 참여할 수 있었다면 아라페시족의 남성들을 그런 식으로 기술하지는 않았을 것이라고 주장하였다. 아라페시 사회의 일부 활동들은 여성을 전적으로 배제하였으므로 여성인 미드는 여러 측면들을 관찰하는 데 제한을 받았던 것이다. 이보다 혹독한 비판은 미드의 주장을 증명하는 것처럼 보이는 세 사회의 우연한 발견이란 진실이라고 믿기에는 너무나 안성맞춤 같은 우연이며 왜 다른 사람들은 단 한 번도 그러한 자료를 우연히 발견하지 못했는가라는 것이다. 아무튼 미드의 연구는 커다란 논쟁을 불러일으켰으며 1960~1970년대의 페미니스트 운동에 비추어 볼 때 시대를 앞섰던 것은 확실하다. (미드는 『성과 기질』의 1950년 재판에 부친 서문에서 이러한 비판에 대하여 일부 답변하였다.)

오지브와Ojibwa 인디언의 심리적 패턴에 관한 다년간의 연구 결과 A. I. 할로웰A. I. Hallowell은 오지브와족과 유럽인 간의 접촉상황에서 문화변동과 개인이 느끼는 스트레스라는 변수들을 서로 연관 지을 수 있었다. 각각 상이한 문화접변acculturation의 정도를 대표하는 세 개의 오지브와 커뮤니티를 연구하고 역사적 자료뿐만 아니라 **로르샤흐 테스트**Rorschach test와 **TAT 기법**을 사용하여 분석한 결과, 할로웰은 전통적인 오지브와족 인성의 특성들이 테크놀로지 면에서 우세한 사회와의 장기적인 접촉에도 불구하고 여러 면에서 유지되고 있다는 결론을 내렸다. 훨씬 이전에 오지브와족을 방문한 유럽인들이 관찰한 바와 동일한 심리학적인 특질들은 200년이 넘는 유럽 문화와의 개인적 접촉과 물질문화의 변동에도 불구하고 정도의 차이는 다소 있으나 계속 지속된 것으로 나타났다. 더욱이 할로웰은 전통적인 방식들이 이들을 대신할 적절한 문화적 대체물이 없이 상실됨에 따라, 문화접변을 겪는 개인들의 인성구조에 침식erosion 혹은 퇴행regression이 부분적으로 발생하였음을 발견하였다.

(2) 국민성 연구 National Character Studies

제2차 세계대전 직전과 전쟁 기간 중에 인류학자를 비롯하여 여러 학문을 연구하는 일단의 학자들이 심리전psychological warfare에 대한 연구를 수행하는 등 연방정부에 협력하였다. 베네딕트와 미드는 여기에 깊이 관여하였다. 전쟁 수행에 대한 이들의 협력은 제1차 세계대전 기간 중 보애스학파의 불간섭 입장과 비교해 보면 커다란 입장의 전환이었다. 히틀러 치하의 독일이 저지른 과도한 행위는 인류학자뿐만 아니라 다른 행동과학자들까지 단결시켜 심리전에 관한 정부의 연구를 뒷받침하게 만들었던 것이다. 이러한 조사연구는 훗날 **국민성 연구**National Character Studies라고 알려지게 되었다.

이러한 연구는 적국에서의 현지조사가 절대 불가능하기 때문에 현지에서 수행될 수는 없었다. 따라서 연구 참여자들은 심리적인 통찰을 위하여 새로운 방법론을 개발하여야 했다. 이들은 여러 가지 자료들(현지조사만 제외하고 사실상 모든 것)을 사용하여 연구를 수행하였다. 즉, 문학작품, 영화, 신문·잡지 등을 분석하였으며, 전쟁포로와 망명인들을 인터뷰하였다. 현지조사를 결여하였기 때문에 이러한 방법은 종종 **원거리에서의 문화연구**the study of culture at a distance라고 불린다. 이러한 연구조사의 결과 출판된 가장 유명한 책이 일본인의 국민성에 관한 베네딕트의 연구인 『국화와 칼*The Chrysanthemum and the Sword*』(1946)이다. 이는 중요한 연구 업적으로 인정되고 있으나 중상류 계급의 자료에 전적으로 의존하였다는 점, 계급 간의 차이와 계급에 부수되는 행위들을 무시하였다는 점, 문화변동을 간과하였다는 점, 정태적인 유형화를 하였다는 점 등의 이유로 많은 비판을 받기도 하였다.

복잡한 현대사회를 기술하려는 시도는 그 후에도 계속되었으나 1950년대 이후에는 감소하였다. 베네딕트의 연구에 관한 각종 비판이 노정한 여러 가지 난점들은 다계급多階級 및 다민족多民族 사회들에 내재하는 수많은 변수들을 감안할 때 거의 극복하기 불가능한 것이었다.

(3) 프로이트학파의 접근법

초기의 문화와 인성 연구는 유아기에 사회화가 어떻게 이루어지는가에 따라서 성인 인성의 유형이 결정된다는 입장을 취하면서 학습이론learning theory 〔역주 미국의 심리학자인 클라크 헐Clark Hull(1884~1952)이 크게 발전시킨 이론으로서 인간과 동물의 학습을 단일한 현상으로 보고 학습원리란 학습의 내용이나 학습주체인 종種에 상관없이 동일한 것이라 주장함〕, 왓슨의 행동이론 behaviorism 〔역주 미국의 심리학자인 존 왓슨John Watson(1878~1958)의 이론으로서 동물행동에 관한 연구에 의거하여 심리학의 전통적인 구조주의와 기능주의를 모두 배척하고 정신mind은 독립적인 실체가 아니라고 주장함으로써 정신-신체의 이원적 대립을 해소하려 시도함〕, 형태심리학Gestalt psychology, 일반적인 아동심리학 등에 크게 의존하였으나, 프로이트의 이론에는 별로 영향을 받지 않았다. 프로이트의 이론은 요컨대 일정한 심리학적 특질과 반응은 선천적이고 영구적이며 보편적이라는 것으로, 즉 모든 인간에게는 공통적인 심리학적 기제機制, mechanism, 능력, 그리고 심벌리즘이 존재한다는 것이다. 즉 프로이트의 이론에 따르면 인성의 내부에는 보편적인 무의식적 힘이 있는데, 이러한 이드id는 무의식적인 자아의 억압된 충동 혹은 본능적인 욕구를 의미하며, 초자아super-ego는 문화에서 얻게 된 가치관 혹은 개인적인 양심으로서 이드를 억제한다. 마지막으로 에고ego는 이드와 초자아를 매개하는 의식적인 자아이다. 또한 이 이론은 억압, 투사, 그리고 승화 등의 심리학적 기제는 보편적이라고 주장한다. 미드, 베네딕트, 그리고 이들의 추종자들이 인간의 행동에 대한 문화의 영향을 증명하려고 시도한 것에 비하여 프로이트학파는 보편적으로 인간이 가진 자질인 심리학적 구조에서 발생하는 행동을 이해하려고 노력하였다. 또한 이들은 어린이가 사회화 과정을 거치는 가운데 심리학적 구조들에 대처해 나가도록 요구됨에 따라 성격이 형성된다고 믿었다.

오랜 기간 동안 인류학자들은 프로이트의 정신분석학 이론(19세기에 비엔나에서 이루어진 환자 연구에서 비롯된 것)을 원주민 사회에 적용하는 것을 거부해 왔으며, 대부분의 인류학자들은 프로이트가 『토템과 터부*Totem und Tabu*』(1913)에서 제시한 인류학적 자료에 대한 해석을 무시하였다. 이미 언급한 바와 같이 말리노프스키는 고전적인 형태의 오이디푸스 콤플렉스가 보편적이지 않다는 사실을 증명하였다고 생각하였는데, 정신분석학 훈련을 받은 인류학자인 게자 로하임Géza Roheim은 말리노프스키야말로 오류를 범하였다고 생각하였다. 로하임은 넓은 의미에서는 프로이트의 주장이 진실이며, 프로이트의 해석을 거부하는 사람들이야말로 자기 자신들의 오이디푸스 콤플렉스를 해소하지 못하고 있다고 다소 익살스러운 주장을 하였다.

사회의 기본인성구조basic personality structure 분석은 정신분석학자인 에이브럼 카디너Abram Kardiner가 인류학자인 랠프 린턴Ralph Linton, 코라 뒤부아Cora DuBois와 협력하여 발전시킨 방법이다. 카디너는 프로이트의 이론을 인류학에 적용하고자 하였으며, 문화의 성격을 심리적으로 규정할 것을 희망한 진지하고도 치밀한 대표적인 연구자이다. 카디너는 민족지 자료로부터 사회의 기본인성을 추출하려고 노력하였는데, 기본인성이란 유아기의 사회화 과정을 공통적으로 경험한 한 사회의 대부분의 사람들이 공유하고 있는 패턴을 의미한다. 인류학자들은 카디너의 결론을 현지에서 실시한 **투사법**의 결과뿐만 아니라 성인 인성에 대한 주민들 자신들의 해석과도 대조해 보았다. 태평양의 알로르^Alor 섬 주민에 대한 중요한 연구는 뒤부아가 수행하였다.

카디너는 육아방법(그는 이를 '**제1차 제도**^primary institutions'라 부름)과 '**제2차 제도**^secondary institutions(정부, 종교, 신화, 기타 등등)를 파악함으로써 개인의 기본적 인성을 추정할 수 있다고 생각하였다. 전문가인 에밀 오베르홀처^Emil Oberholzer는 알로르 주민들에게 실시한 투사기법(로르샤흐 테스트)의 결과를 해석하였는데, 이 분석에 참여한 학자들은 모두들 '장님'처럼 연구하였다. 즉 그 누구도 다른 동료들의 분석 결과를 알지 못한 채 연구하였다. 투사기법을 통문화적으로 사용하는 데 관한 몇 가지 의문들은 해결하지 못하였지만 심리학자들과 인류학자들이 각기 내린 결론은 상당히 일치하였다.

모든 투사방법—로르샤흐 테스트, TAT(Thematic Apperception Test) 등—의 바탕이 되는 이론에 따르면, 모든 사람들은 자신들의 내부적인 감정과 태도를 테스트의 그림을 해석하는 데 투사하며, 이러한 내적인 상태를 환상으로 표현한다. 그리하여 피조사자가 테스트의 그림에 대한 지각을 기초로 하여 공상으로 지어낸 이야기를 통해서도 일반적인 심리 동기의 양상을 파악할 수 있다는 것이다. 투사방법은 1950년대에 가장 많이 사용되었고 그 후에는 쇠퇴하였다. 대부분의 조사연구자들은 주의 깊게 통제하기만 하면 이러한 조사로써 다음과 같은 질문들에 답할 수 있다고 믿고 있다. 즉 한 사회 내에서 가장 흔히 나타나는 반응 양상은 무엇인가? 무엇이 전형적이며, 무엇이 일탈적인가? 또한 한 문화 내에서 인성들은 어느 정도의 변이를 보이는가? 그러나 의미 있는 비교문화적인 결론을 도출하려면 여러 문화에서 훨씬 많은 테스트를 수행해야 한다.

존 화이팅John Whiting과 예일 대학의 어빈 차일드Irvin Child는 현지조사를 직접 수행하기보다는 오히려 이미 수집된 민족지 자료를 사용하여 프로이트의 이론과 인성발달에 대한 몇몇 가정들을 검증하고자 하였다. 이들은 인간관계지역파일Human Relations Area Files: HRAF의 자료들을 사용하여, 유아기와 아동기 행위의 5대 1차 체계(구순口脣, 항문肛門, 성性, 의존, 공격) 중 어느 하나에 충분히 만족하면 성인이 된 이후에도 이러한 시스템의 만족도가 높아질 것이며, 반면에 유아기의 불만족과 처벌은 인생 후반기에 이러한 시스템의 불안과 갈등의 가능성을 높일 것이라는 자신들의 가설을 검증하고자 하였다. 예를 들면 원할 때마다 젖을 먹었던 아이는 성인이 되어서도 일종의 구순적 만족을 얻고 또 받으려고 노력하지만〔역주 정正의 가설〕, 먹을 것을 극히 불규칙적으로 받은 아이는 성인이 되었을 때 음식에 관하여 또 구순적 반응 일반에 관하여 불안감을 느낄 가능성이 있다는 것이다.

HRAF를 사용하여 적절한 통계연구를 행한 뒤 화이팅과 차일드는 정正의 가설은 증명되지 않았으나 그 반대는 일반적으로 증명되었다는 결론을 내렸다. 부負의 고착固着, negative fixation(각角의 가설)에 대한 가장 결정적인 증거는 5대 체계 중 구순체계, 의존체계 및 공격체계를 통해 도출되었으며, 이는 프로이트의 이론이 항문적 충동과 성적 충동의 중요성을 과장하였다는 것을 의미한다.

(4) 통계학적인 통문화적通文化的, Cross-cultural 비교연구

화이팅과 차일드는 예일 대학의 조지 머독George Peter Murdock과 그의 동료들이 개발해낸 기호화된 자료검색 체계를 사용함으로써 자신들의 가설을 검증하였다. 머독은 예일 대학에서 사회학자인 앨버트 켈러Albert Keller의 지도하에 연구한 인연으로 보애스학파가 주도하는 주류 인류학의 밖에 있었다. 머독은 일찍이 사회인류학(그는 형질인류학과 고고인류학에는 관심이 없었다.), 심리학 및 사회학을 포함하는 사회과학에 대한 장場의 이론이라는 접근법을 발전시킬 것을 목표로 삼았다. 그는 학자로서의 생애 초기에 스스로를 '사회의 과학Science of Society'의 교수라고 지칭하였으나 위슬러와 사피어의 영향을 받아 더욱 사회인류학 쪽으로 기울어졌으며, 결국예일 대학에 인류학 교수Professor of Anthropology로 취임하였다. 그는 사회인류학과 사회학은 사실상 단일한 학문이 되어야 하며 그 고유한 대상은 생물학과는 전혀 관계가 없는 문화적 행위가 되어야 한다고 확신하였다.

머독은 20세기 초에 보애스가 일반화 및 통문화적인 비교를 꺼렸던 이유가 무엇이었든 간에 20세기 중반에는 이미 가설을 검증하기 위한 자료가 충분히 집적되었다고 강하게 느끼고 있었다. 다시 말하자면 이론의 정립으로의 회귀가 필요하다는 것이었다. 그는 민족지적 연구에 몰두하였으며, 위슬러가 문화의 보편 항목이라고 주장했던 것과 유사한 범주를 사용하여 1949년 이후 '인간관계지역파일HRAF'이라고 불린 통문화적인 서베이 자료를 집대성하였다. 이러한 자료들은 직접 현지조사를 수행하지 않고도 가설을 검증하는 데 민족지적 자료들을 사용할 수 있는 가능성을 열어 주었다. HRAF는 통계학적 상관관계를 분석할 수 있도록 되어 있었으며, 19세기에 타일러가 '접착接着, adhesion'이라고 불렀던 것과 유사한 종류의 관계들을 증명하기 위한 표본추출 기법 등을 사용할 수 있게 되었는데 이번에는 자료의 질이 당시에 비하여 한층 더 훌륭하였다. HRAF는 예일 대학에 처음 설치되었으나 몇십 년 내에 미국 전역의 대학들과 많은 외국 대학들에도 설치되었다. 〔역주 이 자료는 현재 국내에서도 서울대, 고려대, 서강대 도서관 등에 비치되어 있다.〕 하지만 영국의 대학들은 이러한 발상에 계속 무관심하였다.

머독은 가장 중요한 저작인 『사회구조론Social Structure』(1949)을 위한 조사연구에서 이 파일의 유용성을 보여 주었는데, 여기에서 그는 HRAF에 수록된 사회들의 가족조직과 친족이라는 주제에 초점을 맞추었다. 그는 각종 상관관계를 산출하였으며, 또한 "도서관에서의 조사연구로 이에 필적할 성과를 얻는 데 필요한 시간의 단 몇 분의 일에 지나지 않는 극히 짧은 시간 내에" 일반화에 성공하였다.

기호화되고 이중으로 색인을 작성한 자료 검색체계의 이점은 많은 정보를 아주 빨리 처리할 수 있다는 것이다. 그러나 비판자들이 지적한 바와 같이, 이러한 파일을 통하여 민족지적 변수들을 뽑아내려고 할 때 수많은 문제들이 있는 것 또한 사실이다. 이 문제들 중 중요한 것만 나열하면 다음과 같다. 즉 색인 처리가 된 문헌에서 망라한 내용이 편파적이고 의심스럽거나 불충분한 경우가 있을 수 있다. 또한 문화의 몇몇 측면들이 그 (의미를 부여하는) 맥락에서 유리遊離되기도 하며 무엇보다도 각 사례의 독립성이 문제가 된다. 즉, 각 사례들이 단일한 원천으로부터 파생되었을 경우에도 이들을 각각 별개로 취급하여야 할 것인가? 전파라는 요소가 자료에서 통제되었다고[역주 즉, 배제하였다고] 누가 장담할 수 있을 것인가? 더욱이 HRAF를 사용하는 그 어떠한 조사연구자도 상당히 주관적 판단을 해야만 한다. 예를 들어 민족지 작성자가 어떤 문화요소에 관하여 기술하면서 그 빈도에 대해서 언급하지 않았을 때—즉 드물게 나타나는가, 때때로 나타나는가, 혹은 사회에 전반적으로 널리 퍼져 있는가—이에 대하여 어느 정도의 중요성을 부여해야 하는가? 우리는 이런 애매한 문제들에 너무도 흔히 직면하게 된다.

(5) 한정된 비교 Limited Comparison

일반화와 비교를 억제한 보애스학파에서 일탈한 또 하나의 미국 학자는 프레드 에건Fred Eggan이다. 그는 래드클리프브라운이 시카고 대학에 체재할 당시 자극을 받아 구조기능주의적 분석과 통시적通時的 분석의 결합을 시도하였다. 에건은 머독의 방식과는 전혀 달리 소규모의 통제된 비교방법a method of controlled comparison on a small scale을 제안하였다. 그는 서부 푸에블로Pueblo족(푸에블로족은 훌륭한 고고학적·역사학적 자료를 가졌으면서도 구조적으로는 단일한 유형에 속한다.)을 연구하면서 상이한 집단들 간에 발견되는 차이와 그 원인을 분석하고자 제한된 비교라는 방법을 시험해 보았다. 한정된 상황을 분석함으로써 에건은 구조적 변화가 발생한 과정들을 발견하고 또한 비교론적 시각에서 가설을 검증할 수 있다고 믿었다.

(6) 민속-도시 연속체 The Folk-Urban Continuum

어느 정도 보애스학파와 거리가 있지만 또한 보애스학파의 일부와 밀접한 관련하에서 로버트 레드필드Robert Redfield는 1930년대에 농민 혹은 민속사회에 대한 연구를 시작하였다. 그는 사회학자인 로버트 파크Robert Park와 루이스 워스Louis Wirth 그리고 분업을 통한 사회의 발전이라는 뒤르켐의 사상에서 영향을 받았다. 또한 그는 봉건사회에서 자본주의 사회로의 변화에 대한 페르디난트 퇴니에스Ferdinand Tönnies의 **게마인샤프트**Gemeinschaft와 **게젤샤프트**Gesellschaft의 개념 구분을 유용하다고 생각하였다. 이로부터 레드필드는 민속-도시 연속체folk-urban continuum라는 진화론적인 발전 도식을 만들어냈다. 고전적인 진화론자들의 발전단계와 달리 레드필드의 발전 도식은 단계 혹은 레벨이 아니라 변화의 연속체상의 수많은 여러 지점에 위치해 있는 이념형으로 구성되어 있었다. 촌락 혹은 민속이라는 연속체의 한쪽 끝은 소규모이고 고립적·동질적이며 강력한 종교적인 믿음과 친밀한 대면관계對面關係, face-to-face relationship라는 특징을 가지고 있는 데 반하여 도시라는 다른 쪽 끝은 세속적·이질적이면서 비인격적이었다. 민속사회는 꽉 짜인 친족구조와 공통된 감정과 공유된 가치로 통합되어 있는 반면에 도시사회는 기능적인 상호 보완성으로 통합되어 있었다. 이러한 연속체는 시골에서 도시로의 변화에 적용될 뿐만 아니라, 소규모의 지역 공동체에서 농업 및 도시 혁명이 일어나 문명이 발생하기까지의 선사시대의 인류의 발전에도 상응하는 것이다.

레드필드는 관념이야말로 변화의 중요한 원동력이라고 파악하였기에 통상 문화적 관념론자cultural idealist〔역주 문화를 공통된 믿음과 공유된 규범으로 파악하는 학자〕라고 인정된다. 문화에 대한 레드필드의 정의는 "기술〔역주 art는 인공, 기술·예술의 의미를 모두 가짐〕과 문화적 산물〔역주 artifact는 인간의 손으로 만든 인공물로서 인간은 문화를 가지고 있으므로 '문화적 산물'이라 번역함〕에 나타난 공통된 이해common understandings manifest in art and artifact"이며, 그는 민족지 작성자의 과제란 이러한 공통된 이해를 파악하려고 노력하는 것이라고 하였다.

농민 혹은 민속사회에서 현지조사를 행한 레드필드는 문화에 대한 관념론적인 견해를 강력히 지지하였으므로 당장 눈에 보이는 사람들의 구체적 행동보다는 오히려 사회의 구성원들이 지니고 있는 관념들의 목표나 체계를 탐구하였다. 멕시코의 테포스틀란Tepoztlan이라는 마을에 대한 연구는 20년 뒤 오스카 루이스Oscar Lewis가 이곳을 재조사하여 거의 정반대의 결론을 도출함에 따라 고전적인 논쟁거리가 되었다. 이 두 학자의 연구 결과의 차이는 이들의 연구 지향에 기인한 것으로 보인다. (두 연구가 행해진 시간적 차이는 이 경우 중요하지 않은 것으로 간주되었다.) 레드필드는 규범적인 문화를 기록한 반면, 루이스는 주민들의 실제 행위를 기록하였다. 레드필드의 민족지에서 테포스틀란은 화목하고 평온하며 인간적으로 만족스런 사회로 그려져 있다. 루이스는 적대적인 파당의 반목과 주정뱅이의 싸움 그리고 상당수 인간적인 관계에서 거의 공공연히 드러나는 적대감 등을 상세히 기술하였다. 이 두 연구는 민족지학자들이 가진 취향과 이론적인 입장과 편견이 조사연구에 어떻게 영향을 미칠 수 있는가를 극명하게 잘 보여 주고 있다.

(7) 문화접변 연구Acculturation Studies

1930년대에 이르러 미국의 인류학자들은 오세아니아와 아프리카에서 연구를 시작하였으며 멜빌 허스코비츠Melville Herskovits는 미국에서 최초의 아프리카 연구 프로그램을 노스웨스턴 대학에 설치하였다. 그러나 세계의 어느 지역에서 연구를 하든 보애스학파의 가장 주된 관심은 변동과 문화의 동태였다. 이들이 문화변동 연구에도 관심을 갖게 된 것은 보애스학파가 역사에 관심이 있었던 탓도 있지만, 그보다 더 중요한 이유는 아마도 변화와 사회적 혼란 그리고 사회적 방향 상실 같은 문제들이 미국에서는 인디언 사회에서, 그리고 세계적으로는 저개발국가 및 식민지에서 명백하게 나타났다는 점일 것이다. 그리하여 사회과학자들의 관심이 이번에는 변동이라는 과정으로 모아졌다. 두 사회 간의 장기적인 접촉과 그 결과로 인한 그들 중 하나 혹은 양자 내의 변동에 대한 연구는 미국의 인류학자들 사이에서는 유행하였으나 영국의 인류학자들은 이에 별로 관심을 갖지 않았다.

문화접변文化接變, acculturation이라는 용어는 새로운 것은 아니었다. 이 용어는 이미 19세기에도 두 개의 문화가 서로 더욱더 유사해지는 상호 적응과 변동을 의미하기 위하여 종종 사용된 바 있다. 그러나 20세기 중반에 이 용어가 빈번하게 사용됨에 따라 보다 정확한 정의가 요구되었으며, 그리하여 레드필드, 린턴, 허스코비츠는 『문화접변의 연구에 관한 비망록 *Memorandum on the Study of Acculturation*』(1936)에서 문화접변이란 "상이한 문화를 가진 사람들의 집단들이 제1차적인 접촉을 지속적으로 하게 됨에 따라 양 집단의 원래의 문화패턴에 변화가 일어날 경우 그 결과로 나타나는 현상"이라고 정의하였다. 이는 문화접변을 다른 형태의 문화변동과 구분한 것이다. 보애스학파는 성급한 이론화를 매우 경계하였으므로 대부분의 문화접변 연구는 역사적 특수주의라는 테두리 안에 머물렀으나 약간의 일반화 작업도 시도되었다.

문화접변 연구에 몰두하였던 학자들은 현재 진행 중인 변동을 연구하려고 시도하였다. 방법론적으로 이러한 연구들은 어디서부터 얼마만큼의 변동이 있었는지를 측정할 수 있는 기준이 되는 출발점〔역주 변동 전의 원래의 상황〕의 존재를 전제로 한다. 출발점은 문헌자료, 민간전승 및 인터뷰를 사용하는 **민족사학**民族史學, ethnohistory〔역주 ethnohistory는 종족사학種族史學이라고도 번역된다. '민족사학'은 '민족주의 사학'이나 '민족사관'과는 전혀 다른 의미이다. 이 책 168쪽을 참조할 것〕의 연구기법을 통하여 재구성될 수 있었다. 원래의 상황을 재구성한 후에는 여기에서부터 일어난 변동의 폭과 크기를 기술하였다. 이러한 연구들은 식민지 영토 혹은 인디언 보호구역, 심지어 지배국인 미국 사회 내에서의 이민집단과 종족집단에 대한 행정, 도시의 사회복지 프로그램 등에까지 적용될 수 있었으므로 응용인류학으로서의 실용적인 요소도 가지고 있었다. 이러한 연구는 이론적으로 두 개의 비서구사회들 간의 접촉을 대상으로 할 수도 있었으나 사실상 모든 연구들은 토착집단과 산업화된 서구의 집단 간의 접촉에 대한 것이었으며, 그

대부분은 변동이 비유럽 사회에 어떠한 영향을 미치는가를 검토할 따름〔역주 즉 변동의 일방적인 측면〕으로, 변동의 쌍방적인 성질은 사실상 취급하지 않았다.

몇 가지 구체적인 연구 항목을 예로 들면, 문화접변 연구는 변동의 도입 경로, 변동에 대한 저항의 정도, 선택의 기제機制, mechanism, 지위와 역할의 변동, 그리고 동화assimilation, 재해석reinterpretation, **제설혼합**諸說混合, syncretism, **재생운동**revitalization 등 변동의 최종적인 산물까지를 포함한다. 문화의 프로세스들에 대한 이러한 모든 관심은 원인과 그 결과에 대하여 일반화를 시도하고 또한 변동하는 문화체계의 기제 혹은 그 공통 성질을 통문화적으로 비교하려는 보애스학파 내의 새로운 움직임을 보여 주고 있다.

(8) 형태이론形態理論, Configuration Theory

어느 정도는 영국의 기능주의에 대한 반동으로 그리고 어느 정도는 문화라는 이름하에 수집되는 다양한 정보들에 일체성과 질서를 부여하기 위하여 크로버와 베네딕트는 패턴pattern 혹은 형태configuration—특정한 사회들에 정체성正體性, identity을 부여하거나 다른 것들과 다르게 만드는 문화요소들의 덩어리—라는 관념을 만들어 내었다. 베네딕트에 따르면 형상이란 성인들의 전형적인 인성人性을 의미한다. 크로버는 각 사회에 정체성을 부여하기 위하여 스타일style과 주요 모티프major motif라는 개념을 사용하였다. 20세기 중반에 이르러 인류학자들은 사회의 지배적 속성이 무엇인가에 따라 사회를 유형화하려고 시도하였다. 인류학 이론에 관심을 갖게 된 철학자인 데이비드 비드니David Bidney는 각각의 문화체계의 근저에 있는 철학적인 공준公準, postulate들을 문화의 정체성 인식 작업의 초점으로 사용할 것을 제안하였다.

플로렌스 클럭혼Florence Kluckhohn과 프레드 스트로드벡Fred Strodtbeck은
『가치 지향의 변이Variations in Value Orientations』(1961)에서 또 다른 철학적 접
근을 시도한 바 있는데, 이들은 집단으로서의 사람들이란 삼분법trichotomy
혹은 셋으로 된 범주에서의 기본적인 지향—예를 들어 과거, 현재, 미래
중 어디에 초점을 두고 있는가?—에 따라 그 성격을 규정할 수 있다고 주
장하였다. 이들은 사회를 유형화하는 수단으로서, 여러 다양한 가치들 중
각 사회의 문화가 어떤 점에 더 비중을 두고 있는가에 따라 문화를 분류하
는 체계를 제안하였다. 클라이드 클럭혼Clyde Kluckhohn은 이극적二極的인 범
주들 간의 선택을 통한 정체화正體化를 주장하였는데, 여기에서 선택이란
각각의 사회 또는 개인 또는 집단 등이 서로 대립되는 것들(예를 들어 선과
악, 개인과 집단 등) 중 어느 것을 상대적으로 강조하는가에 관한 것이었다.
또한 클럭혼은 각각의 사회는 그가 사회의 '기정관념既定觀念, givens'이라
고 부른 기본적인 전제premise들을 기초로 움직이고 있다고 하였다. 이러
한 기본적인 전제에 따라 적절한 행위와 부적절한 행위가 구별될 수 있다.
클럭혼은 나바호Navajo족의 사회를 기술하기 위하여 '기정관념'이라는 개
념을 적용하였다.

아마도 이러한 새로운 개념 중에서 가장 자세한 것은 「문화의 역동적인
힘으로서의 주제Theme as Dynamic Force in Culture」(1945)와 「문화의 통합과 분
화에 있어 구성부분, 집합 및 주제Component, Assemblage, and Theme in Cultural
Integration and Differentiation」(1959)에서 모리스 오플러Morris Opler가 주창한 **문
화주제**themes일 것이다. 그는 문화주제란 행위 속에 나타나는 '역동적인
단언斷言, dynamic affirmations', 즉 행위를 통제하거나 활동을 자극하는 가치
들이라고 묘사하였다. 예를 들어 만일 남성이 여성보다 우월하다는 것이

문화주제라면 이는 남성과 여성이 걸어 다니거나 식사를 하거나 혹은 의례에 참여하는 순서 등 행위 면에서 나타나게 될 것이다. 그런데 오플러는 문화주제에는 항상 균형을 마련해 주는 '대항주제對抗主題, counterthemes'가 존재한다고 주장하였다. 즉 여성들은 원예농경, 육아 등의 특정한 활동 영역에서는 역으로 높이 평가된다는 것이다.

형상론의 비판자들은 다음과 같은 문제점들을 지적하고 있다. 즉 이러한 성격규정은 너무나 단순하며 또한 희화적인 경향이 있다는 것이다. 각 문화에 대한 묘사가 너무나 주관적이기 때문에 상이한 관찰자들은 상이한 패턴을 발견할 것이다. 또한 형상을 발견하려는 어떠한 시도도 단순한 기술記述의 단계에 불과할 뿐이므로 아무것도 설명하지 못한다. 영국의 사회인류학자들은 문화를 유형화하거나 특징을 파악하는 작업에서 아무런 이점을 발견하지 못하였으며, 사실상 형상론적 접근은 그 개념상 및 적용상의 문제들로 말미암아 인기를 상실하게 되었다.

2. 20세기 중반 영국의 사회인류학

이 시기의 사회인류학은 이론적으로나 실질적으로나 20세기 초반의 흐름과 상당한 연속성을 보이고 있었다. 영국의 인류학자들은 이 기간 중 미국의 인류학자들을 매혹시켰던 폭넓은 관심 영역 및 새로운 시도들과 계속 거리를 두었다. 대영제국은 제2차 세계대전이 끝난 후 급격히 쇠퇴하고 있었지만 여전히 현지조사의 주요지역이었으며, 현지조사에 대한 이론적 시각은 구조기능주의를 지향하였다. 그러나 말리노프스키와 래드클리프브라운의 제자들 중 일부는 원주민 사회에서의 변동이 의심의 여지가 없는 명백한 사실로 부각됨에 따라 시간의 차원을 연구에 도입할 필요성을 인식하게 되었으며, 일부 학자들은 환경과 경제에 대한 새로운 관심을 발전시키게 되었다.

(1) 역사적 심도를 더하며

에드워드 에번스프리처드Edward Evan Evans-Pritchard(1902~1973)와 에드먼드 리치Edmund Leach(1910~1989)는 비록 서로 접근방법은 전혀 달랐지만 역사적 요인들을 더 이상 무시할 수 없다는 공통된 신조 때문에 두드러져 보이는 인물들이다. 말리노프스키 밑에서 연구했으며, 옥스퍼드 대학에서 래드클리프브라운의 후임이 되었던 에번스프리처드는 아프리카에서 장기간 현지조사를 하는 가운데 사회를 진정으로 이해하기 위해서는 역사적 시각이 필요하다는 결론을 내리게 되었다. 유럽과 접촉함에 따라 아프리카에서 발생한 변동은 너무나 대규모적이어서 전통적인 구조기능주의적 설명으로써는 이를 설명하기가 불충분하였다. 사실상 에번스프리처드는 인류학을 일종의 역사학historiography으로 생각하게 되었으며, 따라서 인류학을 과학science이라기보다는 본래 인문학humanities에 속하는 학문으로 간주하게 되었다. 영국 인류학자들 중 유일하게 에번스프리처드는 사회체계란 자연체계natural system가 아니라 도덕체계moral system라는 입장을 취하였다. 즉 인류학은 과학적 법칙scientific law이 아니라 패턴pattern을 찾아야 하며, 설명explain하기보다는 해석interpret하여야 한다는 것이었다.

매럿 기념강연Marett Lecture [역주 영국의 사회인류학자인 로버트 매럿Robert Marett(1866~1943)을 기념하여 만들어진 강연](Evans-Pritchard 1964에 재수록)에서 그는 자신의 인문학적 입장을 공공연히 주장하였다. 그는 이 논문에서 발표한 이론적 입장을 「인류학과 역사학Anthropology and History」이라는 또 다른 논문에서 더욱 발전시켰다. 그는 인류학자와 역사학자는 다 같이 개별적인 것 속에서 일반적인 것을 보려고 하며, 인류학자들도 문자가 없는 민족들의 구술 전승을 조심스럽게 사용하여 역사적 자료들을 사회과학적으로 다루기 시작하여야 한다고 주장하였는데, 이러한 제안은 미국의 문화역사학자들의 접근법과 그리 다르지 않았다.

누어족의 종교에 관한 에번스프리처드의 연구(1956)는 종교란 궁극적으로는 사회가 그 자신을 숭배하는 것이라는 뒤르켐의 이론과 현격히 대조된다. 에번스프리처드는 종교란 세상의 신비를 설명하는 공인된 설명방식이라고 보았으며, 영혼에 대한 누어인의 관념 그리고 영혼과 인간들 간의 관계에 대하여 이들이 가지고 있는 일관된 상像을 제시하려고 노력하였다. 에번스프리처드는 종교를 이해하는 유일한 방법은 종교가 종교를 믿는 사람들 자신들에게 무엇을 의미하는가를 이해하는 것이라고 주장하였다. 에번스프리처드는 명백히 기능주의자였지만 문화의 보다 주관적인 측면—즉 구조의 내부에서 본 전망—을 탐구할 것을 촉구하였다. 그리하여 그의 입장은 래드클리프브라운의 구조기능주의로부터 분리되는 데 중요한 출발점이 되었다.

말리노프스키의 제자인 에드먼드 리치는 제2차 세계대전 기간 중에 버마에서 현지조사를 한 후, 역시 시간의 흐름이라는 차원을 다루어야 할 필요성을 통감하였다. 그는 자신이 조사 중이던 부족사회의 정치적 상황을 공시적共時的인 기능주의적 분석으로 설명하는 것은 불가능하다고 주장하고, 본질적으로 폐쇄되고 정태적인 구조기능주의의 모델에 대한 신랄한 비판인 동시에 정치적 변동에 대한 연구인 『버마 고산지대의 정치체계 Political Systems of Highland Burma』(1954)를 저술하였다. 리치는 동료들 사이에서 유행하던 고정적인 체계들에 대한 유형학typology은 현실과 별로 상응하지 않으며, 사회들이란 안정 혹은 균형을 이룩하려는 경향을 보이지 않기 때문에 그 어떠한 공시적인 연구도 현실을 정확히 기술할 수 없다고 주장하였다. 리치는 영국의 사회인류학자들이 통합과 사회적 연대성을 강조함으로써 심각한 오류를 범했다고 주장하였는데, 이러한 이론적 입장으로 인해 사회인류학자들은 갈등, 긴장 및 변화를 볼 수 없었기 때문이다. 현실의 사회는 도저히 균형상태에 있다고는 할 수 없는 것이다. 리치는 안정적이고 구조적인 사회관은 민족지 작성자가 개인적으로 관념화한 범주들을 토착민의 삶의 방식 위에 억지로 덮어씌우는 것에 지나지 않는다고 믿었다. 구조기능주의적인 분석은 한때 상당한 이점이 있었으나 20세기 중반에 들어와서 그 신선함과 탄력성을 상실하였다. 새로운 모델이 필요하게 되었으며, 이러한 모델은 역사적 차원을 포함하여야 했다. 리치는 세 가지 차원에서 행위를 이해할 필요를 강조하였는데, 그 세 가지는 다음과 같다. 첫째, 현실적인 차원, 즉 관찰 가능한 사회 구성원들의 행위. 둘째, 모든 실제 행위들의 평균(혹은 정상正常, norm). 셋째, 이상적 수준, 즉 자신들의 행위에 대한 현지민들 스스로의 묘사 등이다. (리치의 후기 연구에 대해서는 제6장에서 논의한다.)

맥스 글럭먼Max Gluckman(1911~1975)은 또 다른 입장을 대변하고 있다. 스승인 래드클리프브라운 이래의 전통에 입각하여 계속 활동하면서 글럭먼은 사회 내에서의 균형(평형equilibrium)이라는 개념을 중시하였다. 글럭먼은 정치조직과 사법적 프로세스〔역주 process는 심판, 절차 또는 과정, 진행을 모두 의미함〕에 특히 관심을 가지고 있었으며, 구조기능주의라는 이론적 입장을 견지하면서 갈등과 균형의 이론에 공헌하였다. 그는 갈등이란 사회구조를 이루는 요소들 사이에 항상 존재하지만 보다 넓은 맥락에서 볼 때 갈등은 사회체계가 붕괴되기 전에 해소된다고 주장하였다. 예를 들어 집단들은 상호 대립할 수 있지만 최소한 이 집단의 일부 구성원들은 어느 기간 동안은 사회 전체와 연관된 문제들에 관하여 협조해야만 한다. 그러므로 분열의 경향을 가진 힘들은 항상 어느 정도는 호혜적인 의무관계를 통한 융합의 힘들과 다소 균형을 이루게 된다. 어떤 요소나 관습은 한편으로 분열적이면서 동시에 단결적일 수도 있는데, 예를 들어 요술 witchcraft은 사회의 단결을 파괴하기도 하지만 또한 사회통제의 수단으로 기능하기도 한다. 사회요소들 간의 상호 보완성과 기능적인 상호 연관성을 통하여 사회적 연대가 강화된다는 사고의 전통은 글럭먼으로부터 래드클리프브라운을 통해 뒤르켐에까지 그 계보를 거슬러 추적할 수 있다.

1950년대에 식민지 제국이 해체되면서 리치와 같은 비판자들은 글럭먼의 모델이 사회변동을 다루기에는 너무나 정태적靜態的이며 또한 이는 사회적 사실들을 기존의 범주에 강제로 끼워 맞추는 것이라고 비판하였다. 비록 글럭먼 자신은 자신의 방법론이 사회변동 연구에 불충분하다는 비판에 동의하지 않았으나 현재의 구조를 이해하는 데 도움을 주기 위하여 역사적인 발전을 포함시키는 등 방법론에 약간의 수정을 가하였다. 글럭먼이 시간적 깊이를 고려하였다는 사실이 곧 균형이라는 사고를 포기하였다는 것을 의미하지는 않았다. 오히려 그는 어떻게 혼란에 뒤이어 균형이 회복되는가, 즉 시간을 통한 평형equilibrium through time〔역주 특정 시점에서는 균형이 파괴되었다고 보일 수도 있으나 장기적으로 볼 때 균형은 회복된다는 의미〕을 보려고 노력하였다. 글럭먼은 현재의 구조는 구조적으로 관련이 있는 모든 것들을 그 과거의 단계 속에 함축하고 있으나, 〔그 구성 면에서도〕 동일한 사람들이나 그 조합이 동일한 비율로 포함되지 않을 수도 있다는 결론을 내렸다. 또한 글럭먼은 래드클리프브라운의 **유기체적 유추**organic analogy를 포기하였는데, 그 이유는 사회체계란 사실상 유기체 체계에 비유할 수 없다―유기적 체계만큼 잘 통합되었거나 반복적이지 않다―는 결론을 내렸기 때문이다.

글럭먼은 식민지에 대하여 보다 폭넓은 시각을 취하였다. 로즈-리빙스턴연구소Rhodes-Livingstone Institute의 소장으로서 글럭먼은 부족민, 식민지 행정가, 상인, 그리고 이주민(유럽인 및 아시아인) 간의 상호 관계를 다원적 사회라는 맥락에서 연구하려는 계획을 가지고 있었다. 또한 그는 식민지 통치 이전의 구조와 식민지 시대의 구조를 비교하는 데에도 흥미를 가지고 있었으나 이러한 모든 계획들을 실행하기 전에 영국의 맨체스터 대학의 교수직에 취임하기 위하여 연구소를 떠나게 되었다. 맨체스터 대학의 인류학과를 창설한 글럭먼은 갈등과 갈등의 해결과정의 연구에 강한 관심을 가진 영국의 젊은 인류학자를 다수 길러 내었다.

(2) 환경과 경제

C. D. 포드C. D. Forde의 『생활장소, 경제 및 사회Habitat, Economy and Society』 (1934)는 영국 사회인류학의 새로운 경향을 대변한다. 〔역주 habitat는 서식지 棲息地라고도 번역할 수 있다.〕 포드의 연구는 미국에서 나중에 중요한 학문적 경향으로 발전한 문화생태학cultural ecology의 선구자가 되었으나 포드 자신은 스스로의 연구를 인문지리학human geography이라고 불렀다. 이 저서에서 포드는 환경과 테크놀로지 또는 경제를 엄밀한 의미에서 인과적 혹은 결정적인 요인이라고 할 수는 없지만 중요한 요소의 하나로 포함할 뿐만 아니라 경제와 환경, 사회조직, 그리고 문명 성장의 주요 요인들의 관계를 고려함으로써 구조기능주의자들의 폐쇄적인 모델에서 탈피하려고 하였다. 포드의 연구는 미국 인류학자와 영국 인류학자 간의 교류에서 비롯된 성공 사례라고 할 수 있는데, 그는 미국을 방문하면서 문화영역이라

는 개념을 보다 정교하게 다듬고 있던 위슬러와 크로버 등의 사고에서 지적 자극을 받았음을 인정하고 이에 감사하였다.

포드는 복잡성의 정도가 서로 다른 다양한 사회들을 연구하여 약간의 일반화에 성공하였다. 즉, 수렵채집 민족들은 모든 인류의 선조였으나 모건이 상정한 바와 같은 순수한 채집민은 민족지학상 알려져 있지 않다. 모든 인간 집단들은 그 사회적·문화적 복잡성에 관계없이 영토성territoriality에 관한 약간의 관념을 가지고 있으며 정치적 복잡성은 경제적 복잡성과 정표의 상관관계에 있는데, 농경민들 간의 변이의 폭은 수렵채집민들 간의 변이의 폭보다 크다.〔역주 농경을 생계수단으로 삼는 사람들은 수렵채집을 생계수단으로 삼는 사람들보다 일반적으로 다양성이 더 크다.〕손도구로 경작하는 중간 정도의 사회〔역주 원시농경민horticulturalists〕에서는 여성이 경작을 담당하며, 쟁기를 사용하는 농경plough agriculture에서는 주로 남성이 경작을 담당한다. 이러한 일반화 중 일부는 19세기에 진화론자들이 행한 것이며, 일부는 새삼스레 언급하기에는 너무나 명백해 보이지만 포드의 결론은 추측이 아니라 확실한 민족지적 증거에 기초를 둔 것이라는 데 의미가 있다.

(3) 경제인류학

티코피아Tikopia족의 민족지를 작성하여 잘 알려진 레이먼드 퍼스Raymond Firth는 경제이론을 인류학에 적용한 것으로 더욱 유명하다. 그는 현지조사 도중 사회관계의 상당 부분이 경제적 요소를 통하여 확실하게 드러남을 알게 된 이후 미개경제에 관심을 갖게 되었다. 그는 경제, 환경 및 생태와 사회구조 간의 상관관계를 탐구하는 연계관계를 밝히고 연구할 것을 촉구하였다.

말리노프스키의 제자인 퍼스는 쿨라 환環, kula ring이라는 교환체계에 깊은 감명을 받았으며, 산업사회의 형식적 경제이론(역주 앨프리드 마셜과 레온 왈라스 등이 발전시킨 신고전학파 경제학의 이론으로서, 합리적 개인은 오직 시장이라는 메커니즘을 통해서만 상호작용하면서 판단과 선택을 한다고 가정하며 사회제도, 관습 등은 분석에서 제외한다.)을 미개사회의 분석에 적용할 수 있을 것이라고 생각하였다. 형식적 경제이론을 미개경제에 적용할 수 있다는 주장을 부인하는 입장인 실재론자Substantivist들은 퍼스의 입장에 강력히 반대하였다. 그들은 형식이론이 너무나도 서구라는 특정 문화에 속박되어 있다고 주장하였다. 형식론자들Formalists과 실재론자들 간의 계속되는 논쟁은 경제인류학의 특징이 되었으며, 퍼스는 40여 년 전 천명했던 이론적 입장을 계속 견지하였다. 대서양 건너편 미국에서는 멜빌 허스코비츠Melville Herskovits, 폴 보해넌Paul J. Bohannan, 조지 돌턴George Dalton 등이 각각 정도의 차이는 있었지만 실재론자의 입장을 취하면서 실재론과 형식론의 논쟁에 참여하였다.

퍼스는 공시적인 접근법에도 수정이 필요하다고 믿었다. 그는 사회조직 social organization과 사회구조social structure를 구분하는 것이 개념적으로 보다 명확하므로 바람직하다고 생각하였다. 사회구조란 추상적이며 공식적인 이상과 규범으로서 이는 현실적으로 잘 드러나지 않는다. 따라서 실제 행해지고 있는 사회적인 상호작용과 관계들을 파악하기 위해서는 사회조직이라고 그가 명명한 또 다른 개념이 필요하다. 사람들은 이러한 사회조직 내에서 선택하고 결정을 내린다. 반면에 사회구조란 상대적으로 변화하지 않는 일련의 원리들로서 이는 분석적인 개념이다. 사회구조는 정적靜的이고 사회조직은 동적動的이다. 구조를 조직으로부터 분리함으로써 퍼스는 래드클리프브라운의 모델에 내재해 있던 변화라는 문제를 극복하려고 시도하였다. 사회조직 내에서 반복되고 패턴화된 변화들은 궁극적으로 사회구조에 반영되어 구조의 변형으로 나타나게 될 것이다.

(4) 영국 고고학의 진화주의

미국에서와 마찬가지로 영국에서도 진화주의 이론들은 사회문화인류학자들의 공격을 받아 그 매력을 상실하였다. 그러나 오스트레일리아 출신으로, 아마도 20세기에 가장 탁월한 영국의 고고학자인 고든 차일드V. Gordon Childe(1892~1957)는 사회적 진화주의를 부활시켰으며 유럽의 선사先史에 대한 재구성 작업에서 진화주의와 전파주의를 결합하였다. 거의 모든 인류학자들이 문화적 진화를 이론적 입장으로서 인정할 수 없다고 사실상 포기할 때에, 차일드는 이러한 개념이 선사시대에 서남아시아에서 유럽으로 사회적 복잡성이 전파되고 또 발전되었다는 사실을 이해하는 데에 유용하다는 것을 발견하였다.

차일드는 연구 초기에는 석기 시대, 청동기 시대, 철기 시대라는 3시대 개념을 보다 정교히 다듬었다. 그 후 차일드는 구석기 시대와 신석기 시대를 구분하였는데, 구태의연하게 석기의 제조기술을 기준으로 삼지 않고 식물과 동물의 재배 및 사육에 기초를 둔 식량 생산의 시작과 정착생활의 등장을 기초로 하여 구분하였다. 차일드의 해석은 종래의 고고학적 연구에 비하여 신석기 시대라는 범주에 사회·경제학적 내용을 더욱 많이 포함시켰다. 그는 빅토리아 시대의 단순한 시대구분 대신에 발명과 전파 간의 복잡한 문화적 상호작용에 기초한 발전단계를 제시하였으며, 제한된 범위 내에서이지만 유물을 통하여 비물질문화를 조심스럽게 해석하고자 하였다. 차일드는 발전단계상의 각 시기는 지리적 위치에 상관없이 기본적으로 동일한 사회·경제적 내용을 가진다고 간주하였으나 이들이 전 세계적인 절대 편년상編年上 동일한 시기에 발생하지 않았다는 점을 지적하고 있다.

1930년대에 소련을 방문한 차일드는 소련인들이 모건의 저작을 응용하는 것을 보고 깊은 감명을 받았다. 차일드는 모건의 분류법인 야만, 미개, 문명savagery, barbarism, and civilization을 자신의 연구에도 사용하기 시작하였는데, 구석기 시대와 중석기 시대를 '야만단계', 신석기 시대를 '미개단계', 그가 도시혁명Urban Revolution이라고 부를 것을 주장한 도시의 출현을 '문명단계'의 시작과 각각 동일시하였다. 또한 차일드는 문화요소와 관념의 전파경로를 그 지리적인 발상지부터 외부의 주변지역까지 추적함으로써 전파와 이주의 문제를 진화와 결합하려는 자신의 입장을 계속 추구하였다.

차일드는 인류학에서 널리 받아들여지고 있는 문명civilization 개념을 다음과 같이 정의하였다.

"대규모 인구의 도시 집중, 이들 인구의 일차적 생산자, 전업적專業的인 전문 수공업자, 상인, 관리, 사제司祭 및 지배자 등으로 분화, 경제적 및 정치적 권력의 효과적 집중, 정보의 기록 및 전달을 위한 규격화된 상징(즉 문자)의 사용, 그리고 일종의 수학 및 역학曆學의 발전을 불러일으킬 시간과 공간 및 중량의 측정을 위한 규격화된 여러 가지 기준."(Childe 1963:158)

3. 미국의 문화인류학과 영국의 사회인류학

미국의 문화인류학과 영국의 사회인류학 간에는 상이점보다 공통점이 더 많으며, 영국과 미국의 인류학자들은 각기 자신들이 객원교수로 방문했던 대학의 동료 학자들에게서 큰 영향을 받았다. 이러한 두 입장 간의 접촉은 서로를 더욱 풍요롭게 만들었다. 오늘날 미국의 인류학도들은 보애스, 로위 혹은 크로버 등 미국 인류학자의 고전적인 저작보다는 현대 영국 인류학자의 저작을 훨씬 더 많이 읽고 있다. 그러나 오늘날에도 양국의 인류학 간에는 그 역사적 발전 면에서뿐만 아니라 실질적으로 엄연한 차이가 어느 정도 존재한다.

(1) 미국의 인류학

여러 면에서 미국의 인류학은 말하자면 바로 뒷마당에 신세계의 토착민들이 존재하고 있다는 사실에 바탕하여 형성되었다. 미국의 인디언들은 유럽인과의 최초의 접촉 이래 호기심의 대상이 되었으며, 전문적인 인류학자들뿐만 아니라 약간 호기심을 가진 딜레탕트(애호가)들을 매혹해 왔다. 인디언의 기원에 관한 문제는 최대의 관심사였으며, 유럽과의 접촉 이후 인디언의 이동과 변화라는 문제 역시 미국 민족학계가 역사에 경도傾倒되도록 만들었다. 인디언에 관심을 갖는다는 것은 곧 역사 그리고 선사先史에 관심을 갖는 것을 의미한다. 더욱이 보애스가 초기에 지리학 연구를 하였다는 사실과 딜타이Wilhelm Dilthey의 지적 영향으로 인해 보애스는 공간적·시간적 연구에 관심을 갖게 되었으며, 이러한 경향을 자신의 제자들에게 불어넣어 주었다.

미국의 인디언들은 인류학이 미국에서 전문적인 학문으로 자리 잡기 시작하기 이전부터 이미 궁핍과 억압으로 고통 받아 왔다. 한때 안정되고도 강력했던 인디언 사회가 해체되어 총체적 멸망에 직면해 있다는 사실을 이해하기란 그리 어려운 일이 아니었다. 이를 우려한 많은 사람들(인류학자들을 포함하여)은 단지 고통을 완화할 뿐만 아니라 인디언이 미 대륙에서 완전히 사라지기 전에 과거 인디언의 삶과 전통을 가능한 한 많이 남겨 두기를 원하였다. 이러한 열망은 **민족사학**ethnohistory〔^{역주} 앞에서 설명했듯이 '민족주의 사학'과 구분되는 개념임〕이라는 기법—노인들과의 인터뷰, 오래 된 편지와 연대기, 일기 등 어떠한 형태로든 관련이 있거나 입수 가능한 문헌자료의 사용, 고고학적 방법의 사용 및 전설의 해석 등—을 통하여 원주민의 문화를 재구성하려는 시도로 나타났다. 심지어 언어학적 관계의 연구조차 문화변동과 이동경로를 확립하는 데 기여하였다. 그리하여 미국 의 인디언 연구는 시간적 깊이〔^{역주} 역사적 시각〕와 그 취급대상의 폭넓은 범위라는 지향을 추가적으로 갖게 되었다.

더욱이 미국 인구의 급격한 증가와 대학의 양적 팽창은 인류학 분야에 도 계속 새로운 직장이 증가한다는 것을 의미하였다. 대학교수의 취업시 장이 상대적으로 개방적이라는 사실 때문에 미국의 학풍에서는 혁신과 독 창성을 우선시하는 경향이 있었다. 미국의 대학인들은 과거의 연구들을 반복하거나 재확인하거나 혹은 수정하기보다는 무엇인가 새로운 것을 시 도하려고 하였다. 즉 이제껏 기록된 바 없는 집단들을 연구하거나, 새로운 문제들에 대하여 조사하거나, 혹은 새로운 조사기법을 실험하고자 하였 다. 그 어떤 방식으로든지 간에 조사연구를 제한할 이유란 전혀 존재하지 않았다. 이것이야말로 미국 인류학의 전형적인 특징으로서, 엄청난 다양 성을 촉발한 또 다른 요인이었다.

미국의 인류학은 형질인류학, 민족학, 고고학, 언어학을 포함하며 문화 라는 개념에 의하여 통합되고 방법론이나 내용 면에서는 혁신에 대하여 극히 관용적인, 총체적이고 폭넓은 학문으로 성장하였다. 미국의 인류학 은 소수민족과 억압된 집단들에 대한 지적·자유주의적 관심과 우려가 증대하던 시기에 등장하였으며, 많은 인류학 전문가들이 본국에서 그리고 전 세계의 개발도상국가에서 사회복지 문제에 적극적으로 개입해 왔다.

(2) 영국의 인류학

영국에서 발전한 사회인류학은 총체적 접근과 폭넓은 범위라는 특성을 가진 미국의 문화인류학에 비하여 제한적이고 집중적이었다. 영국의 학자들은 말리노프스키를 제외하고는 문화란 어떻게 다루어 볼 수 없는 개념임을 발견하였고("너무나 많은 사실들을 포함하고 있다too much reality"), 그리하여 상대적으로 안정적이라고 볼 수 있는 역할, 관계, 사회집단 등에 초점을 맞추는 쪽을 선호하였다. 따라서 영국의 인류학은 종종 '사회인류학'과 동의어로 간주된다.

이러한 연구는 한편으로는 대영제국[정부]의 요구를 충족시켜 주었는데, 이는 의도한 바가 아닐 뿐만 아니라, 심지어 그러한 의식조차 없는 경우가 많았다. 그러나 영국의 사회인류학자들은 연구대상인 원주민들과 마찬가지로 자신들 역시 영국사회 기반의 일부였으며, 대영제국은 현지조사의 터전이었다. 미 대륙의 원주민과 달리 영국 식민지의 원주민은 사라져 가는 존재가 아니었다. 때때로 원주민 인구는 증가하였으며 이들에 대한 통제력을 확보하는 일은 식민지 정부 관리들의 뇌리에서 떠나지 않았다. 정부의 이러한 태도는 원주민 집단들이 어떻게 조직되어 있으며 이들의 조직적 결합을 유지해 주는 것은 무엇인가라는 사회조직에 대한 인류학적 관심의 발전과 일치하였다. 또한 식민지라는 상황이야말로 원주민의 사회 체계를 정체적停滯的인 것으로 파악하게 만들었으며 인류학자들의 공시적이며 기능주의적인 접근법은 특히 이러한 정체성론에 잘 부합하였다는 비난을 받기도 하였다.

영국의 학문적 전통 또한 구속적이었다. 미국에서 새로이 설립되거나 상장上場된 고등교육기관의 수에 비하면 영국의 대학교수직은 극소수에 불과했으며, 대학의 승진 위계질서academic ladder 역시 상이하였다. 대부분의 영국 대학에서는 노교수가 은퇴할 때까지 새로운 교수가 충원되지 않았으며, 퇴임하는 노교수는 자신들의 후임 선택에 대하여 발언권을 가지고 있었다. 그 결과 영국의 젊은 학자들은 힘을 가진 사람들을 만족시키기 위하여 새로운 조사영역으로 깊이 들어가지 않는 경향이 있었다. 미국에서는 혁신, 독창성, 실험, 다양성 등이 성공의 수단이었으나, 영국에서는 오래된 문제를 다시 연구하고 고색창연한 이론들을 더욱 상세히 탐구하는 것이 학자로서 업적을 쌓고 인정받는 길이었다.

인류학계의 주요 관심은 정부의 필요에 좌우되기도 하였으며, 제한된 직장을 얻기 위해서는 노장교수들의 눈 밖에 나면 곤란했기 때문에 새로운 영역에 대한 연구조사의 발전이 억제되었다. 그 결과 영국의 인류학은 탁월하고도 철저한 친족 연구와 사회조직에 대한 조사로 명성을 얻게 되었다. 영국의 인류학자들은 문화사, 심리에 대한 통문화적 연구 등 확대일로에 있던 미국 인류학의 전형적인 분야들 대부분을 무시하였다. 더욱이 영국의 인류학과들은 형질인류학이나 고고학을 포함하지 않았으며, 이들은 생물학과나 고전학과에 포함되어 있거나 그 자체가 독립된 학과로 이루어져 있었다.

제6장 현대의 인류학: 1960년대 이후

1960년대에 들어와 비우호적이며 냉혹한 사회를 살아가는 고립된 개인의 비인간화 현상과 고뇌는 행동과학뿐만 아니라 문학과 예술에서도 중요한 화제가 되었다. 이제 인간의 힘으로 어쩔 수 없는 정도의 사태로까지 치닫고 있는 것처럼 보이기도 하였다. 이 시기의 특징은 기성 질서에 대한 개인들의 반항뿐만 아니라 주관적인 분석과 개인적인 경험이 점차 강조되는 경향으로 요약된다. 회의주의, 냉소주의, 권위에 대한 환멸, 베트남 전쟁 기간 중 정부 정책에 대한 반대 외에도 인종분규 및 도시 슬럼의 황폐화 등의 문제가 더해지며 많은 젊은이들이 지적으로 소외되거나 시민적 참여에서 발을 빼게 되었다. 개인의 힘으로는 어찌할 도리가 없는 여러 사회적 세력 앞에서 공통적으로 느끼게 된 무력감으로 인해 사람들은 한층 더 내적인 성찰에 이르게 되었으며, 불복종은 당시 유행한 표현에 따르면 '빠져나가기 dropping out' 혹은 '외면하기 turning off' 등의 성격을 띠게 되었다. 미국 내 민주주의 이론과 실천 그리고 베트남 전쟁 간의 모순을 경험하며 학생, 소수민족 집단, 그 외의 많은 사람들은 정부 정책을 재평가하게 되었다. 일부는 미국을 노예제도와 인디언 박해의 역사를 가진 식민세력으로 파악하였다. 기술과 환경 문제에 이르러서는 극심한 환경파괴가 예상되는 등 심각한 우려가 발생하였다. 과학이 가치중립적이라는 믿음은 의심을 받기에 이르렀다. 기술적으로 발전하지 않은 사회는 그 상태로 남아 있기를 원한다는 인류학자들의 가정 또한 의심을 받게 되었는데, 이는 특히 기술적인 근대화를 향한 이 사회들의 공공연한 움직임을 감안할 때 더욱 그러하였다. 제3세계 국가들은 전통사회의 일원이라는 지위를 거부하고 세계 시민적 문화에 참여하려고 노력하였다.

주관주의와 개인에 대한 관심의 증대는 문화를 엄밀한 의미에서 문화담당자culture-bearers (역주 문화를 지니고 그 속에서 사는 사람들)들이 보는 바대로 인식하고 기록하려는 일부 인류학자들의 새로운 관심사에도 반영되었다. 문화 내부로부터의 관점을 파악하려는 이러한 시도는 분석자의 관점과 원주민의 관점을 명백히 하고 이를 구분하려는 중요한 노력을 낳게 되었다. 많은 인류학자들이 이들 두 이론적 지향 간의 근본적인 갈등을 인식하였으며 또한 이들을 분리할 필요를 인식하였음에도 불구하고(이들 중 저명한 인류학자로는 사회구조와 사회조직을 구별하려고 했던 퍼스, 테포스틀란 Tepoztlan (역주 레드필드가 조사한 멕시코의 마을로서 20여 년 후 루이스가 재조사하여 상반된 결론을 발표함으로써 논란이 발생하였다. 제5장을 참조할 것)에 대한 자료 취급과 결론 면에서 상이한 입장이었던 레드필드와 루이스, 규범과 행동의 이념형을 구분한 리치 등이 있다.) 이들 두 관점—분석적analytic 관점과 민속적folk 관점—간의 혼동은 계속 문제가 되었는데, 그 이유는 거의 대부분의 민족지학자들이 자신들의 연구에서 이들을 명확히 구분하지 않았기 때문이었다.

음성학적 音聲學的, phonetic 및 음소학적 音素學的, phonemic이라는 단어에서 파생된 **에틱**etic(외부관점적) 및 **이믹**emic(내부관점적)이라는 용어가 인류학 문헌에 도입되어 유행하게 되었다. 음성학적(음성학이란 누구든 훈련을 받은 사람이면 이해할 수 있도록 음성에 의한 커뮤니케이션을 기록하는 표준화된 체계라는 용어)이라는 단어에서 나온 에틱etic이라는 용어는 다른 훈련된 관찰자에 의해서도 검증될 수 있는 과학적인 판단을 의미한다. 음소학적(음소란 특정 언어의 화자話者들에게만 의미가 있는 소리의 단위)이라는 단어에서 파생된 이믹이라는 용어는 특정한 문화의 내부로부터 나오는 것으로서, 문화의 행위자가 자신의 개념적 범주를 통하여 대상을 인식함으로써 갖게 되는 관점을 의미한다.

1. 인지인류학

인지인류학認知人類學, cognitive anthropology이라는 용어는 아직 확립되지는 않았지만, 이는 **민족과학**ethnoscience과 상징인류학symbolic anthropology 등의 하위분과들을 포함하는 개념으로 점점 더 빈번히 사용되고 있는 듯하다. 어떤 학자들은 상징인류학을 전적으로 상이한 분야로 간주하기도 한다. 인지인류학은 그 명칭이 의미하는 바와 같이 **인지**cognition를 강하게 강조하지만, 그 내용이 아직 보편적으로 합의되거나 관례화되지는 않았다. 여기에서 필자는 위에서 언급한 하위분야들뿐만 아니라 앤서니 월리스Anthony Wallace의 메이즈웨이mazeway(미로지도迷路地圖)라는 개념도 포함하여 살펴보고자 한다.

인지인류학의 근원은 에드워드 사피어Edward Sapir의 연구에서 찾아볼 수 있다. 사피어는 이미 수십 년 전에 문화적 행위란 문화담당자들이 공유하는 상징적 행위이며, 문화란 상이한 개인들에게 상이한 의미를 갖는 관념들과 행위 패턴들을 추상화한 것이라고 주장하였다. 인류학자는 추상화된 패턴을 기술하고 연구대상이 된 특정한 민족들로부터 다양한 의미를 추출할 뿐, 조사자 자신의 범주를 사용하지 말아야 한다. 원주민의 범주를 이해하려는 이러한 노력이야말로 인지인류학이 지향하는 목표이다. 인지인류학이란 각 사회의 행위의 기저에 있는 조직원리를 도출하려는 노력이다.

민족과학 혹은 **신민족지**新民族誌, New Ethnography라고 불리는 운동은 1950년대에 시작된 이후 폭넓은 주의를 끌어 왔으며, 이는 정신주의적인 접근방법에 대한 인류학의 관심을 표현하는 것이기도 하다. 현지인들의 견해를 파악하려는 시도 그 자체는 새로운 것이 아니었다. 이미 보애스는 문화란 그 자체의 관점에서 연구되어야만 한다고 말한 바 있고, 말리노프스키역시 민족지 작성자는 현지민의 견해를 포착하여야 한다고 주장하였다. 인지인류학의 새로운 점은 민족지 작성자의 범주를 전적으로 배제하려는 노력이었다.

민족과학이 일반적으로 인정받게 된 계기를 찾아보면 워드 구디너프Ward Goodenough까지 거슬러 올라갈 수 있는데, 특히 그가 1956년에 발표한 논문인 「성분분석Componential Analysis」이 중요하다. 민족과학은 기본적으로는 방법론인데(따라서 민족과학의 또 다른 이름은 신민족지新民族誌이다.), 이는 다음과 같은 이론적 토대를 가지고 있다. 즉 실제의 문화란 오직 그 문화를 지닌 사람들의 마음속에만 존재한다는 것이다. 한 사회의 구성원들은 각각 그 문화에 대한 자기 자신의 고유한 정신적인 형판型板, mental template 혹은 지도를 가지고 있으며, 구디너프에 따르면 이는 개인들이 자신이 속한 사회에서 성공적으로 처신하기 위하여 알아야만 하는 것들이다. 한편 민족과학은 너무나 철저하게 개인주의적이며 정신주의적이기 때문에 문화상대주의의 마지막 발악이라는 냉혹한 비판을 받기도 하였다.

민족과학을 발전시킨 사람들은 민족지 작성자가 자신이 가지고 있는 기존 범주에 정보를 억지로 끼워 맞추지 않으면서도 정보를 추출할 수 있는 방법을 찾고 있었다. 민족과학자는 자기 자신의 분류체계를 강제하는 것을 피하기 위하여, 정보제공자들의 분류체계를 도출할 경우에는 오직 현지 주민의 언어만을 사용한다는 언어학의 기법을 도입하였다. 만일 이러한 수법을 제대로 준수한다면 그 결과 민족지 작성자 자신의 문화적 범주로부터 완전히 독립되어 있으며 질문 영역에 관련되는 모든 성분들을 망라하는 분류목록 혹은 모델을 얻게 될 것이다. 지금까지 대부분의 민족과학 조사연구는 민속의학folk medicine, 색깔의 범주, 식물의 분류 등 제한된 영역들만 다루어 왔다. 이것은 시간이 많이 걸리는 조사기법이며, 한 개인의 총체적인 인지를 완전히 포착하는 것만으로도 최소한 평생이 걸리는 작업이다.

많은 민족과학 비판자들이 반대 의견을 개진하였으나, 아마도 이들 중 대부분은 민족과학을 주창하는 사람들이 단 한 번도 전통적인 인류학의 방법론을 포기하자고 주장하지는 않았다는 점을 간과하거나 무시하였던 것 같다. 민족과학자들은 신민족지를 자료수집 수단 중 하나로서 주장하였을 뿐이다. 비판자들은 누군가가 다른 사람의 머릿속에 들어가 그가 진정으로 무엇을 생각하고 있으며 어떻게 인식하고 있는가를 알아내는 것이 가능하리라고 생각하지 않았다. 더욱이 행동주의자들은 이러한 작업이 가능한지 아닌지 그 자체에도 사실은 관심이 없었는데, 왜냐하면 이들은 '사람들이 무엇을 생각하고 있는가'가 아니라 오직 '사람들이 무엇을 하고 있느냐'에만 관심을 가지고 있었기 때문이다. 또 다른 비판자들은 민족과학은 비록 흥미로운 분야이지만 이것이 유용하게 쓰일 수 있다는 증거는 아무것도 없다고 하였다. 민족과학은 비교, 계량화, 혹은 일반화를 하기에는 너무나도 개인주의적이며 상대주의적이었는데, 이러한 목적들이야말로 대부분의 인류학자들에게는 조사연구의 근본적인 목표였다. 그럼에도 불구하고 일부 민족과학자들은 조직원리 내지 인간의 분류체계에는 보편적이며 기본적인 구조가 있으며, 또한 이는 궁극적으로 민족과학이라는 방법론으로써 파악될 수 있다고 믿고 있다.

앤서니 월리스는 인지認知 연구에 대하여 또 다른 접근법을 취하였다. 월리스는 모든 개인들이 경험을 어떤 의미 있는 방식으로 분류하거나 조직화한다는 점에 착안하여 **메이즈웨이**mazeway(미로지도迷路地圖)라는 개념을 발전시켰는데, 이는 사회적 역할과 적절한 문화적 행동에 관한 개인들의 고유한 인지의 지도를 의미한다. 월리스는 한 개인의 메이즈웨이는 동일한 사회 내의 다른 사람들의 메이즈웨이와 똑같을 필요가 없으며, 상호 간에 정확한 예측이 가능할 정도로 중요한 영역에서만 충분히 중첩된다고 하였다. 월리스는 그 어떤 개인도 자신의 사회에 대하여 총체적인 지식을 지니고 있지 못하며, 따라서 모든 개인들은 이를 보완하기 위하여 사회의 다른 성원들을 필요로 한다고 하였다. 그리하여 월리스는 인지상의 일치 cognitive consonance보다는 인지적 다양성cognitive variability이 사회의 특징이라고 주장하였다. 문화가 급격히 변동하는 상황에서는 메이즈웨이가 붕괴되어 새로운 상태로의 재편성이 필요해질 수도 있다. 만일 전통적인 양식이 재편되지 않거나 될 수 없다면 개인들은 기능을 할 수가 없다. 만일 메이즈웨이를 재종합하는 데 성공한다면 이러한 개인은 변화된 사회적 환경 내에서 행동하는 데 필요한 새로운 지침을 갖게 되는 것이다.

상징인류학象徵人類學, symbolic anthropology이라고 불려온 분야는 또 다른 인지 내지는 정신주의적 지향을 대변한다. 상징인류학이란 문화 혹은 문화의 패턴화라는 개념이 보다 정교화되고 확대된 것이라고 볼 수도 있고 혹은 넓은 의미의 기능주의적 전통 내의 또 다른 접근법이라고 볼 수도 있다. (예를 들어 상징체계는 유지기능maintenance function 혹은 심리학적 기능을 가지고 있다.) 상징인류학과 관련된 사람들 중 유명한 학자들은 클리퍼드 기어츠Cifford Geertz, 데이비드 슈나이더David Schneider, 빅터 터너Victor Turner, 메리 더글러스Mary Douglas이다. 이들은 비록 그 출발점은 다양하지만 모두 문화를 상징적 체계로 본다는 점이 공통적이다.

예를 들어 슈나이더는 미국의 친족을 하나의 상징체계로서 파악하였다. 즉 친족이라는 상징체계는 그 자체가 독자적인 체계로 취급되었으며, 사회적 체계, 생물학적 체계, 혹은 심리체계와 관련시켜 파악되지 않았다. 이것은 친족관계가 단순한 생물학적인 혈연관계라는 사실 이상의 것을 표상함을 의미한다. 즉 친족관계는 지속적인 연대와 신뢰 등의 특징들을 상징한다.

기어츠는 사람들이 상징을 통하여 자신들의 세계를 정의하며, 이를 우주에 대한 자신들의 모델로 변형시킨다고 주장하였다. 기어츠는 종교란 사람들에게 현실 사회의 본질을 강조해 주는 상징체계이며 또한 사람들이 현실 세계에 대하여 느끼는 감정들을 강화해 준다고 하였다. 즉 종교는 인간의 존재, 인간이 존재하는 이유, 삶의 본질, 그리고 인간이 가진 세계관을 상징하고 해석하는 것이다.

터너는 맥스 글럭먼의 제자로서, 종교와 의례 연구에 관심을 기울였다. 그는 은뎀부Ndembu 사회의 의례 상징들을 사회적 행동의 요인으로서 분석하였다. 터너는 상징들이란 특정한 문화적 맥락 속에서 연구되어야 한다고 믿었는데, 그의 연구는 상징이 사회의 구성원들에게 무엇을 의미하는가를 이해하는 것을 목적으로 한 현지조사에 기반을 둔 것으로, 주의 깊고 경험적이었다. 그러나 터너는 내부적인emic 자료를 수집하는 것만으로는 충분하지 않다고 믿었으며, 외부적etic 기술과 분석 역시 동등하게 중요하다고 생각하였다.

더글러스는 상징 연구에 대하여 또 다른 접근법을 취하였다. 그녀는 보편적인 상징들, 즉 다양한 시대와 문화에 등장하였던 상징들을 발견하고자 노력하였다. 더글러스의 조사연구를 자극한 것은 뒤르켐과 모스가 행한 원시사회의 분류체계에 관한 연구이다. 더글러스는 상징적 질서란 어떻든 사회질서를 반영한다고 가정하였으며 또한 인간의 신체 각 부위를 상징하는 이미지가 여러 문화에서 어떻게 공통적으로 받아들여지고 있는가를 연구함으로써 자신이 자연적 상징natural symbols이라고 명명한 것들에 대한 연구가 가능하다고 주장하였다.

프랑스의 구조주의

인지적 과정을 다룬다는 의미에서 심리학[역주 구조주의는 심리학이 주로 관심을 가진 차원보다 한층 더 심층적인 차원을 다루고 있음에 유의할 것]과 관련이 있는 또 다른 최근의 접근법인 프랑스의 구조주의는 클로드 레비스트로스Claude Lévi-Strauss가 개척하였다. 구조주의는 1960년대 이전에 시작되었지만 레비스트로스의 사상과 연구가 미국과 영국에서 인기를 끌기 시작한 것은 1960년대에 이르러서이다. 레비스트로스와 그의 동료들 그리고 다른 학문 분야의 학자들에게 사용된 구조주의라는 용어는 래드클리프브라운의 구조주의와는 너무나 다르기 때문에 우선 이 용어를 설명할 필요가 있다.

기능주의와 마찬가지로 레비스트로스가 사용한 구조주의는 인류학에만 국한된 것이 전혀 아니다. 구조주의자로 분류된 다른 학문 분야의 학자들로는 프로이트, 마르크스, 그리고 피아제Jean Piaget가 있다. 이들은 비록 각기 출발점은 달랐지만 모두 인간 본성의 보편적인 구조를 탐구하였다.

프로이트는 보편적이며 심리학적인 메커니즘과 동기가 존재한다고 믿었다. 마르크스는 삶에 기본적으로 필요한 물건들의 생산이 보편적이라는 가정하에서 경제적인 보편성을 탐구하였다. 피아제는 아동의 발달을 연구하였으며 아동의 발달을 통하여 문화라는 표면에 드러나는 행동의 바탕을 이루는 보편적인 패턴을 이해할 수 있다고 믿었다. 모든 구조주의자들은 구조를 해독하고 이를 드러내 보여 주는 방법론 혹은 조사기법을 가지고 있다. 예를 들어 프로이트는 꿈과 자유연상을 도구로 사용하였다. 한때 구조주의가 모든 행동과학을 통합하는 접근방법이 될 것이라는 주장도 있었다.

레비스트로스의 경우 구조주의란 모든 인간들에게 보편적인 심리−생물학적 본질의 심층적이고 암묵적이며 생득적인 구조들을 탐구하는 것을 의미한다. 이러한 숨겨진 하부구조〔역주 원저의 infrastructure는 단지 '심층에 있는 구조'라는 의미이며 마르크스주의의 경제적·물질적 '토대'와는 다소 다른 의미이다. 후술할 레비스트로스의 하부구조도 그러하다.〕들은 극히 일부분만이 표층의 행동으로 나타나는데, 이러한 표층의 행동은 문화에 따라 매우 상이하다. 명시적인 행위—즉 문화적으로 조건화된 행위—는 관찰 가능하지만 심층구조는 발견하기가 매우 어렵다. 이들을 발견하기 위해서는 무엇보다도 먼저 변형變形, transformation〔역주 구조주의 언어학은 심층구조deep structure와 표층구조surface structure의 존재를 가정하면서 이 둘은 변형규칙transformation rules에 의하여 매개된다고 주장한다. 이러한 변형에 의하여 수없이 많고 다양하며 의미 있는 발화發話가 생성生成, generation된다.〕의 정확한 규칙들을 발견하여야 하며, 하나의 세트를 다른 세트로 치환transpose하여야 한다. 여러 차례의 변형이 필요한 경우도 있는데, 왜냐하면 기본구조—인간의 심성 그 자체—를 감추는 여러 층과 세트가 존재할 수 있

기 때문이다. 레비스트로스는 아직까지는 이를 발견하였다고 주장하지
않고 있다.

레비스트로스는 어떤 분야에서는 다른 분야들에 비하여 변형 작업이 보
다 잘 수행된다고 믿고 있다. 예술, 언어, 그리고 특히 신화를 선호하는 레
비스트로스의 방법론적 모델은 구조언어학에서 파생된 것으로서, 사회적
행동의 형태를 마치 언어처럼 분석하는 것이다. 언어 그리고 사회적 행위
및 사회적 관계의 근저에는 행위자가 의식하지 못하는 구조가 있는데, 언
어의 경우에는 이를 문법〔역주 원저에서 말하는 '문법'이란 우리가 통상 알고
있는 문법(국문법, 영문법)이 아니며 그보다 더욱 심층적인 차원의 것이다. 이하
설명을 참조.〕이라고 한다. 그리하여 사회는 표층의 문법이 상이한 것과 마
찬가지로 서로 다르지만 그 근저에는 심층적인 구조^{deep structure}가 존재하
고 있다. 바로 이것이 레비스트로스가 탐구하고자 하는 것이다. (놈 촘스키
Noam Chomsky는 언어학에서 이러한 방향의 연구를 추진하고 있다.) 레비스트
로스는 기본적인 사고가 밤과 낮, 흑과 백, 삶과 죽음, 영靈과 육肉 등 서로
대립되는 세트들로 나타난다고 믿고 있다. 이런 이원적인 대립^{dualism}은
예를 들어 반족조직半族組織, moiety organization〔역주 moiety는 반半을 의미하는
프랑스어의 moitié에서 파생된 용어로서 집단이나 사회를 (대개 출계出系를 기준
으로) 둘로 나누는 것을 의미한다. 반족은 혼인규정이나 거주규정, 의례규칙 등
에 의해서도 성립할 수 있다.〕과 신화 등의 상층구조에서 다양한 방식으로
나타나며 심층구조는 자의적 혹은 단순한 우연처럼 보이는 것들의 상당
부분을 결정한다.

레비스트로스에 따르면 모든 인간들은 기본적으로 질서에 대한 정신적
인 욕구, 즉 분류하려는 보편적인 충동을 가지고 있다. 비록 '미개인'의
분류체계가 우리들의 범주와 일치하지 않는다 하더라도 그들의 분류체계

역시, 형체가 없는 현실에 대하여 일종의 질서를 부여하는 것이다. 이름을 부여하는 것은 경험과 지각을 조직화(분류)하고 또한 이들을 전달하는 하나의 방법이다. 이러한 체계화를 통하여 정보가 저장되고 전달된다. 이러한 분류체계는 동일한 문화에 속하는 사람들에 의하여 공유되지만 특정한 문화를 공유하지 않는 사람들도 '보편적인 하부구조'라는 공동의 기반을 가지고 있으며, 이것이야말로 문화의 경계를 넘어서는 커뮤니케이션을 가능하게 만들어 주는 것이다.

레비스트로스는 인류학에 상당한 파문을 일으켰다. 어떤 학자들은 자신들의 연구노선을 사실상 방기하고 그의 추종자가 되었다. 또 다른 학자들은 레비스트로스의 사상에 맹렬히 반대하였다. 최대의 비판자는 실증주의, 즉 가설의 검증과 타당성의 입증이라는 과학적 방법의 수호에 헌신한 사람들이었다. 극히 소수의 사람들만이 레비스트로스의 변형 작업을 재현할 수 있어 보였기 때문에 이들은 레비스트로스가 보편적인 구조를 발견하였다기보다는 발명한 것〔역주 실재하지 않는 허구를 만들어낸 것〕이 아닌가 의심하였다. 이들은 만일 모든 연구자들이 각기 상이한 결과를 얻게 된다면 그러한 연구가 과연 가치 있는 작업인가라는 의문을 제기하였다. 사실 경험주의의 입장을 탈피할 수 없는 한, 레비스트로스의 박식과 상상력에 감탄할 수밖에 없는데, 왜냐하면 그는 인간에 대한 증명 불가능한 가설들을 제기하고 있는 것처럼 보이기 때문이다.

레비스트로스에 대한 또 다른 비판은 그가 폐쇄적이며 정신 결정론적인 모델을 만들었다는 것인데, 사실 이는 진실이 아니다. 그가 심층구조에 몰두하였다고 해서 다른 집단들에 대한, 혹은 보다 넓은 환경적 상황에 대한 적응으로서의 문화적 다양성이나 표층에 대한 설명을 배제한 것은 아니다. 레비스트로스의 모델은 표층의 다양성에 대한 인과론적 설명을 필연적으로 배제하지는 않는다. 그는 다양성의 존재를 인정하지만 이를 설명하지 않았을 따름이다. 레비스트로스는 심층구조를 결정적이거나 인과적인 것으로 간주하지 않았으며 오히려 표층의 다양성을 위한 기초를 마련해 주는 것으로 보고 있다.

얼핏 보기에는 레비스트로스가 바스티안Adolf Bastian의 '인류의 심적心的 동일성同一性, psychic unity of mankind'이라는 강령을 부활시킨 것처럼 볼 수 있으나 양자를 자세히 비교해 보면 이러한 결론은 오류라는 것을 알 수 있다. 인류의 심적 동일성이라는 가정에 따르면 모든 인간들은 동일한 자극에 매우 유사하게 반응하며, 전 세계에 걸쳐 유사한 결과를 낳게 될 것이다. 레비스트로스는 보편적인 심층구조가 존재하기는 하지만 인간들의 반응은 극히 상이하며, 그 결과 표층의 구조들은 매우 다양한 범위의 문화행위를 보여 준다고 주장하고 있다. 그리하여 레비스트로스가 폐쇄적인 체계를 창조하였다거나 심리-생물 결정론적 입장을 취하였다는 비판은 정확한 비판이 아니다. 레비스트로스는 그랬던 적이 없다. 사실상 레비스트로스는 호모 사피엔스에게 기본적인 생물학적 자질이 존재하는 것과 마찬가지로 보편적인 정신적 자질도 존재한다고 하였지만, 그와 동시에 문화란 그 사회적·자연적 환경에 의하여 형성되는 것이라는 점도 강조하여 왔다.

레비스트로스는 친족연구 분야에서도 혁신적이었다. 레비스트로스는 뒤르켐을 필두로 하는 프랑스 사회과학의 전통 속에서 훈련을 받았으며, 뒤르켐의 제자인 모스로부터 선물의 교환과 일반적인 호혜성general reciprocity[역주 호혜성이 일반화된 상황이란 엄밀한 가치의 평가나 혹은 되갚을 의무 없이 자원을 공동으로 사용한다거나 선물을 교환하는 경우이다. 가까운 친족 간의 음식물의 증여 등이 그 예로서 경제적인 이유보다는 도덕적인 의무감이 그 기초가 된다고 한다.]이라는 개념을 취하여 이를 친족체계에 적용하였다.

혼인을 통한 여성(여성은 궁극적인 희소재이다.)의 교환에 기초를 둔 친족의 기본적인 구조에 관한 레비스트로스의 연구는 혼인에 대하여 전적으로 새로운 견해를 창조하였는데, 이것이 결연이론結緣理論, alliance theory이다. 레비스트로스는 기본적인 친족체계란 무엇보다도 여성의 교환을 규제하는 수단이자 집단 간의 동맹을 창조하는 수단이라고 주장하였다. 자기 집단과 타 집단 또는 '여자를 주는 집단'과 '여자를 받는 집단'이라는 이분법을 통하여 이러한 호혜적인 교환에서는 이원주의dualism 혹은 이원적인 구별binary discrimination〔역주 두 요소 간의 대립 혹은 대조관계로서 이는 구조주의 이론뿐만 아니라 논리학이나 현대 컴퓨터의 기반이 되는 간단하면서도 매우 강력한 도구이다. 음-양, 남-여, 흑-백, 0-1 등은 그 대표적인 예이다.〕이 발생한다.

2. 1960년대의 영국 인류학

영국의 사회인류학은 대개 1950년대에 제시된 길을 따라 계속 발전하였다. 인류학자들은 대영제국을 구성하던 식민지들이 연이어 독립함에 따라 인류학적 분석에 시간의 차원을 더하였으며 또한 변동하는 사회구조 등에 큰 관심을 보였다. (영국의 해외 영토들은 1960년대에 들어오면서 속속 독립하였다.) 과거의 연구방향이 계속되는 가운데 그 흐름에서 벗어나 뚜렷한 흔적을 남긴 이가 에드먼드 리치Edmund Leach이다.

리치는 1960년대에 이르러 구조기능주의적 접근이 1950년대보다도 더 불충분하다는 점을 발견하였다. 「인류학을 다시 생각한다Rethinking Anthropology」(1961a)라는 논문에서 리치는 래드클리프브라운류流의 비교사회학

[역주 래드클리프브라운은 사회인류학은 비교사회학이라고 하였다. 제4장 참조.] 은 나비 수집과 유사하다고 주장하였다. 래드클리프브라운은 사회구조를 유형에 따라 분류하고 그 유형들을 비교하였는데, 리치는 이러한 유형들 이란 자의적이며 인위적인 것으로서 마치 나비를 분류하는 데 있어 그 형태, 크기, 색깔, 혹은 무엇이건 나비 수집가가 선택하는 범주를 기준으로 하는 것과 마찬가지라고 생각하였다. 리치에게 이러한 유형분류학은 설명을 위해서는 아무런 의미가 없는 작업이었는데, 왜냐하면 분류 대상이 되는 사람들을 기준으로 삼지 않고, 분류하는 사람의 편의에 따라 현실과는 전혀 맞지 않는 분석적인 범주(부계제나 모계제 등)에 따라 억지로 자료를 분류하였기 때문이다. 그러한 의미 없는 분류를 기초로 일반화를 시도하는 대신에 리치는 "직감에 의한 상상력inspired guesswork"에 기초를 둔 인류학을 제안하였는데, 이를 통하여 새로운 안목과 '기대치 않은 결론'이 도출될 것이라고 기대하였다. 리치는 이론이 비교보다는 일반화를 목표로 하여야 한다고 주장하였으며, 겉으로 나타나는 외관은 항상 관찰자들의 선입견에 의하여 해석되고 왜곡되지만 그 근저에는 조사연구의 진정한 대상이 되어야 하는 기본적인 패턴이 존재한다고 보았다. 더 나아가 리치는 표층적인 왜곡에 가려져 있는 기저에 존재하는 패턴에는 유사성이 존재할 것이라고 상정하였다.

리치는 인류학이 구조기능주의라는 침체 상태에서 벗어나기 위하여 추구해야 할 하나의 가능한 방향을 레비스트로스의 조사연구와 그 잠정적인 결론에서 발견하였다. 또한 리치는 레비스트로스의 연구가 자민족중심주의적인 편견에서 벗어나 있다고 믿었다. 최근에 이르러 리치는 레비스트로스를 비평하는 동시에 영미의 인류학계에 소개하는 것이 자신의 역할이라고 간주하기에 이르렀다. 레비스트로스가 자칭 수제자인 리치를 어떻게 평가하든지 간에 리치 자신은 창조적이고도 매력적인 구조주의적 접근법에서 무엇인가를 발견하였으며, 그는 이러한 새로운 조사연구 방향에 열정적으로 뛰어들었다.

3. 문화유물론

1960년대 미국 인류학의 주목할 만한 이론적 변화는 문화적 인과관계에 대한 관심으로의 회귀, 즉 인간의 행위에 대한 일반적인 법칙을 도출할 수 있는 규칙성에 대한 탐구였다. 이러한 이론적 지향 내에서도 두드러진 것은 환경적인 적응이나 삶의 물질적인 기초라는 면에서 문화의 인과관계를 탐구하는 학자들이었다. 이들 양자는 모두 문화유물론적인 연구 전략으로 기술-경제적 요인 혹은 기술-환경적 요인을 독립변인으로서 취급한다. 생활을 유지하는 기술적 수단에 주목하면서 문화유물론자들은 문화변동에 나타나는 인과적 관계를 밝히기 위하여 자신들의 이론을 역사와 행동에 적용하였다.

(1) 진화론으로의 복귀

보편적이며 일반적인 법칙을 지향하는 운동(운동이라고 부를 수 있다면)이 미국 인류학의 중요한 측면으로 간주될 수 있을 만큼 충분한 시기를 맞이하게 된 것은 1960년대에 들어서이지만 보애스의 특수주의에 대한 반동은 일찍이 1930년대 초에 이미 나타났다. 미시간 대학의 교수인 레슬리 화이트Leslie White(1900~1975)는 보애스학파의 문화상대주의와 역사적 특수주의의 전통에 입각한 훈련을 받았지만 교편을 잡고 나자 이러한 보애스학파의 전통이 불충분할 뿐만 아니라 더 이상의 조사연구를 구속하고 있다는 것을 깨닫게 되었다. 학생들은 인과적인 설명을 추구하였으며, 화이트는 학생들이 이러한 의문점에 대한 답변을 요구할 권리가 있다고 믿었다. 몇 가지 사건을 계기로 화이트는 타일러와 모건에 주목하게 되었으며, 19세기 진화주의론자의 저술을 면밀하게 연구한 후 화이트는 진화주의란 이론적으로는 오류가 없으며, 단지 그 사용한 자료에 문제가 있었을 뿐이고, 문화적 진화란 생물학적 진화만큼이나 현실적이며 증명 가능한 것이라는 결론을 내렸다. 전체를 구성하는 부분들이 각각 점점 더 전문화되면서 이루어지는, 단순한 것에서 복잡한 것으로의 변화는 신체적인 발전에서와 마찬가지로 문화적인 발전에서도 사실이지만, 문제는 보편적인 측정의 기준—어떤 한 문화에 얽매이지 않은 기준—을 발견하는 것이었다. 무엇이든 어떤 척도가 있어야만 여러 문화들을 비교하고 또한 이들을 발전의 연속선상에 배열할 수 있다는 것이다.

화이트는 사회에 의한 에너지의 통제를 기준으로 삼을 것을 제안하였는데, 이러한 발상 자체는 독창적이지는 않았으나 그의 적용 방식은 새로웠다. 화이트는 소위 **문화진화의 기본법칙**Basic Law of Cultural Evolution이라는 것을 제시하였는데, 이에 따르면 문화란 연간 1인당 사용하는 에너지의 양이 증가함에 따라, 혹은 에너지를 실제 작업에 사용하는 기술적 수단의 효율이 증대함에 따라 진화한다는 것이다. 화이트는 이를 열역학의 제2법칙—엔트로피의 증대법칙—에서 도출하였다고 주장하였는데, 이 법칙에 따르면, 사실상 우주 전체적으로는 무작위성이 증대하는 경향이 있으나(즉 에너지는 더욱더 분산된다), 어떤 체계 내에서는 엔트로피가 역전된다. 이 현상은 생물학적 체계뿐만 아니라 문화적 체계에서도 발생하며 또한 에너지가 집중되면 될수록 문화체계의 복잡성과 전문화도 심해지고 전체를 구성하는 구성요소의 수도 증가한다.

여러 사람들에 의하여 신진화주의neo-evolutionism라고 불린 화이트의 입장은 단지 보다 훌륭한 정보에 기초하고 있을 뿐이었으며, 그의 생각에서 새로운 것은 아무것도 없었다. 화이트의 이론은 많은 학생들을 자극하였으나 초기에는 동료 인류학자들 사이에서 별로 인정을 받지 못하였다. 로위와 크로버 같은 보애스학파의 학자들은 화이트의 이론에서 아무런 유용한 점을 발견하지 못하였으며, 이러한 접근법을 맹렬하게 비난하였다. 화이트는 이를 반박하였으며, 그와 동료들 간의 관계는 별로 부드럽지 않았다.

화이트는 인류학이란 당연히 문화의 과학the science of culture이어야 한다고 주장하였다. 그는 인류학을 **문화학**文化學, culturology이라고 불렀다. 또한 인류에게 문화적인 적응양식을 가능하게 만들어 주었음에 틀림없다고 생각되는 상징의 사용과 상징화symbolization의 중요성을 매우 강조하였다. 그리고 뒤르켐과 마찬가지로 그는 문화란 절대로 개인의 심리로써는 설명될 수 없으며 오직 문화로써만 설명될 수 있다고 주장하였다. 그 결과 화이트는 뒤르켐 및 크로버와 함께 초유기체주의자superorganicist로 분류된다. 화이트에 의하면 심리란 문화의 원인이라기보다는 문화의 한 표현에 불과할 뿐이다. 인간의 본성이란 사실은 문화의 본성이며 천부적인 특질에 입각한 설명은 그 어떤 것도 정확할 수 없는데, 그 이유는 천부적인 특질이란 모든 인간에게 보편적인 상수常數이며 상수로써는 변수變數를 설명할 수 없기 때문이다. **즉 문화는 변수인 것이다**Culture is a variable. 화이트가 그 설명틀에서 인간을 배제하였다고 비명을 지른 보애스학파의 학자들(사피어 등)에 대하여 화이트는 "누가 투표를 하는가?" 혹은 "누가 먹는가" 같은 질문은 비생산적이라고 반박하였다. 물론 이러한 행동을 하는 것은 문화가 아니라 개인이다. 그러나 토론할 가치가 있는 질문이란 **"어찌하여 어떤 집단은 다른 집단이 혐오하는 것들을 먹는가?"**인 것이다. 그 이유는 물론 문화적인 조건화 때문이다.

화이트의 견해를 운명론적 혹은 패배주의적이라고 주장한 사람들에 대하여 그는 응수하기를, 인간은 관계가 없다〔역주 문제가 안 된다〕고 자신이 주장한 바는 없다고 하였다. 인간이란 문화의 선행조건인 것이다. 그러나 개개 인간은 각기 진행되고 있는 문화의 체계 속에서 태어나며, 그의 선택은 자신이 태어난 문화 속에서 가능한 범위를 벗어나지 않는다. 그가 탐구하고자 열심히 노력하는 대상은 문화적으로 결정되어 있지만 아무튼 그는 노력할 것이다. 화이트의 태도 혹은 철학적인 입장이 보애스학파의 학자들과 적대적인 관계에 있었다는 것은 이상한 일이다. 보애스학파의 학자들 역시 문화결정론자로 분류된 바 있다. 만일 화이트가 자신의 입장을 다른 방식으로 표현했더라면—"각 인간은 자신의 문화화 과정enculturation processes의 산물일 뿐이다"라고만 말하였던들—대부분의 보애스학파 사람들은 여기에 반대하지 않았을 것이다.

화이트는 **테크놀로지**technological **체계**, **사회**sociological **체계**, **이데올로기**ideological **체계** 등 문화의 세 가지 하위체계subsystem를 구별하였다. 사회가 생활을 유지하기 위하여 테크놀로지를 사용하는 방식은 사회체계와 이데올로기 체계에 영향을 미친다. 보다 많은 에너지가 이용됨에 따라 테크놀로지가 진화하며 따라서 문화도 진화하는데, 최초의 충동은 테크놀로지 체계에서 비롯되지만 모든 체계들은 접합되어 일단 움직이기 시작하면 상호 영향을 주어 **정正의 피드백** 관계를 만들어 내게 된다.

(2) 다선적 진화와 문화생태학

20세기 중엽의 미국에서 규칙성과 인과관계를 탐구한 이는 화이트뿐만이 아니었다. 로위와 크로버의 제자인 줄리언 스튜어드 Julian Steward 역시 역사적 특수주의를 지향하는 입장에서 보다 대규모적인 일반화를 추구하는 입장으로 선회하였다. 그러면서도 스튜어드는 화이트의 접근방법이 구체적인 설명에 도움이 되기에는 너무 폭넓다고 생각하였는데, 화이트의 에너지 획득 이론이 왜 어떤 문화는 자연의 에너지를 마음대로 획득하고 다른 문화는 그렇지 않은가를 설명할 수 없었기 때문이다.

만일 동일한 작용이 원인이 되어 서로 멀리 떨어진 지역에서 평행적인 문화적 발전을 야기하고 있다면 그 발전단계들을 검토하고 비교함으로써 최초의 원인뿐만 아니라 그다음 단계에 이르는 인과관계까지도 알아낼 수 있어야만 한다고 스튜어드는 생각하였다. 그리하여 그는 제한된 규칙성을 탐구할 것을 제창하였으며, 인류학자들은 유사한 환경에서 발생하는 형태 및 기능 면에서의 평행적인 변화를 찾아봄으로써 어떤 인과적 원리를 발견할 수 있다고 하였다. 스튜어드의 접근방법은 극히 경험적이었으며, 여기에서는 환경과 경제가 독립적인 변인이고 사회조직과 이데올로기가 종속적인 변인이었다. 이것은 사실상 화이트의 상호작용적인 하위체계 모델과 크게 다르지 않다.

스튜어드는 안심하고 독립적인 사례라고 가정할 수 있을 정도로 아주 멀리 떨어진 지역의 사례들을 사용하여 자신의 이론을 검증하였다. 그는 소위 문명의 요람—구대륙에서 가장 오래전에 농경이 발달한 강 유역들과 도시가 발전한 미 대륙의 지역들—에서의 발견을 비교하였다. 스튜어드는 최초의 농경 촌락부터 정복제국에 이르기까지 대체적으로 유사한 규칙성과 발전의 단계들이 존재한다는 점을 발견하였다. 그는 19세기의

단선진화單線進化, unilineal evolution와 비교하여 자신의 이론을 **다선적 진화**多線的 進化, multilineal evolution라고 명명하였고 화이트와 차일드의 진화론적 도식은 **보편적 진화**普遍的 進化, universal evolution라고 불렀는데, 그 이유는 이들이 개별 문화가 아니라 보편적인 세계 문화에 관심을 가졌기 때문이다. 다른 진화론자들과 달리 스튜어드는 아무런 보편적 단계도 제안하지 않았다.

스튜어드는 구세계의 문명과 신세계의 문명 간에 발견된 근사현상近似現像은 환경과 문화의 상호작용 때문이라고 하였다. 스튜어드는 환경에 대한 인간의 다양한 반응에서 명백히 알 수 있듯이 환경이 결정적이라고는 하지 않았으나 인간의 사회들은 환경에 반응하여야 하므로 환경을 무시할 수는 없다고 하였다. 환경에 적응하는 과정에서 인간들은 초유기체적인 요소, 즉 문화를 도입한다. 문화를 환경에 대한 적응의 수단으로 간주한 스튜어드는 문화생태학—환경과 현존하는 인간의 유기체와 초유기체적 요소, 즉 문화들 간의 관계들—의 연구를 제창하였다.

스튜어드는 자신의 접근방법에 내재된 다수의 문화적 변수들을 통제하기 위하여 **문화핵심**culture cores에 초점을 맞출 것을 주장하였다. 문화핵심이란 환경에의 적응 및 그 이용과 가장 밀접히 관련된 제도와 기술을 의미한다. 문화핵심의 양상이 유사한 문화들은 동일한 문화유형cultural type에 속한다. 동일한 문화유형에 속하는 문화들은 유사한 환경에 대하여 동일한 일반적 반응을 보여 주며 또한 동일한 구조적·기능적 상호관계를 가진 것으로 추정된다. 문화유형들을 그 복잡성의 정도에 따라 연속선상에 늘어놓게 되면 사회적·문화적 수준이 명백하게 드러난다. 스튜어드는 유사한 단위들이 비교될 수 있도록 사회 문화적 통합의 수준을 사용할 것을 주장하였다. 스튜어드는 가족 수준family level, 다가족 수준multifamily level,

국가 수준state level 등의 범주를 사용하였는데, 이들은 나중에 군단群團, band〔역주 '무리사회' '군群사회'라 번역하기도 한다. 전형적인 군단은 50~300명으로 이루어지며 그 사회구조는 단순하고 탄력적이다. 군단의 특징은 공식적인 지도력의 체계가 발달하지 않았으며 사회계층도 거의 존재하지 않는다는 것이다.〕, 부족部族, tribe, 추방사회酋邦社會, chiefdom〔역주 군장君長사회라 번역하기도 한다. 추방사회에서는 분업이 어느 정도 발전하고 사회계급의 초기 형태가 발생한다. 중앙집권적인 정치력이 등장하지만 군사력이나 물리적 강제력이 공식적으로 정비되지 않은 단계로서 경제적인 면에서는 재분배redistribution가 특징이며 노예제도가 발달하는 경우도 있다.〕, 국가state라는 범주로 재정리되었다. 각 수준은 상이한 통합 수단을 가지고 있는데, 이들은 각각 친족, 결사結社, association, 경제적 보완관계, 경찰력 및 관료기구 등이다.

스튜어드는 문화유형을 생태학적 적응과 역사적 발전이라는 면에서 분류함으로써 문화영역culture area이라는 개념을 더욱 발전시켰다. 크로버나 위슬러와 달리 스튜어드는 문화요소culture traits를 부차적인 것으로 취급했으며, 적응과 사회 문화적 복잡성의 정도라는 두 가지 변인을 기초로 하여 남아메리카에 대한 새로운 문화영역 지도를 작성하였다. 스튜어드는 이 지도에서 남아메리카를 네 개 지역, 즉 주변Marginal 지역, 열대림Tropical Forest 지역, 카리브해Circum-Caribbean 지역, 안데스Andean 지역으로 구분할 것을 주장하였다. 이러한 구별은 스튜어드가 편집하고 직접 자신의 논문을 게재한 기념비적인 저작인 『남아메리카 인디언의 핸드북Handbook of the South American Indians』(1946~1950)을 구성하는 골격이 되었다.

문화생태학은 고고학자들 사이에 특히 인기가 있었으며 앤드루 베이더 Andrew Vayda, 로이 래퍼포트Roy Rappaport 등 일부 문화인류학자들은 문화와 환경의 관계를 일종의 피드백 시스템feedback system의 형태로 분석함으로

써 스튜어드의 연구를 더욱 발전시키고 정교화하였다.[1]

(3) 일반진화와 특수진화

1960년대 초에 마셜 살린스Marshall Sahlins, 엘먼 서비스Elman Service를 비롯한 스튜어드와 화이트의 동료 그리고 이들의 일부 추종자들은 이 두 사람 간의 견해차를 해소하려고 노력하였다. 생물학적 진화에 대한 유추에 크게 의존하면서 이들은 진화란 두 개의 얼굴을 가지고 있다고 주장하였다. 하나는 일반진화general evolution로서 단순한 것에서 복잡한 것으로의 거대한 움직임이며, 또 다른 하나는 특수진화specific evolution로서 말하자면 생태적 적소生態的 適所, niche [역주 생태계에서 어떤 종種, species이 차지하는 위치로서 서식지, 먹이 조달, 포식자나 먹이와의 관계 등을 포함하는, 각 종이 적응하고 있는 특정 환경을 의미한다.]에의 적응반응으로 나타나는 변화이다. 특수진화는 적응을 통하여 다양성을 낳게 된다. 즉 생물계에서는 종의 다양성으로, 사회에서는 다수의 개별적인 문화사로 나타난다. 스튜어드의 다선진화는 특수한 진화에 해당한다. 문화적 상대주의란 특수한 진화에 적용 가능한데, 왜냐하면 각 문화는 오직 그 생태적 적소에 대한 관계에서만 평가될 수 있기 때문이다. 다른 한편으로 일반적 진화란 상대주의를 포기하는 것을 의미한다. 일반적인 진화적 변화란 절대적이며, 또한 절대적인 기준으로써만 평가될 수 있다. 화이트가 논의 대상으로 삼은 것은 사용 에너지의 양을 기초로 평가하거나 측정할 수 있는 일반적인 진화였다.

---

1 피드백 시스템이란 하나의 신호 혹은 일련의 신호의 결과가 그다음 신호들에 영향을 주고 이를 지시·규제하는 관계라고 정의된다. 부負의 피드백negative feedback은 오류를 감소시켜 항상 스스로를 교정하는 등 자기감쇠적self-damping이며, 정正의 피드백 positive feedback은 최초의 행동을 유발한 조건들을 더욱 강화하는 결과를 낳게 되어 외부로부터의 간섭이 없는 한 무한히 확대하게 된다.

살린스와 서비스는 문화의 진화에서의 변화란 대체적代替的, substitutive이 아니라 누적적additive이며, 유전자에 의한 전달보다 훨씬 더 속도가 빠른 전파diffusion라는 수단에 의하여 전달될 수 있다는 점을 조심스럽게 지적하면서도 생물체에 대한 유추를 매우 철저하게 적용하였다. 적응도가 증대함에 따라 안정성도 증대하며, 전문화의 정도가 높아짐에 따라 진화를 위한 잠재력은 감소한다. (차일드 역시 이 점을 강조하였다.) 진화를 위한 잠재력은 보다 덜 적응되고 보다 덜 전문화된 사회에서 더욱 크다고 추론할 수 있다. 특수한 진화란 적응adaptation〔역주 특정 환경에 대한 적응〕을 증대하는 것을 의미한다. 일반적 진화란 적응능력adaptability〔역주 어떠한 환경에서건 어느 정도 적응할 수 있는 일반적인 능력〕을 증대하는 것을 의미한다.〔역주 특정한 환경에 지나치게 잘 적응하다 보면 환경 변화에 유연하게 대처하지 못하게 된다. 인간이 만물의 영장으로 군림하게 된 것은 일반적인 적응능력이 발달하였기 때문이다.〕

스튜어드와 화이트는 모두 진화라는 개념을 사용하였는데, 학설사적 의의라는 측면에서 진화라는 발상 자체보다 더욱 중요한 것은 사회생활의 물질적 기초를 중시하는 일종의 기술-환경적인 인과관계의 탐구로 방향을 전환한 것이었다. 유물론적 접근방법은 사건들이 발전하는 표현양상을 기술하기보다는 왜 사건들이 발생하는가, 무엇이 이들을 야기하는가를 파악하는 데 중점을 두고 있으며 진화의 쟁점을 둘러싼 입장 대립은 오히려 부수적인 것이다. 문화유물론적인 접근방법이라는 이론적 지향은 미국에서 1960년대에 너무도 널리 사용되었기 때문에(영국 인류학자들은 매력에 저항하였다.) 이제는 이러한 종류의 설명이 오랫동안 무시되었으며, 심지어 조소의 대상이었다는 사실을 믿을 수 없을 정도이다. 아마도 환경에 대한 우려가 증대하고 생태에 대한 일반적 관심이 고조되면서 그 매력이 더욱 커졌는지도 모른다.

4. 동물행태학

동물행태학ethology이란 동물의 행동 양식에 관한 과학이며, 여러 학문 분야의 과학자들이 동물원, 실험실, 기타 인공적인 환경에서 오랫동안 동물을 연구해 왔기 때문에 전적으로 새로운 관심이나 연구 분야는 아니다. 그러나 1950년대 후반과 1960년대에 들어와 동물에 대한 많은 조사연구가 수행되었으며, 특히 자연적인 환경에서 자유로이 돌아다니는 인간 이외의 영장류들이 연구되었다. 이러한 야외 현지조사 연구를 통해, 화석이나 혹은 인공적인 상황에서 동물을 관찰해서는 입수할 수 없었던 영장류의 사회조직에 관한 정보들을 얻게 되었다. 신대륙과 구대륙 양쪽에서 행해진 이러한 연구들은 태고의 인간이 어떻게 행동하였는가뿐만 아니라 그렇게 행동하는 이유도 제시해 주었다. 인류학자들은 점점 더 동물행태학적 조사에 관심을 갖게 되었으며, 영장류에 대한 야외 현지조사 중에서도 침팬지에 대한 제인 구달Jane Goodall의 연구, 고릴라에 대한 조지 샬러George Schaller의 연구, 개코원숭이baboon에 대한 어빈 드보어Irven DeVore의 연구 등이 탁월하였다.

　동물행태학적 연구는 사회문화인류학자들에게 여러 가지 다양한 사회조직의 발전에서 환경이 얼마나 중요한가와 생태학적 요인들이 어떻게 사회적 행위를 매개하는가를 가르쳐 주었다. 또한 동물행태학자들은 예를 들어 지배와 종속의 위계질서 그리고 사회적 행동이 적응에 얼마나 중요한가, 개체들이 어떻게 집단의 규범에 반응하는가 등 자연집단 내의 개개 동물들 간의 관계에 대한 지식을 얻게 되었다. 이러한 야외 현지조사는 인구학자, 사고 과정에 흥미를 가진 심리학자, 비언어적 커뮤니케이션을 연구하는 언어학자 등 매우 폭넓은 관심 분야의 학자들과도 관련을 맺고 있다. 더욱이 동물행태학으로 침팬지들 역시 간단한 도구를 사용할 뿐만 아니라 이를 제작하였다는 사실을 알게 되었기 때문에 '도구를 만드는 동물'이라는 호모 사피엔스의 정의도 재평가를 받게 되었다.

5. 문화상대주의에 대한 재평가

20세기에 들어와 영국과 미국에서 인류학이 발달하는 가운데 가치, 변동, 등급화ranking 등의 쟁점이 제기될 때마다 학생들은 인류학자는 연구조사자로서 마땅히 초연한 태도를 취하여야 한다는 신념하에 훈련을 받아 왔다. 즉 현지에서나 강의실에서나 연구자는 변동을 지지하거나 반대해서도 안 되며, 사실상 자기 자신이 속한 문화 이외의 다른 문화에 대하여는 그 어떠한 가치판단도 해서는 안 된다는 것이다. 이것이야말로 한때 인류학의 필수불가결한 구성요소로 간주되었던 문화상대주의에 대한 믿음으로부터 파생된 윤리적 입장이다. 그러나 문화상대주의 및 불개입이라는 이데올로기는 1960년대에 들어와 본격적으로 공격받게 되었다. 이는 인류학자들이 어떤 문화가 다른 문화들보다 본질적으로 더욱 가치가 있다고 생각하였기 때문이 아니라, 오히려 상대주의라는 입장에 내재해 있는 일부 모순을 인식하게 되었기 때문이다. 어떤 학자들은 인도주의적 가치판단이 필요하다고 생각하였다. 즉 빈곤(또는 노예제도, 질병 기타 등)이 존재하지 않는 사회가 이러한 것들이 존재하는 사회보다 당연히 더욱 낫지 않은가? 문화상대주의의 입장을 엄격하게 따른다면 이러한 질문에는 원칙적으로 대답할 수가 없다.

문화상대주의에 내재한 논리적인 일관성의 결여 역시 무시할 수 없었다. 만일 사회·문화적 사실이라는 것이 이들이 속한 문화적인 모체母體에 상대적인 것이라면 인류학을 객관적인 과학이라고 주장할 수 있는 근거는 무엇인가? 인류학자들은 관용적인 태도가 바람직하다고 주장하였는데, 관용을 보이지 않는 사회에는 어떠한 태도를 취해야 하는가? 인류학자들은 심지어 불관용에 대하여도 관용적인 태도를 보여야 하는가? 편협한 태도는 어떻게 다룰 것인가? 상대주의자들은 절대적인 것의 존재는 무엇이든지 부인하면서도 상대주의 자체는 절대적인 선善이라고 간주하는 듯하다. 만일 그 어떠한 공통적인 가치도 존재하지 않는다면 상호 간의 존중이 가능하겠는가? 이러한 종류의 갈등을 거치는 가운데 문화상대주의란 개인적인 편견에서 벗어나 다른 문화를 이해하는 데 필요한 방법론적인 도구로서는 견지되어야 하지만 이데올로기적인 강제 지침으로 간주해서는 안 된다는 주장이 등장하게 되었다.

방법론으로서의 상대주의와 이데올로기적인 상대주의를 구별하는 데서 한 걸음 더 나아가 세계의 변화에 인류학자가 더 깊이 개입하여야 한다고 —즉 인류의 삶에서 불평을 제거하는 데 개입해야만 한다는— 믿는 인류학자들이 나타났으며, 그 수는 계속 증가하고 있다. 어떤 인류학자들은 저개발국가의 억눌리고 가난한 사람들이 산업화 및 발전계획에 대하여 도움을 요청할 때에 인류학자가 항상 변화를 선도하는 전위가 되어야 한다는 입장을 택하였다. 이렇게 행동하지 않는다면 그 책임을 방기해 버리는 것이다. 각각의 사회를 화석화된 유물처럼 보존하려는 것은 어리석은 일이며 또한 불가능한 일이다. 만일 변동을 회피할 수 없다면 이를 가능한 한 덜 고통스러운 것으로 만들기 위하여 인류학자들이 그 책임을 다하는 쪽이 보다 바람직하지 않은가?

어떤 인류학자들은 단순히 도와주는 데에서 한 걸음 더 나아가, 변화를 창조하기 위한 적극적인 개입을 촉구하며 또한 '가치중립적인value-free' 학술연구라는 허식도 포기할 것을 주장한다. 이들은 인류학이 그 실천적인 적실성適實性, relevance [역주 현실과의 관련성, 의미, 유용성, 유관적합성有關適合性)을 상실하였기 때문에 재창조reinvent되어야 하며, 정치적으로나 윤리적으로나 특정한 입장을 취하여야 한다고 믿고 있다(Hymes 1972). 또 다른 학자들은 이러한 변화가 과학으로서의 인류학을 파괴할 것이라고 생각하며 "누구의 정치이며 누구의 윤리인가?Whose politics, whose ethics?"(Kaplan 1974)라는 질문을 제기하고 있다. 이러한 논쟁은 틀림없이 상당히 오랜 기간, 아마도 수십 년간 계속될 것이다.

제7장 과거와 미래

1. 과거

오늘날 사회문화인류학자의 조사연구 주제들은 이전의—일부는 수세기나 오래전의—사상과 관념들에 그 기원을 두고 있다. 이러한 사상들은 새로운 지식이 증가하고 다양한 배경을 가진 민족과 접촉하게 됨에 따라 수정되고 확대되어 왔다. 그 어느 누구도 새로운 형태와 도전의 중요성을 부인하지 않으며, 사려 깊은 사람이라면 그 누구도 과거가 현재 안에서 지속되고 있다는 점을 부인하지 않을 것이다. 현재 발견된 실밥의 바탕을 이루는 원래의 직물을 거슬러 추적하는 작업은 매력적인 일이다. 변화와 새로운 방향을 살펴보는 것 또한 흥미로운 일이다.

비록 자의적으로 설정한 것이기는 하지만 우리는 이 책을 대탐험 시대—16세기에서 17세기에 걸쳐 유럽의 여러 국가들이 지구 구석구석에 탐험가, 상인, 선교사, 그리고 군대를 보내던 시대—에서 시작하였다. 이들은 유럽에 그 존재가 알려지지 않았을 뿐만 아니라 때로는 전혀 다른 삶의 방식을 가진 여러 인간들을 만났다. 과장과 오류로 가득 찬 보고서들은 다른 문화에 대한 유럽인의 호기심을 자극하였는데, 비서구인에 대한 전통적인 인류학적 관심의 뿌리는 이러한 대탐험 시대로까지 거슬러 올라간다.

자연스럽게 유럽인들은 이렇게 알려지게 된 인간의 삶의 방식이 가진 엄청난 다양성을 설명하고자 하였다. "무엇이 여러 민족들을 다르게 만드는가"라는 질문은 오랜 역사를 가진 질문이며, 또한 사회문화인류학의 기본이 되는 질문이다. 물론 이와 병행하는 또 하나의 질문은 인간의 유사성의 한계는 어디까지인가라는 것이었다. 예를 들면 "모든 인간들이 공통으로 가지고 있는 것은 무엇인가?" 같은 질문이다. 3세기에 걸친 탐험은 인간의 공통된 구조뿐만 아니라 인간의 다양성에 대한 관심을 불러일으켰다.

　다른 문화에 대한 18세기의 다소 일상적이며 대중적인 흥미 외에도 유럽의 위대한 지성인들 중 상당수가 세계와 인간의 본질에 관하여 심각하게 사색하기 시작하였다. 이 시기의 계몽철학자들은 인간이 본래 선한가 악한가, 혹은 이도 저도 아닌가 하는 문제를 가지고 논쟁을 벌였다. 그러나 진보라는 문제에 관하여는 거의 논쟁이 없었는데—이는 명백해 보였기 때문이다.—진보라는 개념은 인류 역사의 발전을 설명하는 수많은 설명 도식들을 만들어 내게 되었다.

　자연과학에서는 과학적인 방법이 통제된controlled 조건하에서의 실험이라는 형태로 확립되었는데, 〔계몽시대〕 사회철학자들은 인간의 연구에도 과학적인 방법을 적용하려고 시도하였다. 자연과학자들이 자연의 법칙을 발견하려고 노력한 것과 마찬가지로 사회철학자 역시 인간의 본질을 지배하는 보편적인 법칙을 탐구하였다. 그럼에도 불구하고 인간의 삶의 방식의 다양성과 보편성에 대한 연구는 그리 객관적이지 못하였다. 비록 18세기의 유럽인들은 자신들 이외의 다른 민족들이 열등한 것은 선천적인 것이 아니며, 이들이 유럽인과 유사한 생활양식을 배우면 이러한 격차는 극복될 것이라고 일반적으로 믿으면서도 유럽식 삶의 방식이 우월하다는 점은 거의 자명하다고 생각하였다. 아무튼 사회의 연구에 객관성이라는 과학적 개념을 적용하려는 시도는 유럽인의 우월성이라는 가정을 무너뜨리는 데 어느 정도 도움을 주었다.

19세기에 이르러 사회철학은 계몽시대부터 이어진 과학적 발전과 더불어 사회물리학physique sociale; social physics을, 그리고 얼마 후 사회학sociologie; sociology을 탄생시켰는데, 사회물리학과 사회학이란 인간의 연구에 과학적 방법을 적용하는 데 대하여 오귀스트 콩트가 붙인 명칭이었다. 진보라는 개념 역시 계몽시대의 산물로서, 이에 자극받은 콩트와 많은 사람들이 인류의 역사를 복잡성과 이질성이 점차 증가하는 일련의 진화론적 단계로 기술하였다. 사회적 진화 혹은 진보라는 관념은 다윈의 생물학적 진화 이론이 발표되기 이전에 이미 널리 보급되어 있었는데, 다윈은 일반 대중의 환영을 받지 못하였으나 허버트 스펜서 등은 다윈의 이론이야말로 사회적 진화설을 증명해 주었다고 극찬하였다. 낭만주의 운동, 그리고 이에 따라 종교에 대한 태도가 계몽시대의 회의주의에서 보다 근본주의적인 태도로 선회한 결과, 생물학적 진화라는 사상은 대중의 적지 않은 저항에 직면하였으며, 형태상의 변화에 대한 설명으로는 천변지이설이 환영받았다. 비록 학계는 생물학적 진화bioevolution를 수용하였으나 진화론은 20세기 이전의 사회적 진화주의에는 거의 아무런 영향도 끼친 바 없었다.

인간의 본성은 무엇인가? 어떤 부분이 학습된 것이고 어떤 부분이 생득적인 것인가? 이러한 질문들은 계몽시대 이후의 사회사상을 통하여 마치 지표하의 광맥처럼 계속 이어지고 있다. 사회학자들은 자신들의 사회를 연구함으로써 이에 대한 해답을 찾고자 하였다. 다른 한편 인류학자들은 보다 넓은 범위, 즉 전 세계의 인류를 연구함으로써 동일한 질문에 대한 해답을 찾아보았다. 그러나 인류학의 초창기에 이러한 탐구는 종종 기원에 관한 질문—어떻게 제도와 관습이 발생하였는가—속에 파묻혀 버렸다. 기원에 관한 탐구는 비록 오늘날 여러 인류학자들에 의하여 학문의 막다른 골목이라 여겨지고 있지만, 무려 반세기 동안이나 인류학의 주요 관심대상이 되었다.

19세기 후반에는 전문적인 인류학이 발전하였으며, 특히 인류학적 이론이 발전하게 되었다. 미국의 모건과 영국의 타일러가 그 주역이었는데, 이들은 사회진화론이라는 설명틀 내에서 연구 활동을 하였다. 이들은 개개의 문화체계가 아니라 문화라는 전체상全體像에 관심을 가졌으며, 문화와 학습된 행동을 강조한 타일러의 입장은 20세기에 들어와 미국 인류학의 특징이 되었다.

19세기에 진화론자의 일반적 입장이란 인간의 문화가 더욱 진보적이거나 혹은 더욱 복잡해지는 여러 단계들을 거쳐 진화하였다는 것이었다. 이러한 발전단계의 내용은 거의 대부분 동일하였다. 즉 비서구 민족들은 인류의 초기 단계의 사례로서 인용되었으며, 인류의 심적 동일성心的 同一性이라는 관념에 의하면 진보를 위한 기본적인 심리구조란 모든 인간들에게 공통된 것이라고 하였다.

19세기의 고전적 진화론자들의 지나친 태도에 대한 반발은 20세기에 들어와 더욱 커져 인류의 심적 동일성이라는 강령 자체의 경직성, 모든 민족이 동일한 내용을 가진 발전단계를 거쳤다는 사상, 그리고 무엇보다도 단선진화론자들의 전형적인 문제점인 광범위한 일반화를 위한 사실적 기반의 결여 등에 대한 반론의 형태로 나타났다. 어디에서나 인류학자들은 집중적인 현지조사를 통하여 스스로 필요한 자료를 수집할 것을 촉구하기 시작하였다.

미국의 인류학은 프란츠 보애스의 영도하에 각 문화를 현재의 상태에

도달하게 만든 독특하다고 생각되는 일련의 사건들을 탐구하기 위하여 현지에서의 면밀한 자료 수집과 구체적인 사례들에 대한 상세한 역사적 조사로 방향을 바꾸었는데, 이를 역사적 특수주의라 한다. 문화는 보애스의 지도하에 발전한 미국 인류학의 통합개념이 되었으며, 또한 미국 인류학의 목표는 총체적인 파악, 즉 문화사를 포함하여 문화의 모든 부분을 파악하는 것이었다. 보애스는 각 사회는 오직 그 자체로서만 평가될 수 있으며, 가치란 그 모체母體가 되는 문화에 따라 상대적인 것이라고 주장하였다. 보애스는 처음에는 성급한 일반화에 대하여 경고하였으나 인간의 행위에 대한 일반화라는 것이 도대체 가능한가에 대하여 점점 더 회의적인 입장으로 돌아서게 되었다.

보애스의 제자들은 개인들이란 그 문화의 산물이라는 보애스의 입장을 따랐으며 보애스의 문화상대주의를 강조하였는데, 문화상대주의란 각 문화는 오직 그 자체로서만 이해될 수 있을 뿐이며 서로 비교될 수 없다는 것이었다. 보애스의 입장의 특징은 인간의 가소성可塑性, plasticity [역주 인간은 자신이 태어나면서부터 속한 문화의 영향을 받아 다양하게 형성될 수 있다는 의미]과 문화의 독자성uniqueness 및 다양성diversity에 대한 강조였다. 이러한 입장은 인종주의와 자민족중심주의에 대한 처방으로서 필요하였으나, 이는 경직적 태도 그리고 궁극적으로는 이론적 경색을 초래하였다. 오늘날까지 이름을 남긴 보애스의 제자들은 대부분 역사적 특수주의의 극단적인 입장에서 탈피한 이들이다.

오스트리아와 독일에서는 전파주의학파가 문화복합 혹은 문화권 개념을 발전시키고 시간적·공간적인 문화의 파급을 조사하였다. 프랑스의 사회학은 에밀 뒤르켐의 지도하에 사회 구성원들이 공유하는 믿음과 상징들을 통한 사회의 통합에 관심을 기울이고 있었다. 뒤르켐은 통문화적인 자료를 사용하여 제도가 전체 안에서 어떻게 작용하는가에 주목함으로써 사회적 상호작용에 대한 기능주의적인 접근법을 취하였다. 영국의 인류학자들은 뒤르켐의 영향을 크게 받았다. 인류학자들은 역사적인 접근법의 유용성을 별로 발견하지 못하였다. 래드클리프브라운의 초점은 사회구조의 부분들이 어떻게 전체를 유지하기 위하여 기능하는가에 대한 공시적인 연구, 그리고 사회들 간의 통문화적인 비교에 있었으며, 한편 말리노프스키는 제도들이 어떠한 방식으로 개인들의 욕구를 만족시키기 위하여 기능하는가를 분석하려 하였다. 비록 말리노프스키는 스스로를 기능주의자라고 불렀고 래드클리프브라운은 통상 구조기능주의자로 분류되었으나, 두 사람 모두 유기적인 전체(말리노프스키의 경우에는 문화, 래드클리프브라운의 경우에는 구조)의 각 부분들을 각기 고립시켜 연구하려는 시도는 결국 왜곡을 초래할 것이라는 일치된 견해를 가지고 있었다. 이들은 고전적인 진화론뿐만 아니라 미국의 역사적 특수주의에 대하여도 반대하였다. 이들이 보기에 역사적 특수주의란 문화요소들의 시간적·공간적 전파를 연구하는 등 독특한 역사적 발전을 추적하다가 문화를 단편화해 버릴 위험이 있었다. 문화요소들이란 그 맥락에서 분리될 수 없으며 반드시 상호작용하는 가운데 연구해야만 하는 것이었다. 기능주의자들은 이러한 작업 대신에 사회 내에서의 일관성과 통합을 증명하는 작업을 추구하였다.

미국인들과 마찬가지로 영국의 인류학자들도 19세기에 너무도 부족했던 자료를 수집하기 위하여 장기적이며 면밀한 현지조사를 행할 것을 촉구하였다. 말리노프스키는 방법론 측면에서 인류학에 참여관찰을 도입하는 공적을 이루었다. 그는 현지조사를 새로운 탁월한 수준으로 끌어올렸으나, 영국과 미국 양쪽에서 이론적 발전에 보다 큰 영향을 미친 이는 래드클리프브라운이었다.

비록 래드클리프브라운과 말리노프스키 두 사람이 모두 공시적인 접근법을 취하였으나 기능주의 자체에는 변화의 연구와 본질적으로 양립 불가능한 면이 없었으며, 일부 영국 인류학자들은 보다 통시적인 접근방법으로 선회하였다. 포드와 퍼스 등 일부 학자는 환경 연구와 경제 연구 등을 진척시켰으나 공시적인 기능주의적 연구는 계속 영국 사회인류학의 일반적인 특징이 되었다. 그러나 미국에서는 20세기 중반에 들어와 지리적으로 연구영역이 확대되었으며, 또한 문화접변, 기호화된 자료의 검색, 문화와 인성에 대한 관심 및 통문화적인 심리학적 이론과 기법의 적용 등과 관련한 조사가 행해졌다. 일반적으로 미국 인류학의 관심은 문화의 다양성에 있었으며 미국 학자들은 문화라는 개념에 계속 호감을 보였던 반면, 대부분의 영국 인류학자들은 문화라는 개념이 통제가 불가능하고 애매하다고 느꼈으며 오히려 자신들의 취향에 맞는 **사회**라는 개념을 택하였다. 미국의 총체적인 접근방법은 대서양 건너편의 영국에서 말리노프스키를 제외하고는 인류학자들에게 별다른 호소력을 갖지 못하였다.

제2차 세계대전 후 얼마 동안 미국의 문화와 인성에 대한 연구는 사회가 어떻게 어린이들을 그 사회에서 인정받는 성인의 인성유형으로 사회화하는가에 대한 관심에서 인지적 과정cognitive processes에 대한 새로운 관심으로 옮겨 갔다. 인지적 연구의 중요한 측면 중 하나는 수십 년 동안이나 계속되었던 논쟁—**즉 문화의 본질은 무엇인가? 문화는 실체적인 것인가 혹은 정신적인 구성물**construct**인가?**—을 전면으로 부각시킨 민족과학 운동이었다. 현실적인 것 대 관념적인 것이라는 문제는 역사가 오래되었다. 계몽시대의 철학자들과 심지어 고대 그리스의 사상가들도 민족과학자ethnoscientist를 비롯한 여러 인류학자들이 다루었던 이 문제를 인식하였다. 즉 현실적인 것은 무엇인가? 사물인가, 혹은 사물에 대한 지각知覺인가? 지각과 과학적 기술記述 간의 간격은 수백 년 동안이나 갖가지 논의를 낳아 왔다. 어떤 인류학자들은 지식이란 오직 실체에 대한 개개인의 지각을 통해서만 획득할 수 있다고 생각한다. 다른 학자들은 우리가 관찰할 수 있는 것은 오직 행동뿐이므로 행동이라는 자료에 기초하여 결론을 내려야 한다고 주장한다. 이 두 입장은 타결점에 도달하지 못하였으며, 두 용어, '이믹emic'과 '에틱etic'은 각기 사람들의 지각과 분석적인 견해를 지칭하는 데 사용되게 되었고, 많은 민족학자들은 인류학적 자료를 보고하는 최선의 방법은 이들 둘을 모두 포함하여야 한다는 결론을 내렸다.

인간의 가소성과 다양성에 대한 보애스학파의 강조는 제2차 세계대전 후 인간의 보편성에 관한 흥미가 새로이 고조됨에 따라 미국에서는 쇠퇴하게 되었다. 일부 낡은 질문들이 다시금 제기되었으며, 그에 대한 답변은 적응으로서의 문화에 대한 연구에서뿐만 아니라 인간의 심성에서도 찾게 되었다. 인간의 반응이란 결국 일정한 한계를 가지고 있는가? 인류의 본질이란 무엇인가? 이러한 질문들에 답하기 위하여 문화적 유물론 외에도 다양한 인지적 접근방법들이 적용되었으며, 1960년대에 이르러 대부분의 미국 인류학자들은 20세기 초의 반反이론적인 지향에서 벗어나 규칙성과 보다 폭넓은 일반화를 추구하게 되었다. 영국 인류학자들의 경우 일부는 레비스트로스의 구조주의에 흥미를 갖게 되었으나 전반적으로 미국 인류학자에 비하여 관심 분야가 훨씬 덜 다양하고 덜 실험적이었다.

클로드 레비스트로스는 그의 연구 업적이 영어로 번역되기 시작한 1960년대에 이르러 영국과 미국 양쪽에서 큰 영향력을 갖게 되었다. 인류 심성의 기본 구조를 탐구할 것을 제창하면서 레비스트로스는 다양한 표층(문화적)의 껍질들을 벗겨 결국 인간 본성의 보편적인 구조를 드러내 보이도록 할 변형이라는 테크닉의 모델로서 구조언어학을 사용할 것을 주장하였다. 오늘날에는 많은 사람들에게 지지를 받고 있지만 레비스트로스 역시 많은 비판을 받았다. 경험적인 전통에 입각한 훈련을 받은 많은 인류학자들은 검증될 수 없는 연구를 받아들이는 데 큰 어려움을 느꼈다.

오늘날 대부분의 인류학자들은 하나의 이론적 입장만으로는 모든 질문에 대답할 수 없다는 데 동의할 것이다. 영국·미국·프랑스의 인류학자들은 서로의 사고방식에 영향을 주어 각기 더욱 풍요로워졌으며, 이들 간에는 확고한 간격이나 변하지 않는 차이란 존재하지 않는다. 마찬가지로 이론적인 지향들은 상호 배제적이지 않다. 예를 들어 문화생태학이 필연적으로 인지적인 연구나 기능주의를 배제하지는 않는다. 그리고 대부분의 영미 인류학자들은 과학적 혹은 경험적 전통 내에서 훈련받았지만, 그중 상당수는 최소한 레비스트로스의 창조적인 변증법을 이해하는 데 필요한 시간만큼은 실증주의를 포기할 준비가 되어 있었다. 더욱이 많은 전문적인 인류학자들은 유물론적 관점과 관념론적 관점 양자를 모두 받아들이는 데 아무런 문제를 느끼지 못하였다. 이는 아마도 인류학이라는 학문이 궁극적인 진리에 대하여 단 하나의 길만을 찾는 태도를 포기할 정도로 성숙하였기 때문일 것이다.

2. 미래

학문의 목표와 구조가 변화함에 따라 인류학은 앞으로 어떠한 역할을 하게 될 것인가? 필자는 인류학이 교육에 대하여 보다 중요한 영향력을 미칠 것이라고 생각한다. 이미 인류학은 여러 고등학교와 일부 중학교 및 초등학교 교과과정에 포함되었는데, 중학교와 초등학교의 경우에는 사회과 社會科, social science라는 옛날 명칭이 대개 유지되었다. 대학교에서는 철학과 고전학이 더 이상 사상의 **종합론**synthesizer이라는 역할을 수행하지 못하게 되었고, 이러한 전통적인 학문들이 남겨 놓은 간극은 인간의 행동에 대하여 장대한 시각을 가지고 총체적으로 접근하는 인류학이 메워줄 것으로 생각된다.

전통적으로 인류학자들은 조사연구자였으며, 스스로 나서서 변화를 초래하거나 그 방향을 설정하려고 직접 행동한 적은 거의 없다. 정반대로 인류학자들은 대개 자신들이 연구하는 사회에 분란이 발생하는 일을 방지하기 위해 모든 노력을 기울였으며, 많은 인류학자들은 전통적인 방식 혹은 이전 상황status quo ante의 보전을 인류학의 정당한 목표라고 간주하고 있다. 그러나 제2차 세계대전 후 인류학자들은 **응용인류학**applied anthropology, **도시인류학**urban anthropology, **행동인류학**action anthropology 같은 용어의 빈번한 사용이 의미하듯이, 도시와 저개발국가의 문제를 해결하는 데 보다 적극적으로 참여하게 되었다. 이러한 경향은 더욱 강화될 것이 확실하다. 더욱이 인류학의 전통적인 대상물—때 묻지 않은 미개인untouched primitives 혹은 '무문자민無文字民, non-literates', 소규모의 부족민들—은 이제 산업사회의 인간이 고민하는 것과 동일한 문제들에 직면하고 있으며 범세계적인 문화의 일부가 되어 있다. 인류학이 복합 사회와 그 문제들의 연구에 더욱 주의를 기울여야 한다는 것은 명백해 보인다.

제1차 세계대전이 끝날 때까지 대부분의 인류학자들이란 비서구사회를 조사하는 유럽인들이었다. 오늘날에는 많은 비유럽인들이 인류학에 발을 들여놓고 있다. 서구인들로서는 이들이 어떠한 변화를 가져올지 정확히 말할 수는 없지만, 이들이 무언가 새롭고 참신한 사고를 인류학에 가지고 들어오리라고 확신하고 기대해볼 수 있을 것이다.

이러한 모든 것들이 이론적 측면에서 새로운 방향을 제시하는 데 어떤 의미가 있는가는 불분명한데, 왜냐하면 중요한 이론적 변화란 운동을 위한 힘momentum을 모으는 동안에는 알아차리기 힘들기 때문이다. 20세기 초에 법사학자法史學者인 F. W. 메이틀랜드F. W. Maitland [역주 1850∼1906. 영국 법사학계의 권위자로서 보통법, 교회법, 의회사 연구분야에 많은 업적을 남겼다.]는 인류학이란 역사학이 되어야만 하며, 그렇지 않다면 인류학은 아무것도 아닌 것이 되어버릴 것이라고 주장한 바 있다. 최근에 비산업사회의 민족들이 사라지고 있음을 감안할 때 인류학은 사회학이 될 것이라는 주장이 제기된 바도 있다. 후자의 주장은 전자의 주장이 실현되지 않은 것과 마찬가지로 아무래도 실현되지 못할 이유가 있다. 인류학은 그 넓은 시야와 총체적인 본질 때문에 보다 제한된 주제들에 초점을 맞추는 경향이 있으며, 인간행위의 시간적 깊이와 생물학적 측면들을 포함하지 않는 사회학과는 다른 독자성을 유지할 것이다. 더욱이 대부분의 인류학자들 역시 자신들의 연구대상이 단지 미개인 혹은 식민지민 혹은 이상야릇한 사회라는 사실을 부인하고 있다. 인류학자들은 인류학이란 인류가 그 자신과 자신들의 문제들을 연구하는 학문이라고 당당히 주장하고 있으며, 또한 가까운 장래에 연구할 문제가 전부 소진될 가능성은 전혀 없다.

그러면 우리가 합리적으로 기대할 수 있는 이론적 방향은 무엇인가? 레비스트로스는 기본적인 인간의 본질에 대한 오랜 관심을 부활시켰으며, 필자가 보기에 이러한 관심은 아직 충족된 것 같지 않다. 사실 이러한 형태의 구조주의는 에드먼드 리치와 마셜 살린스 등 과거에 전혀 상이한 이론적 지향을 보였던 인류학자들을 끌어들이고 있다. 아무튼 이렇게 저명한 학자들의 관심사가 되었다는 사실은 쉽게 간과할 수 없는 일이다. 아마도 보편적인 하부구조에 대한 탐구와 문화적 유물론의 일종의 결합, 즉 기술·환경적 변인과 생물·심리학적 변인의 결합이야말로 인류학에서 다음 단계의 이론적 발전의 특징이 될 것이다. 아마도 프로이트의 이론을 통문화적으로 검증하는 작업이 여기에 포함될 것이다. 필자는 이러한 유물론과 구조주의의 결합이야말로 모든 행동과학을 포괄하게 될 장場의 이론理論, field theory의 성립을 알리는 전주前奏가 될 것이라고 믿는다.

주요 용어 해설

가설假說, Hypothesis: 두 개 혹은 그 이상의 변인들 간의 관계에 관한 가정적 진술로
서, 실험 등의 방법을 통하여 긍정 또는 부정을 하기 위해서 만들어 놓은, 한 연
구문제에 대한 제안적 또는 예측적 해답.

개별기술적個別記述的, Idiographic: 일반화와는 반대되는 개념. 특수한, 독특한, 개별적
인 것. 흔히 '법칙 정립적'인 자연과학에 대비하여 인문학의 특징이라 주장되기
도 한다.

게마인샤프트Gemeinschaft; community: 공동체共同體. 퇴니에스의 개념.

게젤샤프트Gesellshaft; society: 사회, 결사체結社體. 퇴니에스의 개념.

결정론決定論, Determinism 〈사회과학에서〉: 단일한 혹은 단순한 인과관계에 의한 설
명.

계몽시대啓蒙時代, Enlightenment: 17세기 후반에서 18세기에 이르는 기간으로 철학
적 · 과학적으로 중요한 진보가 일어난 시대.

계보적 방법系譜的 方法, 족보방법族譜方法, Genealogical method: 한 사회의 친족명칭과
친족관계에 관한 정보를 모으면서 사회학적 패턴에 대한 정보를 수집하는 기법.
리버스의 개념.

공시적共詩的, Synchronic: 시간적 차원이 단일하거나 시간의 폭이 제한된. 비역사적
인.

과학적 방법科學的 方法, Scientific method: 관찰, 분류, 통제된 실험 및 가설의 설립 등
에 기초를 둔 방법.

관념론觀念論, Idealism: 현상 내지는 사건이라는 것은 관념으로서 지각되는 한 존재한
다는 이론적 입장.

구석기舊石器, Paleolithic: 석기 제작의 기술이 찍기chopping와 떼내기flaking의 수준에
머무르던 시기. 농업과 가축의 사육이 시작되기 이전의 단계.

구조기능주의構造機能主義, Structural-functionalism: 사회의 각 부분들은 전체적인 구조를 유지하기 위하여 통합되고 기능한다는 이론적 입장. 래드클리프브라운의 개념.

구조주의構造主義, Structuralism 〈프랑스의 구조주의〉: 모든 인간에게는 공통적으로 겉에 드러나 보이지 않는 선천적인 심리−생물학적 구조(예: 남/여, 선/악, 음/양 등의 이항대립二項對立, binary opposition)가 있다는 철학적 입장. 레비스트로스의 개념.

귀납적歸納的, Inductive: 일련의 구체적인 사례로부터 법칙을 도출하거나 일반화를 시도하는 사고방식.

근사현상近似現像, **수렴**收斂, Convergence: 원래 상이한 출발점 혹은 조건으로부터 유사한 최종 결과를 낳는 것. '분화Divergence' 참조.

기능주의機能主義, Functionalism: 사회적 현상을 인과관계보다는 그 통합적 관계 그리고 사회의 유지에 관한 공헌이라는 측면, 혹은 개인의 욕구 충족 면에서 설명하는 입장.

내혼제內婚制, **족내혼**族內婚, Endogamy: 자기 자신의 집단 내에서 결혼 상대자를 선택하는 혼인의 규정 혹은 법칙.

다선적 진화주의多線的 進化主義, Multilineal evolutionism: 줄리언 스튜어드의 문화진화 이론의 한 개념. 인류 전체의 보편적 진화를 강조한 고전적 진화론을 단선적 진화론이라 할 때, 다선적 진화론은 각 생태적 환경에 대한 적응으로서의 문화의 진화는 다선적일 수 있음을 강조하는 입장.

단일기원론單一起源論, Monogenesis: 모든 지구상의 인간들은 공동의 조상을 가진 하나의 종種, species이라는 이론.

동물행태학動物行態學, **동물행동학**動物行動學, Ethology: 자연적 환경 조건 내에서 동물의 행위에 대한 연구.

동화同和, Assimilation: 한 집단이 지배사회의 생활양식에 흡수된 결과 본래 가지고 있던 문화적 독자성을 전반적으로 상실하는 것.

로르샤흐 테스트 Rorschach test: 피조사자가 표준화된 일련의 잉크점들로 이루어진 그림카드들을 보고 자신이 지각한 바를 설명하도록 하는 투사법의 한 종류.

모계母系, Matrilineality, Matriliny: 여성만을 통하여 출계를 인정하는 것.

모권제母權制, **모장제**母長制, Matriarchy: 여성들에 의한 지배.

모델Model: 현실에 대한 일반화된 상picture, 유추 혹은 설명.

문화권文化圈, Kulturkreis; Culture circle: 독일·오스트리아 전파주의자들의 용어로서 문화특질들의 복합複合, complex의 지리적 위치 또는 지역.

문화권설文化圈說, Kulturkreislehre: 문화권을 중심개념으로 하는 독일·오스트리아 전파주의자들의 이론적 입장.

문화상대주의文化相對主義, **문화적 상대성**文化的 相對性, Cultural relativism: 여러 다양한 문화들을 측정하는 보편적인 기준이란 존재하지 않으며, 모든 문화는 동등하게 타당하고 또한 오직 그 자체의 입장에서 이해되어야 한다는 입장.

문화생태학文化生態學, Cultural ecology: 인간과 그 문화, 환경 간의 관계를 연구하는 학문.

문화영역文化領域, Culture area: 극히 서로 유사한 문화들이 발견되는 지리적 범위. 〔문화권과는 다른 개념〕.

문화유물론文化唯物論, Cultural materialism: 문화에 대한 인과론적 설명의 하나로서 기술, 경제 및 환경 등을 독립변수로 간주하며 문화를 종속변수로 간주함. 즉 일정한 환경에서 일정한 기술을 가지고 일정한 경제생활을 영위하는 집단들은 일정한 문화를 갖게 된다는 입장.

문화유형文化類型, Culture type: 문화핵심이 가진 특징에 의한 분류. 줄리언 스튜어드의 개념. Cultural pattern과는 구분하여야 한다.

문화적 진화文化的 進化, Cultural evolution: 문화양식이 보다 복잡한 형태로 변화하는 것.

문화접변文化接變, Acculturation: 둘 이상의 사회 간의 장기적이며 직접적인 접촉의 결과인 문화변동의 과정.

문화중심文化中心, Culture center: 문화영역에서 가장 전형적인 문화특질들의 집중도가 최고로 높은 지점.

문화학文化學, Culturology: 문화에 대한 과학적 연구. 레슬리 화이트의 개념.

문화핵심文化核心, Culture core: 환경에 대한 적응 및 환경의 이용과 가장 밀접히 연관된 제도와 기술. 줄리언 스튜어드의 개념.

문화화文化化, **문화적응**文化適應, **문화습득**文化習得, Enculturation: 한 문화 속에서 그 문화를 습득하는 과정. 주로 유아기에 발생하는 것으로 생각되는 사회화socialization와는 대조적으로, 문화화는 생애 전반에 걸쳐 진행된다.

민족과학民族科學, Ethnoscience: 전적으로 내부적인emic 관점에서 민족지학자民族誌學者(문화기술자文化記述者)가 자기 자신의 범주들을 모두 버리고 연구대상이 되는 문화를 기술하려는 시도. '민족이란 무엇인가'를 연구하는 학문이라고 오해하지 말 것.

민족사학民族史學, **종족사학**種族史學, **민족사**民族史, Ethnohistory: 구비전승, 외부인의 기록물, 언어학적 자료, 고고학적 자료, 그 외 관련 자료를 통해 취사선택한 정보에 기초를 두고 (대개 문자를 갖지 않은) 사회들의 역사를 재구성하는 작업. 민족주의nationalism에 입각한 '민족주의 사학' 또는 '민족사관民族史觀'과는 전혀 다른 개념이다.

민족지民族誌, Ethnography: 한 문화에 대한 기술 또는 기록. 민속지民俗誌 혹은 문화기술학文化記述學이라 번역되기도 한다.

민족학民族學, **종족학**種族學, Ethnology: 문화에 대한 비교관점에서의 이론적 분석.

법칙정립적法則定立的, Nomothetic: 일반화 혹은 법칙을 형성하는 것. 흔히 '개별기술적'인 인문학에 대비하여 자연과학의 특징이라 주장되기도 한다.

변수變數, **변인**變因, Variable: ① 종속변수dependent variable: 다른 요인에 의하여 그 행동이 통제되는 요인. ② 독립변수independent variable: 다른 요인의 변화 혹은 반응을 야기하는 요인.

변증법辨證法, Dialectics: 상반되는 것들 간의 '합合'에 의하여 변화가 일어난다는 헤겔의 철학. '정正, thesis'은 그에 대립하는 반反, antithesis을 낳고 이들 간의 대립은 지양aufheben되어 합合, synthesis으로써 해소되는데, 이 합은 또다시 정을 낳고 또한 반을 낳게 된다.

복수기원론複數起原論, Polygenesis: 인류는 상이한 여러 조상을 가졌으며, 복수의 종種에 속한다는 이론.

부계父系, Patrilineality: 남성만을 통하여 출계를 인정하는 것.

부권제父權制, **부장제**父長制, **가부장제**家父長制, Patriarchy: 남성에 의한 지배.

분화分化, **발산**發散, **방산**放散, Divergence: 본래 유사한 상태로부터 상이한 최종 상태가 성립되는 것. '근사현상Convergence'과 대조할 것.

비교방법比較方法, Comparative method 〈고전적 진화주의의 경우〉: 현존하는 부족 집단들을 고대의 혹은 원시시대의 사회집단과 동일시하는 방법.

사회적 진화론社會的 進化論, **사회적 다원주의**Social Darwinism: 생물학적 진화 및 생존을 위한 투쟁 등의 개념을 사회적 행위와 사회에 적용하는 것.

사회화社會化, Socialization: 어린이가 한 사회가 인정하는 행위를 습득하면서 그 사회에 통합되어 가는 과정.

상관관계相關關係, Correlation: 현상들 간의 상호적 관계, 체계적인 연관. 타일러가 '집
착adhesion'이라는 표현을 사용해 최초로 통계적 분석을 하고, 당시 왕립인류학
회의 회장이던 갈퉁이 그 문제점들을 비판한 이래(Galtung's problem) 사회과학
방법론에서 매우 널리 사용되는 분석방법.

순기능順機能, Eufunction: 긍정적이며 적응적인 기능. '역기능Dysfunction'을 참조할
것.

신민족지新民族誌, New Ethnography: '민족과학Ethnoscience'을 의미하는 또 다른 용어.

신석기시대新石器時代, Neolithic: 식물의 재배와 동물의 사육이 시작된 시기.

신진화주의新進化主義, Neo-evolutionism: 주로 레슬리 화이트, 줄리언 스튜어드 등의
문화진화 이론을 의미한다.

실증주의實證主義, Positivism: 오귀스트 콩트가 발전시킨 철학적 입장으로서 현실은 객
관적으로 인식될 수 있으며, 사회과학에서의 설명이란 자연과학에 못지않게 객
관적이며 경험적이어야만 한다는 주장. 실증주의는 모든 형태의 형이상학적 추
론을 배제한다.

실험방법實驗方法, Experimental method: '과학적 방법Scientific method'을 참조할 것.

아노미Anomie: 규범이 존재하지 않는 상태. 문화적 소외. 뒤르켐의 개념.

아폴로형型, Apollonian: 온건하고 평화로우며 절제된 중용을 좋아하는 성격의 문화.
주니Zuni 인디언에 대한 기술에서 루스 베네딕트가 사용한 표현. 원래는 『비극의
탄생』에서 니체가 고전시대(그리스·로마시대)를 묘사하면서 사용하였다.

애니미즘, 정령숭배精靈崇拜, Animism: 정령에 대한 믿음으로서 타일러에 따르면 종교
에 대한 최소의 정의이기도 하다. 인격화된 신을 믿는 것이 아니라 모든 자연현
상에는 생명 혹은 정령이 깃들어 있다고 믿으며 동물, 식물, 광물은 물론 기후현
상까지도 초자연적인 생명을 가진 존재로 파악하기도 한다.

에틱, 외적外的, **외부적**外部的, **외부관점적**外部觀點的, Etic: 외부의 과학적 관찰자의 견
해. 분석적인 관점으로서, 훈련된 관찰자에 의하여 반복이 가능한 것으로 추정
된다.

역기능逆機能, Dysfunction: 비적응적 기능 혹은 스트레스가 많은 기능. '순기능Eufunc-
tion'을 참조할 것.

연대-지역가설年代-地域假說, Age-area hypothesis: 문화요소들은 연대가 오래될수록 그
분포 지역이 더욱 넓으며, 문화특질의 분포 집중도가 가장 높은 곳이 그 원산지
라는 가설.

연역적演繹的, Deductive: 일반적인 명제로부터 특수한 혹은 구체적인 결론을 도출하는 사고방식.

오이디푸스 콤플렉스 Oedipus complex: 어머니/아내의 애정을 대상으로 경쟁하는 아버지와 아들 간의 갈등 및 반대감정병존反對感情併存, ambivalence에 대한 프로이트의 이론.

외혼제外婚制, **족외혼**族外婚, Exogamy: 자기 집단의 외부에서 결혼상대자를 선택하는 혼인규정 및 법칙.

유기체적 유추有機體的 類推, **유기체에 대한 유추**Organic analogy: 사회를 생물 유기체에 비교하여 이해 · 설명하는 것으로 스펜서 등이 원조이며 일부 기능주의자들에 의하여 채택되었다.

이론理論, Theory: 현상들 간의 관계 혹은 인과관계를 명시하는, 체계적으로 상호 관련된 진술들의 집합.

이믹, **내적**內的, **내부적**內部的, **내부관점적**內部觀點的, Emic: 문화 내부의 관점, 현재인의 관점. 현지인의 범주를 통한.

인류의 심적 동일성心的 同一性, Psychic unity of mankind: Elementargedanken이라는 바스티안의 개념을 영어로 번역한 것. 즉 모든 인간들은 비록 지역적 조건에 따라 약간 상이하기는 하지만 유사한 자극에 대하여 기본적으로 동일한 방식으로 반응하는, 근본적으로 동일한 잠재력을 가지고 있다는 개념.

인본주의人本主義, **인도주의**人道主義, Humanism: 인간의 존엄성, 자유 및 가치라는 개념에 중심을 둔 철학 혹은 윤리적 체계.

인종주의人種主義, **인종차별**人種差別, Racism: 인종이라는 집단이 집단성원들의 심리적 · 사회적 · 문화적 특징들을 결정하는 유전적인 특질들을 가지고 있다는 신념. 또는 이러한 신념에 입각한 차별.

인지認知, Cognition: 사고와 지각의 과정. 지식knowledge.

일반화一般化, **일반론**一般論, Generalization: 일정한 범주의 사물에 대하여 어떤 명제가 참이라거나 혹은 전형적이라고 하는 주장. 어떤 개별 사례에 타당한 것을 근거로 전체에 대하여도 타당하다고 추정하는 것.

자민족중심주의自民族中心主義, Ethnocentrism: 타 문화를 자기 자신의 문화적 가치를 사용하여 측정하고 판단하는 행위, 또는 자기 자신의 문화가 본질적으로 우월하다는 믿음.

자연선택自然選擇, **자연도태**自然淘汰, Natural selection: 환경에 가장 잘 적응하는 유기

체들은 생존 가능성이 큰 자손을 재생산할 때까지 살아남을 가능성이 가장 크다는 원리. 진화적 변화의 제1차적 기제機制, mechanism이기도 하다.

자연법自然法, Natural law: 자연에 따른 이상적 법으로서 교회나 국가 등 인간의 법에서 독립적이다. 행동의 보편적인 규칙과 자연의 도덕에 따라 옳고 그른 것을 판별하기 위한 보편적인 법칙을 제공하여 준다고 간주된다.

잔존, 잔존물殘存物, Survival: 이제는 이미 그 기능을 잃어버린 과거의 관행, 믿음, 혹은 사물들의 흔적. 타일러의 개념.

재생운동再生運動, Revitalization: 이상향理想鄕, Utopia이나 보다 더 나은 생활양식을 창조하기 위한 사회 구성원들의 의식적인 노력으로서 과거의 생활양식 또는 전혀 새로운 요소들이 새로운 생활양식의 요소로서 채택된다.

전파론傳播論, Diffusion: 한 개인 혹은 집단에서 다른 개인 혹은 집단으로의 문화적 특질의 전달. 문화를 문화요소/특질들의 확산 내지는 타 문화로부터의 차용으로 설명하는 입장.

접근법接近法, Approach: 이론과 방법에서 상대적으로 강조되거나 혹은 연구조사에서 학자가 사용하는 범주. 지향Orientation이라고도 한다.

제설혼합주의諸說混合主義, Syncretism: 둘 혹은 그 이상의 종교적 관념과 의례체계의 융합.

중석기시대中石器時代, Mesolithic: 홍적세洪績世(플라이스토세Pleistocene) 말기부터 가축의 사육이 시작되기까지의 시대(통상 유럽에만 해당).

지향指向, Orientation: '접근법Approach'을 참조할 것.

집합의식集合意識, Collective conscience: 한 사회의 성원들이 공유하고 있는 믿음과 정서. 뒤르켐의 개념.

참여관찰參與觀察, Participant observation: 가능한 한 많이, 또한 깊이 현지민의 삶에 참여하면서 그 사회를 관찰하는 인류학의 특징적인 현지조사 방법.

초유기체적超有機體的, Superorganic: 유기체인 인간들로부터 독립되어 그 자체가 하나의 사물로서 간주되는 문화 혹은 행위의 영역.

타락설墮落說, Degeneration theory: 최초의 신적神的인 상태 혹은 원죄 이전의 상태에서 '인간의 타락'이 발생하였다고 하는 주장. 퇴행설Degradation theory이라고도 불린다.

토테미즘Totemism: 종족이나 씨족 등의 집단에서 자손들과 특별하고 신비한 관계를 가지고 있다고 생각되는 신성한 조상(대개는 특정 식물 혹은 동물)에 대한 믿음.

통문화적通文化的, Cross-cultural: 서로 다양한 문화에 대한 것. 몇 개 사회들 간의 체계적 비교[Cross-cultural은 흔히 '비교문화적'이라고 번역되나 저자인 가바리노는 비교(문화)방법Comparative method을 고전적 진화론에 국한하여 사용하였으므로 여기에서는 이와 구분하기 위하여 '통문화적'이라 번역함].

통시적通時的, Diachronic: 시간의 경과 속에 존재하거나, 변화하는 사건 혹은 현상에 관한 것.

투사법投射法, **투사검사법**投射檢查法, Projective test: 피조사자에게 애매모호한 자극(불분명한 그림이나 잉크점들이 그려진 카드 등)을 주고 이에 반응하게 함으로써 피조사자 자신의 내적 상태 및 감정이 투사되도록 하는 심리 테스트 방법. 로르샤흐 테스트, TAT 기법 등이 그 대표적인 예.

TAT(Thematic Apperception Test): 피조사자가 애매한 그림들을 보고 이야기하게 하는 투사법의 하나로서 문화와 인성 연구에서 사용됨.

평행적 진화平行的 進化, Parallel evolution: 하나 이상의 문화 혹은 장소에서 독립적으로 동일한 문화특질 혹은 요소가 진화하는 것. 상호 간에 전파, 차용이 없이도 유사한 문화특질이 발전할 수 있다는 주장.

피드백체계, **환류체계**還流體系, Feedback system: 하나의 신호 혹은 일련의 신호의 결과가 그다음 것들을 변형하고 지시하는 또 다른 신호가 되는 체계.

형태론形態論, **형상론**形象論, Configuration: 각 사회는 그 사회에 정체성을 부여하고 또한 그 사회를 다른 사회들로부터 구분하는 특징들의 군집, 결합형태, 혹은 형상을 가지고 있다는 이론[Configuration을 '통합'이라고 번역하는 경우도 있으나 Integration과는 구분되는 개념임. 독일어의 Gestalt를 번역한 말].

환원론還元論, **환원주의**Reductionism: 현상을 보다 단순한 조직의 차원으로 환원하여 설명하는 방법. 예를 들어 '사회적 사실'이라는 사회적 레벨의 현상을 사회를 구성하는 개인의 심리상태로 설명하는 것은 '심리학적 환원론'이라 할 수 있다.

참고문헌

1. 인류학사

Bidney, David, 1967, *Theoretical Anthropology* (2nd ed.). New York: Schocken.

Brew, J. O., ed., 1968, *One Hundred Years of Anthropology*. Cambridge: Harvard Uni-versity Press.

Daniel, Glyn, 1964, *The Idea of Prehistory*. Baltimore: Penguin.

Fortes, Meyer, 1953, *Social Anthropology at Cambridge since 1990*. Cambridge, England: Cambridge University Press.

Greene, John C., 1961, *The Death of Adam*. New York: Mentor.

Haddon, Alfred C., 1934, *History of Anthropology*. London: Watts.

Harris, Marvin, 1968, *The Rise of Anthropological Theory*. New York: Crowell.

Hatch, Elvin, 1973, *Theories of Man and Culture*. New York: Columbia University Press.

Kaplan, David, and Robert A. Manners, 1972, *Culture Theory*. Englewood Cliffs, N. J.: Prentice-Hall.

Kardiner, Abram, and Edward Preble, 1961, *They Studied Man*. New York: Mentor.

Kroeber, Alfred, and Clyde Kluckhohn, 1963, *Culture: A Critical Review of Concepts and Definitions*. New York: Vintage Books.

Langness, Lewis L., 1974, *The Study of Culture*. San Francisco: Chandler and Sharp.

Lowie, Robert H., 1937, *The History of Ethnological Theory*. New York: Rinehart.

Malefijt, Annemarie de Waal, 1974, *Images of Man*. New York: Knopf.

Murphy, Robert F., 1971, *The Dialectics of Social Life*. New York: Basic Books.

Stocking, George W., Jr., 1968, *Race, Culture and Evolution*. New York: The Free Press.

Voget, Fred W., 1974, *A History of Ethnology*. New York: Holt, Rinehart and Winston.

2. 논문집 · 독본집

Bohannan, Paul J., and Mark Glazer, eds., 1973, *High Points in Anthropology*. New York: Knopf.

Darnell, Regna, ed., 1974, *Readings in the History of Anthropology*. New York: Harper & Row.

Firth, Raymond, ed., 1960, *Man and Culture: An Evaluation of the Work of Bronislaw Malinowski*. London: Routledge and Kegan Paul.

Fried, Morton H., ed., 1968, *Readings in Anthropology* (2nd ed.). 2 vols. New York: Crowell.

Gamst, Frederick, and Edward Norbeck, eds., 1976, *Ideas of Culture*. New York: Holt, Rinehart and Winston.

Hodgen, Margaret T., ed., 1964, *Early Anthropology in the Sixteenth and Seventeenth Centuries*. Philadelphia: University of Pennsylvania Press.

Hymes, Dell, ed., 1972, *Reinventing Anthropology*. New York: Pantheon.

Manners, Robert A., and David Kaplan, eds., 1968, *Theory in Anthropology: A Source-book*. Chicago: Aldine.

Moore, Frank W., ed., 1961, *Readings in Cross-cultural Methodology*. New Haven: Human Relations Area File Press.

Romney, A. Kimball, and Roy D'Andrade, eds., 1964, "Transcultural studies in cognition." *American Anthropologist, 66*, number 3, part 2.

Slotkin, James S., ed., 1965, "Readings in early anthropology." *Viking Fund Publications in Anthropology, number 40*. New York: Wenner-Gren Foundation.

3. 인용문헌

Bachofen, Johann J., 1961, *Das Mutterrecht*. Basel, Switzerland: Benno Schwabe.

Bastian, Adolf, 1860, *Der Mensch in der Geschichte*. Leipzig, Germany: O. Wigand.

—————, 1895, *Ethnische Elementargedanken in der Lehre vom Menschen*. Berlin: Weidmann'sche Buchhandlung.

Benedict, Ruth, 1932, "Configurations of culture in North America." *American Anthropologist, 34*:1-27.

—————, 1934a, *Patterns of Culture*. Boston: Houghton Mifflin.

—————, 1934b, "Anthropology and the abnormal." *Journal of General Psychology*, 10:59-79.

————————, 1946, *The Chrysanthemum and the Sword*. Boston: Houghton Mifflin.

Bidney, David, 1944, "The concept of culture and some cultural fallacies." *American Anthropologist*, 46:30-44.

————————, 1946, "The concept of cultural crisis." *American Anthropologist*, 48: 534-51.

Boas, Franz, 1927, *Primitive Art*. Oslo: H. Ashehoug and Company.

————————, 1938, *The Mind of Primitive Man* (rev. ed.). New York: Macmillan.

————————, 1940, *Race, Language and Culture*. New York: Macmillan.

————————, 1964, *The Central Eskimo*. Lincoln, Nebraska: University of Nebraska Press.

Childe, Vere Gordon, 1925, *The Dawn of Western Civilization*. New York: Knopf.

————————, 1946, *What Happened in History*. New York: Pelican Books.

————————, 1951, *Man Makes Himself*. New York: Mentor.

————————, 1963, *Social Evolution*. Cleveland: Meridian.

Dalton, George, 1969, "Theoretical issues in economic anthropology." *Current Anthropology*, 10:63-102.

Darwin, Charles, 1859, *The Origin of Species*. London: John Murray.

————————, 1871, *The Descent of Man and Selection in Relation to Sex*. New York: D. Appleton.

Darwin, Charles, and Alfred R. Wallace, 1859, "On the tendency of species to form varieties; and on the perpetuation of varieties and species by natural means of selection." *Journal of the Linnaean Society*, 3:45-63.

Deloria, Vine, 1969, *Custer Died for Your Sins*. New York: Macmillan.

DeVore, Irven, ed., 1965, *Primate Behavior*. New York: Holt, Rinehart and Winston.

Douglas, Mary, 1973, *Natural Symbols*. New York: Vintage Books.

DuBois, Cora, 1944, *The People of Alor*. Minneapolis: University of Minnesota Press.

Durkheim, Emile, 1958, *The Rules of the Sociological Method*. Glencoe: The Free Press.

————————, 1960, *The Division of Labor in Society*. Glencoe: The Free Press.

————————, 1963, *Suicide*. Glencoe: The Free Press.

————————, 1965, *The Elementary Forms of the Religious Life*. New York: The Free Press.

Durkheim, Emile, and Marcel Mauss, 1963, *Primitive Classification*. Chicago: Univer-sity of Chicago Press.

Eggan, Fred, 1950, *Social Organization of the Western Pueblos*. Chicago: University of Chicago Press.

——————, 1954, "Social anthropology and the method of controlled compari-son." *American Anthropologist*, 56:743–63.

Engels, Friedrich, 1942, *The Origin of the Family, Private Property and the State*. New York: International Publishers.

Evans-Pritchard, Edward E., 1956, *Nuer Religion*. Oxford: Clarendon Press.

——————, 1964, *Social Anthropology*. Glencoe: The Free Press.

Firth, Raymond, 1929, *Primitive Economics of the New Zealand Maori*. London: George Routledge.

——————, 1963, *We, the Tikopia*. Boston: Beacon Press.

——————, 1964, *Essays on Social Organization and Values*. London: Athlone Press.

Forde, C. Daryll, 1963, *Habitat, Economy and Society*. New York: Dutton.

Fortes, Meyer, 1969, *Kinship and the Social Order: The Legacy of Lewis Henry Morgan*. Chicago: Aldine.

Frazer, James, 1910, *Totemism and Exogamy*. London: Macmillan.

——————, 1959, *The New Golden Bough* (abridged ed.). New York: Criterion.

Freud, Sigmund, 1928, *The Future of an Illusion*. London: Institute of Psychoanaly-sis.

——————, 1930, *Civilization and Its Discontents*. New York: Jonathan Cape and Harrison Smith.

——————, 1938. *Totem and Taboo*. London: Penguin Books.

Frobenius, Leo, 1898, *Die Weltanschauung der Naturvölker*. Weimar, Germany: E. Felber.

Geertz, Clifford, 1966, "Religion as a cultural system." In Michael Banton, ed., *An-thropological Approaches to the Study of Religion*. London: Tavistock.

——————, 1973. *The Interpretation of Cultures*. New York: Basic Books.

Gluckman, Max, 1955, *Custom and Conflict in Africa*. Oxford: Basil Blackwell.

——————, 1962, *Essays on the Ritual of Social Relations*. Manchester: Manches-ter University Press.

————————, 1963, *Order and Rebellion in Tribal Africa*. New York: The Free Press.

Goodenough, Ward, 1956, "Componential analysis and the study of meaning." *Language*, 32:195–216.

Graebner, Fritz, 1911, *Methode der Ethnologie*. Heidelberg: Carl Winter's Universitäts Buchhandlung.

Hallowell, A. I., 1955, *Culture and Experience*. Philadelphia: University of Pennsylvania Press.

Haviland, William A., 1975, *Cultural Anthropology*. New York: Holt, Rinehart and Winston.

Herskovits, Melville J., 1948, *Man and His Works*. New York: Knopf.

————————, 1952, *Economic Anthropology*. New York: Knopf.

————————, 1953, *Franz Boas: The Science of Man in the Making*. New York: Charles Scribner's Sons.

Hsu, Francis L. K., ed., 1972, *Psychological Anthropology*. (Rev. ed.), Cambridge, Mass.: Schenkman.

Kaplan, David, 1974, "The anthropology of authenticity." *American Antropologist*, 76:824–39.

Kardiner, Abram, 1939, *The Individual and His Society*. New York: Columbia University Press.

Kardiner, Abram, et al., 1945, *The Psychological Frontiers of Society*. New York: Columbia University Press.

Kluckhohn, Clyde, 1939, "The place of theory in anthropological studies." *The Philosophy of Science*, 6:328–44.

————————, 1941, "Patterning as exemplified in Navaho culture." In Leslie Spier, ed., *Language, Culture, and Personality*. Wisconsin: Sapir Memorial Fund.

————————, 1949, *Mirror for Man*. New York: McGraw-Hill.

————————, 1952, "Values and value-orientations." In Talcott Parsons and Edward A. Shils, eds., *The Theory of Action*. Cambridge: Harvard University Press.

Kluckhohn, Florence R., and Fred L. Strodtbeck, 1961, *Variations in Value Orientations*. Evanston: Row, Peterson and Company.

Kroeber, Alfred L., 1971, "The superorganic." *American Anthropologist*, 19:163–213.

——————, 1919, "On the principle of order in civilization as exemplifed by changes of fashion." *American Anthropologist*, 21:235–63.

——————, 1939, *Cultural and Natural Areas of Native North America*. Berkeley: University of California Press.

——————, 1944, *Configurations of Culture Growth*. Berkeley and Los Angeles: University of California Press.

——————, 1948, "White's view of culture." *American Anthropologist*, 50:405–15.

——————, 1952, *The Nature of Culture*. Chicago: University of Chicago Press.

——————, 1957, *Style and Civilizations*. Ithaca: Cornell University Press.

Lafitau, J. T., 1724, *Moeurs des Sauvages Amériquains Comparées aux Moeurs des Premiers Temps*. Paris: Saugrain l'aîné.

Leach, Edmund, 1954, *Political Systems of Highland Burma*. London: Athlone Press.

——————, 1961, *Rethinking Anthropology*. London: Athlone Press.

——————, 1961b, "Lévi-Strauss in the Garden of Eden." *Transactions of the New York Academy of Sciences*, 23:386–96.

——————, 1966, "On the founding fathers." *Current Anthropology*, 7:560–76.

Lévi-Strauss, Claude, 1963, *Structural Anthropology*. New York: Basic Books.

——————, 1966, *The Savage Mind*. Chicago: University of Chicago Press.

——————, 1969, *The Elementary Structures of Kinship*. Boston: Beacon Press.

Lévy-Bruhl, Lucien, 1966, *Primitive Mentality*. Boston: Beacon Press.

Lewis, Oscar, 1951, *Life in a Mexican Village*. Urbana: Urbana: University of Illinois Press.

Lowie, Robert H., 1917, *Culture and Ethnology*. New York: McMurttie.

——————, 1920, *Primitive Society*. New York: Liveright Publishing Corp.

——————, 1927, *The Origin of the State*. New York: Harcourt.

——————, 1948, *Social Organization*. New York: Rinehart.

Maine, Henry Sumner, 1963, *Ancient Law*. Boston: Beacon Press.

Malinowski, Bronislaw, 1939, "The group and individual in functional analysis."

224

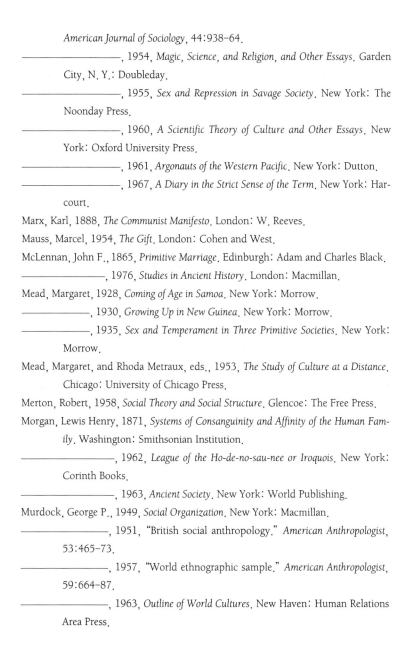

American Journal of Sociology, 44:938-64.

―――――――――――, 1954, *Magic, Science, and Religion, and Other Essays*. Garden City, N. Y.: Doubleday.

―――――――――――, 1955, *Sex and Repression in Savage Society*. New York: The Noonday Press.

―――――――――――, 1960, *A Scientific Theory of Culture and Other Essays*. New York: Oxford University Press.

―――――――――――, 1961, *Argonauts of the Western Pacific*. New York: Dutton.

―――――――――――, 1967, *A Diary in the Strict Sense of the Term*. New York: Harcourt.

Marx, Karl, 1888, *The Communist Manifesto*. London: W. Reeves.

Mauss, Marcel, 1954, *The Gift*. London: Cohen and West.

McLennan, John F., 1865, *Primitive Marriage*. Edinburgh: Adam and Charles Black.

―――――――――――, 1976, *Studies in Ancient History*. London: Macmillan.

Mead, Margaret, 1928, *Coming of Age in Samoa*. New York: Morrow.

―――――――――――, 1930, *Growing Up in New Guinea*. New York: Morrow.

―――――――――――, 1935, *Sex and Temperament in Three Primitive Societies*. New York: Morrow.

Mead, Margaret, and Rhoda Metraux, eds., 1953, *The Study of Culture at a Distance*. Chicago: University of Chicago Press.

Merton, Robert, 1958, *Social Theory and Social Structure*. Glencoe: The Free Press.

Morgan, Lewis Henry, 1871, *Systems of Consanguinity and Affinity of the Human Family*. Washington: Smithsonian Institution.

―――――――――――, 1962, *League of the Ho-de-no-sau-nee or Iroquois*. New York: Corinth Books.

―――――――――――, 1963, *Ancient Society*. New York: World Publishing.

Murdock, George P., 1949, *Social Organization*. New York: Macmillan.

―――――――――――, 1951, "British social anthropology." *American Anthropologist*, 53:465-73.

―――――――――――, 1957, "World ethnographic sample." *American Anthropologist*, 59:664-87.

―――――――――――, 1963, *Outline of World Cultures*. New Haven: Human Relations Area Press.

Opler, Morris, 1945, "Themes as dynamic forces in culture." *American Journal of Sociology*, 51:198–206.

——————, 1959, "Component, assemblage, and theme in cultural integration and differentiation." *American Anthropologist*, 61:955–64.

Perry, William J., 1923, *The Children of the Sun*. London: Methuen and Company.

Radcliffe-Brown, Alfred R., 1952, *Structure and Function in Primitive Society*. New York: The Free Press.

——————————————, 1967, *The Andaman Islanders*. New York: The Free Press.

Rappaport, Roy A., 1968, *Pigs for the Ancestors*. New Haven: Yale University Press.

Redfield, Robert, 1930, *Tepoztlan, a Mexican Village*. Chicago: University of Chicago Press.

——————, 1941, *Folk Cultures of the Yucatan*. Chicago: University of Chicago Press.

——————, 1953, *The Primitive World and Its Transformations*. Ithaca: Cornell University Press.

——————, 1955, *The Little Community*. Chicago: University of Chicago Press.

——————, 1956, *Peasant Society and Culture*. Chicago: University of Chicago Press.

Redfield, Robert, Ralph Linton, and Melville Herskovits, 1936, "Memorandum for the study of acculturation." *American Anthropologist*, 38:149–52.

Rivers, William H. R., 1900, "A genealogical method of collecting social and vital statistics." *Journal of the Royal Anthropological Institute of Great Britain and Ireland*, 30:74–82.

——————, 1906, *The Todas*. New York: Macmillan.

——————, 1914, *The History of Melanesian Society*. Cambridge: Cambridge University Press.

——————, 1922, *History and Ethnology*. New York: Macmillan.

Roheim, Géza, 1943, "The origin and function of culture." New York: *Nervous and Mental Disease Monographs*.

——————, 1950, *Psychoanalysis and Anthropology*. New York: International University Press.

Sahlins, Marshall, and Elman Service, eds., 1960, *Evolution and Culture*. Ann Arbor:

University of Michigan Press.

Sapir, Edward, 1917, "Do we need a superorganic?" *American Anthropologist*, 1917: 441-47.

──────, 1921, *Language*. New York: Harcourt.

──────, 1924, "Culture, genuine and spurious." *American Journal of Sociology*, 29:401-29.

Schaller, George, 1964, *The Year of the Gorilla*. Chicago: University of Chicago Press.

Schmidt, Wilhelm, 1939, *The Culture Historical Method of Ethnology*. New York: Fortuny's.

Schneider, David, 1968, *American Kinship*. Englewood Ciffs, N. J.: Prentice-Hall.

Schoolcraft, Henry R., 1851, *Personal Memoirs of a Residence of Thirty Years with the Indian Tribes*. Philadelphia: Lippincott.

──────, 1851-1857, *Historical and Statistical Information Respecting the History, Condition, and Prospects of the Indian Tribes of the United States*. Philadelphia: Lippincott.

Smith, Grafton Elliot, 1911, *The Ancient Egyptians and Their Influence upon Civilizations in Europe*. London: Harper & Row.

Spencer, Herbert, 1852, "A theory of population deduced from the general law of animal fertility." *Westminster Review*, 57:468-501.

──────, 1857, "Progress; Its laws and causes." *Westminster Review*, 67: 445-85.

──────, 1862, "Synthetic philosophy: First principles." New York: De-Witt Revolving Fund.

──────, 1876-1896, *The Principles of Sociology*. New York: D. Appleton.

Steward, Julian H., 1946-1950. "Handbook of the South American Indians." Washington: *Bureau of American Ethnology Bulletin* 143. 6 vols.

──────, 1955, *Theory of Culture Change*. Urbana: University of Illinois Press.

Tönnies, Ferdinand, 1967, *Community and Society*. New York: Harper Torchbooks.

Turner, Victor, 1967, *The Forest of Symbols*. Ithaca: Cornell University Press.

Tylor, Edward Burnett, 1879, "On the game of patolli in ancient America and its probable Asiatic origin." *Journal of the Royal Anthropological Institute of*

Great Britain and Ireland, 8:116–29.

———, 1958, *Primitive Culture.* (2 vols.) New York: Harper Torch-
books.

———, 1964, In Paul Bohannan, ed., *Researches into the Early His-
tory of Mankind and the Development of Civilization.* Chicago: University of
Chicago Press.

van Gennep, Arnold, 1960, *The Rites of Passage.* Chicago: University of Chicago
Press.

van Lawick-Goodall, Jane, 1971, *In the Shadow of Man.* New York: Houghton
Mifflin.

Vayda, Andrew P., ed., 1969, *Environment and Cultural Behavior.* Garden City, N.
Y.: Natural History Press.

Wallace, Anthony F. C., 1970, *Culture and Personality.* New York: Random House.

White, Leslie, 1949, *The Science of Culture.* New York: Grove Press.

———, 1959, *The Evolution of Culture.* New York: McGraw-Hill.

Whiting, John, and Irvin Child, 1953, *Child Training and Personality: A Cross-Cul-
tural Study.* New Haven: Yale University Press.

Wissler, Clark, 1917, *The American Indian.* New York: McMurtrie.

———, 1923, *Man and Culture.* New York: Crowell.

———, 1926, *The Relation of Nature to Man in Aboriginal America.* New York:
Oxford University Press.

찾아보기

문화인류학의 역사

초판 1쇄 펴낸날 1994년 4월 30일
개정 1판 1쇄 펴낸날 1997년 1월 1일
개정 2판 1쇄 펴낸날 2011년 12월 30일
4쇄 펴낸날 2020년 9월 15일

지은이 | 머윈 S. 가바리노
옮긴이 | 한경구·임봉길
펴낸이 | 김시연

펴낸곳 | (주)일조각
등록 | 1953년 9월 3일 제300-1953-1호(구 : 제1-298호)
주소 | 03176 서울시 종로구 경희궁길 39
전화 | 02-734-3545 / 02-733-8811(편집부)
02-733-5430 / 02-733-5431(영업부)
팩스 | 02-735-9994(편집부) / 02-738-5857(영업부)
이메일 | ilchokak@hanmail.net
홈페이지 | www.ilchokak.co.kr

ISBN 978-89-337-0619-0 93330
값 12,000원

* 옮긴이와 협의하여 인지를 생략합니다.

* 이 도서의 국립중앙도서관 출판시도서목록(CIP)은 e-CIP홈페이지(http://www.nl.go.kr/ecip)와
국가자료공동목록시스템(http://www.nl.go.kr/kolisnet)에서 이용하실 수 있습니다.
(CIP제어번호: CIP2011005351)